普通高等学校"十四五"规划行政管理专业新形态精品教材
南昌大学行政管理国家级一流专业建设点示范教材

编 委 会

主 任

尹利民

副主任

袁小平　谈振兴

委 员（以姓氏拼音为序）

韩　艺　江国平　罗文剑　聂平平
唐　兵　文卫勇　许祥云　周庆智

南昌大学"双一流"研究生教育攀登计划建设项目成果

行政法与行政诉讼法典型案例解析

张芳山 主编

汤金先 肖波 副主编

ANALYSIS OF TYPICAL CASES OF ADMINISTRATIVE LAW AND ADMINISTRATIVE PROCEDURE LAW

华中科技大学出版社
http://www.hustp.com
中国·武汉

内容简介

"法律的生命不在于逻辑,而在于实践"是一句至理名言。学法律仅有理论、法条会显得不具体,没有生命力,应该将法学逻辑与实践紧密结合起来,行政法与行政诉讼法更是如此。本书的特点就是从司法实践的视角入手,反刍法理和法条,通过法院对行政案件的审理和分析,增加对重点理论和重点法条的把握和理解。

全书分为十讲,每讲分为十节,每节一个典型案例,总共 100 个案例,基本涵盖行政法与行政诉讼法的主要领域。基本体例为理论导引、案件简介、裁判结果、案件评析、法条链接。本书立足于行政法与行政诉讼法的理论框架,紧密结合司法实践,通过法院裁判的实务视角,让读者能通过对本书的阅读,找到同类案件,了解法官裁判的思路、引用的主要法条,从而找到思路和答案,是一本非常实用的行政法学习用书。

图书在版编目(CIP)数据

行政法与行政诉讼法典型案例解析/张芳山主编.—武汉:华中科技大学出版社,2022.2
ISBN 978-7-5680-8021-7

Ⅰ.①行… Ⅱ.①张… Ⅲ.①行政法学-案例-中国-教材 ②行政诉讼法-案例-中国-教材 Ⅳ.①D922.105 ②D925.305

中国版本图书馆 CIP 数据核字(2022)第 026827 号

行政法与行政诉讼法典型案例解析　　　　　　　　　　　　　张芳山　主编
Xingzhengfa yu Xingzheng Susongfa Dianxing Anli Jiexi

策划编辑:周晓方　宋　焱
责任编辑:吴思宇　林珍珍
装帧设计:廖亚萍
责任校对:张汇娟
责任监印:周治超

出版发行:华中科技大学出版社(中国•武汉)　　电　话:(027)81321913
　　　　　武汉市东湖新技术开发区华工科技园　　邮　编:430223
录　　排:华中科技大学惠友文印中心
印　　刷:武汉市籍缘印刷厂
开　　本:787mm×1092mm　1/16
印　　张:18　插页:2
字　　数:406 千字
版　　次:2022 年 2 月第 1 版第 1 次印刷
定　　价:58.00 元

本书若有印装质量问题,请向出版社营销中心调换
全国免费服务热线:400-6679-118　竭诚为您服务
版权所有　侵权必究

总　序

当前,全球化、信息化、市场化构成了现代社会的主基调,它们不仅促进了生产力的快速发展,而且带动了一系列的社会变革。可以说,不断的变化才是这个时代永恒的主题。无论在经济还是社会、政治等领域,协同、合作、共享、共同体等成为关键词,而这些又与"治理"紧紧联系在一起。毫不夸张地说,现代社会就是一个治理和被治理的社会。由传统的"管理"过渡到现代的"治理",表明治理主体与客体的权力观念、利益关系以及身份地位等都发生了不同程度的改变,而这种改变正是推动社会迈向现代化的基本力量。

在迈向现代社会的过程中,政府的力量是不可或缺的,或者说,现代国家的政府正在以某种方式介入或承担着广泛的公共服务职能,为现代社会的转型提供动力。因此,从这个意义上说,一个高效服务型的政府是现代社会的重要标志。正基于此,我们提出要构建国家治理体系,实现治理能力的现代化,建设高效的服务型政府,以加快中国向现代社会转型。构建国家治理体系,实现治理能力现代化的时代需求,不仅推动了公共管理学科重心的转移,而且带来了公共管理专业结构的变化。现代经济学、社会学、政治学、心理学和法学等理论的相互交叉和借鉴成为现代学科发展的主流,新文科概念的出现,加速了学科间的相互跨界的行动,以更好地服务于社会经济发展。显然,应用性很强的公共管理学科,也应该广开门路,以开放包容的姿态,从其他学科吸收更多的营养,带动本学科的快速发展。可喜的是,近些年,公共管理学科不断从心理学、法学、经济学等学科中汲取资源,形成学科交叉,从而使公共管理学科呈现出蓬勃的发展态势,不仅缩小了与国际公共管理学科的差距,而且提升了本学科的社会服务能力,为国家治理体系和治理能力现代化的建设提供了智力支持。

党的十八大报告中指出,要推动高等教育的内涵式发展。那么,如何来推动高等教育的内涵式发展?在笔者看来,除了遵循基本的教育发展、知识发展和人的发展规律外,还要重视学科的发展和建设,而学科建设的根本目的是培养高水平人才。显然,在学科建设的环节中,课程建设不可或缺,换言之,学科建设的层次需要通过高水平的教材建设来实现。因此,国内外著名高校都非常重视通过高质量、高水平的教材建设来推动课程建设,进而提高学科建设的水平,最终实现高水平人才培养的目标。

1887年伍德罗·威尔逊发表《行政学之研究》一文，标志着公共行政学的诞生，之后经历了传统的公共行政、行为公共行政、新公共行政和现代公共行政几个发展的重要阶段，后又发展到公共管理、新公共管理和公共服务，至今已有上百年的历史。但在中国，公共管理仍然是一门新兴的学科，仍然处在从国外借鉴、引进和消化的阶段，公共管理学科的本土化还没有完成，为此，中国人民大学出版社等组织专家，引进翻译了多种公共管理的经典教材，围绕"经典教材"系列、"公共管理实务"系列、"政府治理与改革"系列、"学术前沿"系列、"案例"系列和"学术经典"系列全方位展开，同时，该社还积极推进公共管理学科教材本土化，组织国内著名的公共管理学者编写教材，积极向各大高校推送，应该说，这些举措对推进公共管理学科的发展起到了很重要的作用。

尽管如此，由于公共管理学科还处在不断发展的过程中，我国也正在进行大规模的行政体制改革，如"放管服"的改革、"省直管县"的改革、行政管理体制的改革等，这些改革的最新成果应该反映在公共管理学科的教材中，而现有的教材并没有体现这一趋势，没有把最新的改革成果嵌入教材中。为了弥补这一缺憾，我们与华中科技大学出版社合作，组织编写了这套教材。与已有的公共管理类教材相比，本系列教材具有以下几个特点。

第一，前沿性。系列教材注重把最新的公共管理研究成果引入教材中，反映了公共管理最新研究的理论和学术主张，在内容上凸显其前沿性。如，公共管理的研究前沿包括公共服务动机、公共服务的共同生产、绩效管理、数字政府、技术治理等，这些最新的研究内容，在《公共组织理论》《绩效管理》等教材中得到系统体现。

第二，交叉性。公共管理学科越来越注重借鉴其他学科的资源来丰富本学科的内涵，因此，本系列教材除了传统的公共管理外，还注意吸收其他学科资源，充实和丰富教材的内容。如，《管理心理学》《社会工作理论》等教材吸收了心理学、社会学、政治学等学科资源，使之与其他同类教材相比，具有明显的学科交叉性。

第三，数字化。本系列教材充分利用现代数字技术，在每章节都有二维码链接，把相关的知识点串联起来，既方便学生的学和教师的教，又能使学生加深对知识点的理解，便于知识的融会贯通。

本系列教材是南昌大学行政管理国家级一流专业建设点示范教材的一部分，由南昌大学公共管理学院与华中科技大学出版社共同组织策划，得到了华中科技大学出版社周晓方老师的大力支持。为了保证教材的质量，本系列教材成立了该领域诸多学者组成的编辑委员会来具体组织实施。另外，本系列教材的出版得到了南昌大学"十四五"双一流建设专项经费的支持。借此，谨向他们表示敬意和衷心感谢！

丛书编委会
2021年11月8日

前　言

　　法学教育是建设法治社会、法治国家的前提和基础。行政法是有关行政的主体及职权、行为及程序、违法及责任和救济的法律规范的总称，它对于维护社会秩序、保障公共利益意义重大。

　　编者多年从事行政法与行政诉讼法教学，以及行政案件的司法实务，参与过多起行政纠纷和行政诉讼案件，对行政纠纷理论和实务均有较为深刻的了解。

　　编者在教学过程中，发现很多学生听了行政法理论之后，书本上的知识明白了，但是碰到具体的案子依然不知道如何去分析，如何去运用，如何去质证，如何去说理，法律理论运用能力严重欠缺。所以，对行政法学习爱好者来说，多看一些司法裁判案例实在是有必要的。这本书是编者多年教学和律师工作经验的总结。在处理行政案件的时候，律师需要大量研读同类案件，通过检索、查阅、对比、分析，才能形成一个大致的判断。处理案件，不管是法官还是律师都需要"让目光来回穿梭于法律规范与案件事实之间"，而广大的行政法与行政诉讼法的学习爱好者也需要"让目光来回穿梭于理论知识与案件判决之间"，这是一个非常重要的法治思维培养建构的过程。

　　自2020年以来，最高人民法院多次提倡类案同判，要求各级法院裁判人员在案件裁判之前查阅同类案件的判决书，尽量做到同类案件得到同样或类似的判决，这样有利于统一裁判人员的裁判口径，缩小他们的自由裁量空间，减少因行政案件同案不同判而引发的社会冲突，从而维持社会秩序的稳定。编者在从事司法实务的时候，也发现由于对法律的理解不同，很多案件甚至可能有两种截然不同的裁判结果。行政法学习爱好者判断案件结果需要去查阅大量的司法判例，学会从法官的视角思考行政案件、理解法律条文，通过"本院认为"理解法官的说理过程，从而理解法官的裁判思路和法律适用的逻辑。

　　为了方便读者查找，本书统一了体例，每一讲分为十节，每一节一个案例。每一节的内容依次为理论导引、案件简介、裁判结果、案件评析、法条链接。每一章后面都安排了习题与答案，让读者能举一反三地去思考、去吸收。这样条理清晰的布局，便于读者学习、查找，以及对照案件和结果，结合评析去理解重点法条，提升学习的效果。

　　全书总共100个案例。为什么称为"典型案例"而不是"经典案例"？因为我们选取的是最近几年各级法院的判例,并不限定于最高人民法院发布的十大案例之类,而是根据每一节的标题安排一个相关内容的案例。我们不能夸大其词说其是经典案例,只能说,我们的案例选择是根据每一节的内容所选取的和标题匹配的案例,所以命名为"典型案例"。

案例教学法始终是法律学习的基本方法,本书选用的案例来自"中国裁判文书网""聚法案例""无讼案例""北大法宝"等主流平台,具有真实性和权威性。在此对这些平台表示感谢,这些平台在学习、传播、解读法律方面作出了巨大的贡献。

最后,感谢南昌大学"双一流"建设项目的经费支持,感谢促成该书出版的各位领导和老师。相信该书能为广大行政法学习爱好者、行政案件纠纷的当事人提供很好的参考和借鉴。学法律不是为了掌握法条,而是要建构法治思维,培养建构法治思维的能力是非常重要的,本书的编撰正是基于这样一个初心。所以,若本书能为我们的法治国家建设略添一砖一瓦,善莫大焉!

目录 contents

第一讲　行政法律关系与行政法的基本原则篇 ... 1

第一节　行政法律关系的主体 ... 2
案例1　原告黄某诉被告广州市天河区食品药品监督管理局、广州市天河区人民政府不履行法定职责案
案号：〔2015〕穗天法行初字第810号 ... 2

第二节　行政法律关系的内容 ... 4
案例2　原告杭州万强某有限公司诉被告浙江省人民政府行政复议案
案号：〔2016〕浙01行初251号 ... 5

第三节　行政法律关系的客体 ... 7
案例3　原告冯某诉被告四川省人民政府行政复议案
案号：〔2018〕川01行初680号 ... 7

第四节　合法行政原则 ... 9
案例4　原告湖北某汽车部件股份有限公司诉被告江陵县人力资源和社会保障局不服工伤认定案
案号：〔2017〕鄂1024行初5号 ... 9

第五节　合理行政原则 ... 12
案例5　原告易某诉被告西秀区工商局注销登记案
案号：〔2015〕西行初字第12号 ... 12

第六节　程序正当原则 ... 13
案例6　原告梁某诉被告南昌市青山湖区住房和城乡建设局撤销安置补偿协议案
案号：〔2020〕赣7101行初416号 ... 14

第七节　高效便民原则 ... 16
案例7　原告王某1诉被告南昌市公安局青云谱分局行政登记案
案号：〔2019〕赣7101行初791号 ... 16

第八节　诚信原则 ... 19
案例8　原告长汀县连某养猪场诉被告长汀县三洲镇人民政府行政赔偿案
案号：〔2018〕闽0825行初6号 ... 19

第九节　权责统一原则 ... 23
案例9　原告姚某诉淮南市自然资源和规划局行政登记案
案号：〔2019〕皖0403行初33号 ... 23

| 第十节 | 行政法律关系的产生、变更和消灭 | … 25 |

案例 10　原告江西某建设集团有限公司诉被告越西县水务局其他行政案

案号：〔2018〕川 3434 行初 3 号 … 26

第二讲　行政复议篇 … 28

| 第一节 | 申请行政复议的期限 | … 29 |

案例 11　原告李某诉被告石家庄市人民政府行政复议案

案号：〔2018〕冀 0102 行初 68 号 … 29

| 第二节 | 行政复议的证据收集 | … 31 |

案例 12　原告张某不服被告安徽省公安厅行政复议案

案号：〔2015〕庐行初字第 00031 号 … 31

| 第三节 | 行政复议申请的审查 | … 34 |

案例 13　原告郭某诉被告广州市人民政府行政复议案

案号：〔2014〕穗中法行初字第 282 号 … 34

| 第四节 | 行政复议的范围 | … 36 |

案例 14　原告邢某诉被告中华人民共和国国土资源部行政复议案

案号：〔2017〕京 01 行初 214 号 … 36

| 第五节 | 行政复议决定的执行 | … 39 |

案例 15　原告淮南市某物资贸易有限责任公司诉被告淮南市大通区人民政府行政征收案

案号：〔2017〕皖 04 行初 67 号 … 39

| 第六节 | 行政复议期间具体行政行为的执行 | … 41 |

案例 16　原告季某不服被告南通市通州区公安局治安行政处罚及南通市通州区人民政府行政复议决定案

案号：〔2015〕东行初字第 00284 号 … 42

| 第七节 | 复议前置 | … 44 |

案例 17　原告张某诉被告平塘县通州镇人民政府林地所有权处理决定案

案号：〔2016〕黔 2726 行初 31 号 … 44

| 第八节 | 查阅材料权 | … 46 |

案例 18　原告樵某诉被告广东省食品药品监督管理局政府信息公开案

案号：〔2015〕穗中法行初字第 17 号 … 46

| 第九节 | 行政复议与行政诉讼的选择 | … 48 |

案例 19　原告肖某诉被告宜城市人民政府行政强制案

案号：〔2016〕鄂 06 行初 27 号 … 48

| 第十节 | 申请行政复议时的行政赔偿请求 | …49 |

案例20　原告郭某诉被告上杭县人民政府行政复议案

案号：〔2018〕闽04行初8号 …50

第三讲　行政诉讼篇 …53

| 第一节 | 起诉期限 | …54 |

案例21　原告刘某诉武汉市住房保障和房屋管理局、武汉市不动产登记局房屋行政登记案

案号：〔2017〕鄂0102行初97号 …54

| 第二节 | 原告举证 | …57 |

案例22　原告徐某诉被告国家税务总局锡林浩特市税务局不履行法定职责一案

案号：〔2020〕内2502行初50号 …57

| 第三节 | 被告举证 | …58 |

案例23　原告姚某诉被告襄州区人民政府、襄阳高新区管委会行政强制案

案号：〔2019〕鄂06行初221号 …59

| 第四节 | 行政诉讼原告资格 | …61 |

案例24　原告周某诉被告松滋市食品药品监督管理局食品药品安全行政管理案

案号：〔2018〕鄂1087行初10号 …61

| 第五节 | 行政诉讼被告资格 | …64 |

案例25　原告镇江市某房地产开发有限公司诉被告镇江市自然资源和规划局、江苏省自然资源厅行政复议案

案号：〔2021〕苏1111行初18号 …64

| 第六节 | 其他规范性文件的审查 | …66 |

案例26　原告柏某诉被告金湖县农村合作医疗管理中心不履行法定职责案

案号：〔2017〕苏0831行初6号 …66

| 第七节 | 行政行为合法性审查 | …69 |

案例27　原告杨某诉被告三穗县国土资源局不履行法定职责案

案号：〔2017〕黔2625行初29号 …69

| 第八节 | 对行政行为合法性进行审查 | …71 |

案例28　原告北京年糕杨工贸有限公司诉被告北京市朝阳区食品药品监督管理局行政处罚案

案号：〔2018〕京0105行初377号 …71

第九节　行政行为程序轻微违法 …75

案例 29　原告沈某诉被告宁德市公安局蕉城分局行政处罚案

案号:〔2015〕宁行终字第 85 号 …75

第十节　调解 …77

案例 30　原告朱某诉被告连州市住房和城乡建设局行政赔偿案

案号:〔2019〕粤 1803 行初 484 号 …77

第四讲　行政处罚篇 …82

第一节　其他处罚种类的设定 …83

案例 31　原告王某诉被告龙里县城乡规划局、龙里县人民政府行政处罚案

案号:〔2017〕黔 2701 行初 19 号 …83

第二节　其他规范性文件不得设定行政处罚 …85

案例 32　原告徐某诉被告修水县畜牧水产局行政处罚案

案号:〔2017〕赣 0425 行初 10 号 …86

第三节　法律、法规授权实施行政处罚 …91

案例 33　原告孙某诉被告太和县城乡管理行政执法局行政处罚案

案号:〔2017〕皖 1222 行初 54 号 …91

第四节　行政处罚管辖原则 …94

案例 34　原告李某诉被告合肥市公安局包河分局行政处罚案

案号:〔2014〕包行初字第 00046 号 …94

第五节　一事不再罚原则 …97

案例 35　原告海南某物流有限公司诉被告海口市国土资源局行政处罚案

案号:〔2014〕龙行初字第 25 号 …97

第六节　行政处罚决定之前的法定程序 …99

案例 36　原告李某不服被告依兰县国土资源局行政处罚案

案号:〔2014〕依行初字第 8 号 …99

第七节　陈述和申辩权 …101

案例 37　原告藤县某食品加工厂诉被告藤县食品药品监督管理局行政处罚案

案号:〔2015〕藤行初字第 25 号 …101

第八节　行政处罚听证条件 …103

案例 38　原告浏阳市某水电站诉被告浏阳市国土资源局、浏阳市人民政府行政处罚案

案号:〔2018〕湘 0181 行初 18 号 …103

第九节	行政拘留的天数折抵刑期	…107
	案例39 被告人贺某寻衅滋事罪案	
	案号：〔2018〕冀0728刑初10号	…107
第十节	行政处罚的时效	…109
	案例40 原告驻马店市某石材厂诉被告驻马店市国土资源局、驻马店市驿城区国土资源局行政处罚案	
	案号：〔2017〕豫1725行初51号	…109

第五讲 行政强制篇 …113

第一节	对行政强制不服的救济途径	…114
	案例41 原告韦某诉被告钦州市人民政府行政复议案	
	案号：〔2015〕钦行初字第1号	…114
第二节	查封、扣押期限	…116
	案例42 原告桐乡市某副食品配送中心诉被告桐乡市市场监督管理局行政强制案	
	案号：〔2020〕浙0402行初37号	…116
第三节	保管费用	…118
	案例43 原告谢某诉被告玉林市公安局交通警察支队直属一大队行政强制案	
	案号：〔2017〕桂0902行初11号	…118
第四节	行政强制执行应遵循法定的程序	…120
	案例44 汤某诉被告海盐县人民政府西塘桥街道办事处行政确认案	
	案号：〔2017〕浙0424行初21号	…120
第五节	加处罚款	…123
	案例45 申请执行人卫辉市公安局交通警察大队与被执行人徐某非诉执行审查案	
	案号：〔2018〕豫0781行审290号	…123
第六节	无强制执行权的行政机关非诉行政执行期限	…125
	案例46 申请执行人双城区国土资源局与被执行人白某非诉执行审查案	
	案号：〔2018〕黑0113行审34号	…125
第七节	行政强制适当原则	…127
	案例47 申请执行人建德市国土资源局与被执行人董某非诉执行审查案	
	案号：〔2015〕杭建行审字第254号	…127

第八节　停止执行　…129

案例48　原告张某诉被告宜昌市城市管理执法局、宜昌市伍家岗区城市管理执法局行政强制案

案号:〔2015〕鄂伍家岗行初字第00016号　…129

第九节　停止供水、供电、供热、供燃气等违法行为　…133

案例49　原告郭某与被告新安县人民政府电力行政强制案

案号:〔2020〕豫03行初487号　…133

第十节　行政强制措施实施应遵守法定程序　…135

案例50　原告王某诉被告金华市公安局交通警察支队直属一大队、金华市公安局行政强制案

案号:〔2015〕金婺行初字第168号　…135

第六讲　行政许可篇　…139

第一节　行政许可的审查　…140

案例51　原告中国某著作权集体管理协会诉被告楚雄市行政审批局行政许可案

案号:〔2020〕云2301行初22号　…140

第二节　作出行政许可决定的期限　…142

案例52　原告马某、罗某等诉被告南宁市良庆区自然资源局行政许可案

案号:〔2021〕桂0102行初1号　…143

第三节　委托实施行政许可　…145

案例53　原告义乌市某广告有限公司诉被告诸暨市次坞镇人民政府、诸暨市城市管理行政执法局行政许可案

案号:〔2015〕绍柯行初字第153号　…145

第四节　行政许可的统一办理、联合办理、集中办理　…147

案例54　原告马某诉被告西宁市人民政府行政许可案

案号:〔2020〕青01行初21号　…148

第五节　信赖保护原则　…150

案例55　原告山东某建设集团有限公司诉被告济南市长清区城市管理行政执法局行政许可案

案号:〔2015〕长行初字第8号　…150

第六节　行政许可听证的范围　…153

案例56　原告孙某、吴某诉被告易门县自然资源局行政许可案

案号:〔2020〕云0425行初14号　…154

第七节 | 行政许可决定公开 … 156
案例 57　原告夏某诉被告邵东市牛马司镇人民政府行政许可案
案号：〔2019〕湘 0511 行初 238 号 … 157

第八节 | 行政机关在其法定职责范围内实施行政许可 … 159
案例 58　原告戴某诉被告杭州市规划局行政许可案
案号：〔2013〕杭上行初字第 42 号 … 159

第九节 | 行政许可的撤销 … 161
案例 59　原告陈某诉被告芦溪县国土资源局行政许可案
案号：〔2016〕赣 0323 行初 13 号 … 162

第十节 | 行政许可的注销 … 163
案例 60　原告陈某诉被告长春市公安局交通警察支队道路交通行政许可案
案号：〔2018〕吉 0102 行初 62 号 … 164

第七讲　行政协议篇 … 167

第一节 | 行政协议属于行政诉讼受案范围 … 168
案例 61　原告贺某诉被告新郑市新村镇人民政府乡政府行政合同案
案号：〔2020〕豫 0184 行初 33 号 … 168

第二节 | 行政协议与民事合同的区别 … 171
案例 62　原告李某诉被告民权县绿洲街道办事处行政合同案
案号：〔2018〕豫 1422 行初 6 号 … 171

第三节 | 行政协议的撤销 … 173
案例 63　原告余某诉被告永嘉县人民政府瓯北街道办事处行政合同案
案号：〔2020〕浙 0303 行初 116 号 … 173

第四节 | 推定管辖 … 175
案例 64　原告章某诉被告绍兴市上虞区人民政府行政合同案
案号：〔2020〕浙 06 行初 69 号 … 175

第五节 | 举证责任 … 178
案例 65　原告温州市某不锈钢管厂诉被告温州市龙湾区人民政府海滨街道办事处行政合同案
案号：〔2020〕浙 0304 行初 102 号 … 178

第六节 | 行政协议合法性审查 … 180
案例 66　原告张某与沂源经济开发区管理委员会行政案
案号：〔2021〕鲁 03 行初 100 号 … 180

| 第七节 | 强制执行行政协议的申请条件 | … 182 |

案例67　复议申请人贵阳经济技术开发区房屋征收中心非诉执行案
案号：〔2020〕黔01行审复6号 … 182

| 第八节 | 委托 | … 184 |

案例68　原告阮某、刘某等诉被告清远市清城区人民政府、
清远市自然资源局、清远市人民政府安置补偿协议案
案号：〔2019〕粤18行初265号 … 184

| 第九节 | 行政机关不履行行政协议的法律后果 | … 187 |

案例69　原告温某诉被告醴陵市人民政府、醴陵市自然
资源局行政合同案
案号：〔2020〕湘02行初2号 … 187

| 第十节 | 诉讼时效及起诉期限 | … 189 |

案例70　原告蒋某诉被告资中县房屋征收办公室房屋征收
补偿合同案
案号：〔2019〕川1025行初47号 … 190

第八讲　政府信息公开篇 … 194

| 第一节 | 政府信息公开申请的答复 | … 195 |

案例71　原告蒋某诉被告台州市发展和改革委员会政府信息公开案
案号：〔2021〕浙1002行初30号 … 195

| 第二节 | 政府信息公开的主体 | … 197 |

案例72　原告沈阳市某烟花有限公司诉被告沈阳市
自然资源局政府信息公开案
案号：〔2020〕辽0103行初188号 … 197

| 第三节 | 政府信息公开的范围 | … 199 |

案例73　原告冯某诉被告滨海县滨淮镇人民政府政府信息公开案
案号：〔2021〕苏0925行初35号 … 199

| 第四节 | 政府信息主动公开 | … 201 |

案例74　原告刘某诉被告孟津县自然资源局、洛阳市
自然资源和规划局政府信息公开案
案号：〔2020〕豫7102行初201号 … 201

| 第五节 | 政府信息依申请公开 | … 203 |

案例75　原告杨某诉被告北京市西城区人民政府政府信息公开案
案号：〔2021〕京04行初20号 … 204

| 第六节 | 权利救济途径 | … 206 |

案例76　原告王某诉被告西安市长安区人民政府行政复议案
案号：〔2020〕陕71行初1147号 … 206

| 第七节 | 答复期限 | … 208 |

案例 77　原告张某诉被告济南市人民政府、济南市公安局
政府信息公开案

案号：〔2021〕鲁 0102 行初 212 号 … 208

| 第八节 | 行政机关主动公开政府信息的途径 | … 211 |

案例 78　原告雷某诉被告长沙市发展和改革委员会政府
信息公开案

案号：〔2020〕湘 8601 行初 367 号 … 211

| 第九节 | 个人隐私的保护 | … 212 |

案例 79　原告张某诉被告北京市西城区人民政府房屋征收
办公室政府信息公开案

案号：〔2021〕京 0102 行初 120 号 … 213

| 第十节 | 费用 | … 215 |

案例 80　原告晁某诉被告菏泽市牡丹区自然资源局政府信息公开案

案号：〔2020〕鲁 1728 行初 10 号 … 216

第九讲　其他行政篇　… 219

| 第一节 | 行政确认 | … 220 |

案例 81　原告吴某诉被告南昌市人力资源和社会保障局
工伤行政确认案

案号：〔2019〕赣 7101 行初 127 号 … 220

| 第二节 | 行政处分的救济途径 | … 222 |

案例 82　原告熊某诉被告镇巴县人民政府行政案

案号：〔2016〕陕 07 行初 8 号 … 222

| 第三节 | 房屋征收与补偿 | … 225 |

案例 83　原告杨某、赵某诉被告焦作市解放区人民政府行政案

案号：〔2016〕豫 08 行赔初 4 号 … 225

| 第四节 | 土地征收 | … 228 |

案例 84　原告蔡某诉被告鞍山市铁西区人民政府行政征收案

案号：〔2020〕辽 03 行初 38 号 … 228

| 第五节 | 政府采购 | … 231 |

案例 85　原告聚光科技某股份有限公司诉被告吉林省
财政厅其他行政行为案

案号：〔2020〕吉 0102 行初 71 号 … 231

| 第六节 | 行政登记 | … 235 |

案例 86　原告龚某诉南昌市不动产登记局行政登记案

案号：〔2019〕赣 7101 行初 999 号 … 235

| 第七节 | 行政奖励 | … 237 |

案例 87　原告江西大美众创某文化有限公司诉南昌市科学技术局行政奖励案

案号：〔2019〕赣 7101 行初 814 号　　… 237

| 第八节 | 行政给付 | … 240 |

案例 88　原告吴某诉被告安义县医疗保险事业管理局不履行医保行政给付法定职责案

案号：〔2018〕赣 7101 行初 619 号　　… 240

| 第九节 | 行政允诺 | … 242 |

案例 89　原告王某与毕节金海湖新区竹园彝族苗族乡人民政府行政允诺案

案号：〔2019〕黔 0522 行初 162 号　　… 242

| 第十节 | 行政收费 | … 244 |

案例 90　申请人泰州市城市管理局与被申请人上海某装潢有限公司泰州分公司行政非诉审查案

案号：〔2020〕苏 1202 行审 30 号　　… 244

第十讲　国家赔偿篇　　… 248

| 第一节 | 行政机关违法实施罚款，受害人有取得国家赔偿的权利 | … 249 |

案例 91　原告张某诉被告农安县公安局行政赔偿案

案号：〔2017〕吉 0122 行赔初 1 号　　… 249

| 第二节 | 行政机关违法拘留，受害人有取得赔偿的权利 | … 251 |

案例 92　原告黄某诉被告依兰县公安局行政处罚案

案号：〔2014〕依行初字第 13 号　　… 251

| 第三节 | 受害人请求国家赔偿的时效 | … 253 |

案例 93　原告通州区某小区业主委员会诉被告南通市国土资源局行政赔偿案

案号：〔2017〕苏 0611 行初 278 号　　… 253

| 第四节 | 直接损失赔偿 | … 256 |

案例 94　原告程某诉被告北京市顺义区某镇人民政府行政赔偿案

案号：〔2020〕京 0113 行赔初 112 号　　… 256

| 第五节 | 精神损害抚慰金 | … 258 |

案例 95　原告王某诉被告赫章县公安局行政赔偿案

案号：〔2021〕黔 0502 行赔初 2 号　　… 258

| 第六节 | 赔偿义务机关 | … 261 |

案例 96　原告吴某诉被告黄山市人民政府行政赔偿案

案号：〔2017〕皖 10 行赔初 1 号　　… 261

第七节 侵犯公民身体健康权的国家赔偿范围 … 263
  案例97　原告包某诉被告扬州市广陵区李典镇人民政府
  行政赔偿案
  案号：〔2015〕扬邗行初字第136号 … 263

第八节 赔偿请求人要求赔偿，应当先向赔偿义务机关提出 … 265
  案例98　原告西安市某砂石料厂诉被告周至县人民政府
  行政赔偿案
  案号：〔2018〕陕7102行 … 266

第九节 作出赔偿决定的期限 … 267
  案例99　原告严某诉被告长沙市国土资源局行政赔偿案
  案号：〔2018〕湘0111行赔初2号 … 268

第十节 行政追偿 … 269
  案例100　原告沈丘县公安局诉被告李某追偿权案
  案号：〔2017〕豫1624民初2790号 … 270

第一讲

行政法律关系与行政法的基本原则篇

行政法是国家重要的部门法之一,是调整行政关系以及在此基础上产生的监督行政关系的法律规范和原则的总称,或者说是调整因行政主体行使其职权而发生的各种社会关系的法律规范和原则的总称。

第一节 行政法律关系的主体

行政法律关系的主体是行政法律关系的参加者和行政法权利义务的承担者,也可以称为行政法律关系的当事人。国家行政机关是行政法律关系主体中不可缺少的一方。在行政机关依法实施其国家管理职能时,公民、法人和其他组织是行政法律关系的主体。

案例 1

原告黄某诉被告广州市天河区食品药品监督管理局、广州市天河区人民政府不履行法定职责案

案号:〔2015〕穗天法行初字第 810 号

 案件简介

原告黄某于 2015 年 7 月 19 日就其在天猫超市购买的由某食品公司生产的"大枣红糖""姜汁红糖"食品向被告广州市天河区食品药品监督管理局(以下简称天河区食药局)邮寄举报投诉函,投诉举报该公司生产的上述产品以赤砂糖冒充红糖,同时提出 5 项投诉请求:①依法处理本举报投诉;②依法对被举报人给予行政处罚,奖励投诉人;③依法赔偿投诉人;④依法责令被举报人召回并销毁所有不合格商品;⑤依法加盖公章,书面告知投诉举报人处理结果。

收到上述举报投诉函后,天河区食药局工作人员于 2015 年 8 月 3 日到被投诉人某食品公司现场进行检查,调查了该公司的相关经营主体资格和从事食品生产资格的相关法定许可文件,包括营业执照、食品生产许可证等。该局工作人员依法对被举报人和相关的申诉举报情况进行了调查并制作了现场检查笔录、询问调查笔录。该局工作人员还调查了另外一家食品有限公司的营业执照和与被举报投诉事项相关的成品加工协议、委托加工合同补充协议等证据材料。天河区食药局于 2015 年 8 月 5 日作出(穗天)食药监产责改〔2015〕0001361 号责令改正通知书,认定某食品公司生产的"大枣红糖""姜汁红糖"不符合国家相关食品安全标准,责令该公司立即召回。2015 年 8 月 11 日,天河区食药局作出穗天食药监函〔2015〕602 号《关于对举报广州市某食品有限公司相关违法违规行为调查情况的函》书面回复黄某:①现场检查发现某食品公司生产的"大枣红糖""姜汁红糖"标

注名称为红糖,但实际配料为赤砂糖,不符合《食品安全国家标准食糖》(GB13104—2014)的规定。②2015年8月11日,该局对某食品公司销售标签不符合食品安全国家标准案的调查终结,并作出不予处罚的决定。该局已向某食品公司发放责令改正通知书,责令其立即改正违法行为,召回不符合食品安全国家标准的"大枣红糖""姜汁红糖"产品。③因黄某反映的问题属于对标签不规范方面的举报,且该局未作出行政处罚,根据《广州市食品药品监管系统食品药品违法行为举报奖励办法》第五条、第六条的规定,该举报不属于给予举报奖励的范围。关于黄某提出的要求该局责令商家退款、赔偿的诉求,目前法律法规并未赋予该局责令商家退款、赔偿的职责,建议黄某通过向消费者委员会投诉或申请仲裁、提起诉讼等途径解决。天河区食药局于2015年8月26日将上述复函邮寄送达给黄某。黄某不服,向广州市天河区人民政府(以下简称天河区政府)申请行政复议,请求确认天河区食药局不依法查处其举报投诉事项的行为违法,并责令该局限期重新依法查处该违法行为。天河区政府于2015年10月30日作出穗食药监行复〔2015〕49号行政复议决定,驳回黄某的行政复议申请。黄某仍不服,遂向法院提起本案诉讼,请求法院判决:①撤销被告天河区食药局作出的穗天食药监函〔2015〕602号复函;②责令被告天河区食药局限期对原告的举报投诉事项作出具体行政行为;③撤销被告天河区政府作出的天河府行复〔2015〕49号行政复议决定书。

裁判结果

驳回原告黄某的诉讼请求。

案件评析

黄某作为投诉举报人,仅向行政机关提供案件线索,其本身并非被处罚对象,对于天河区食药局是否给予被投诉单位行政处罚这一事件,黄某是否可以作为行政法律关系的主体提起行政诉讼?《最高人民法院关于执行〈中华人民共和国行政诉讼法〉若干问题的解释》第十二条规定:"与具体行政行为有法律上利害关系的公民、法人或者其他组织对该行为不服的,可以依法提起行政诉讼。"本案中,虽然原告不是被诉不予行政处罚决定的行政相对人,但其作为案涉产品的消费者,被告作出的行政处罚对案涉产品及违法行为的认定影响其民事权益。因此,被诉不予行政处罚决定与原告之间存在法律上的利害关系,原告对被诉不予行政处罚决定不服,可以依法提起行政诉讼。

《中华人民共和国食品安全法》第十二条规定:"任何组织或者个人有权举报食品安全违法行为,依法向有关部门了解食品安全信息,对食品安全监督管理工作提出意见和建议。"《食品药品投诉举报管理办法(试行)》第二十一条规定:"投诉举报承办单位应当以适当方式将办理结果及时反馈投诉举报人,也可以由投诉举报机构反馈投诉举报人。"第二十二条规定:"投诉举报的受理、办理、协调、审查、反馈等环节,一般应当自受理之日起 60 日内全部办结;情况复杂的,经投诉举报承办单位负责人批准,可适当延长办理期限,但延长期限不得超过 30 日,并告知投诉举报人和有关投诉举报机构延期理由。法律、行政法规、规章另有规定的,从其规定。"依据上述规定,公民、法人及其他组织依法享有对食品安全违法行为的监督、举报权利,食品药品监督管理机关在收到举报后,应当及时调查处理并将办理结果向举报人反馈。本案中,黄某向天河区食药局投诉举报某食品公司生产的"大枣红糖""姜汁红糖"产品不符合食品安全国家标准,是其依法行使监督、举报权利的具体体现,其与天河区食药局之间据此形成的行政法律关系是本案的诉讼标的。故本案审查的是天河区食药局是否履行其应尽的法定职责,依据上述法律规定及时对举报线索作出调查处理并向举报人反馈办理结果。现有证据可证明天河区食药局已在法定期限内对黄某提供的举报线索进行调查核实,调取相关证据,对被投诉人作出责令改正违法行为、召回相关产品的行政处理,并根据其违法情节作出不予处罚的决定,也已将上述办理结果书面函复黄某,故其已经履行法定职责,保障了黄某依法享有的监督、举报权利。所以黄某诉请撤销天河区食药局作出的复函,法院不予支持。

 法条链接

《最高人民法院关于执行〈中华人民共和国行政诉讼法〉若干问题的解释》

第十二条

与具体行政行为有法律上利害关系的公民、法人或者其他组织对该行为不服的,可以依法提起行政诉讼。

第二节 行政法律关系的内容

行政法律关系的内容是行政法律关系主体所享有的权利和所承担的义务的总和。按照国家行政管理的过程,行政机关的权利大致上可以概括为:规定公民、法人和其他组织权利义务的命令权和执行权,惩治行政违法行为的制裁权和解决行政争议的裁判权。行政机关的义务可以概括为:依法行使行政职权,接受国家机关的法制监督和社会监督,保证当事人在行政决策过程中的知情权、参与权和得到法律救济的权利。公民、法人和其他组织的权利可以概括为:依法参与国家管理和监督国家行政机关,要求国家行政机关尊重和保障其自主权、自由权和平等权,保障和满足受教育、社会保障等福利权。公民、法人和其他组织的义务可以概括为:接受和协助国家行政管理,及时履行法定公共义务,遵守和维护公共秩序与国家公共利益。

案例 2

原告杭州万强某有限公司诉被告浙江省人民政府行政复议案

案号:〔2016〕浙 01 行初 251 号

 案件简介

2015年12月18日,原告杭州万强某有限公司(以下简称万强公司)向杭州市人民政府邮寄领取热能补贴和改造款的材料,但材料中的《关于申请立即发放热能补贴和改造款的紧急报告》的报告对象并非杭州市人民政府。杭州市人民政府办公厅于2015年12月19日签收。2016年3月20日,万强公司的工作人员徐某通过邮政特快专递,以浙江省人民政府工作人员个人为收件人寄送一份邮件,邮件内容不详。2016年5月25日,万强公司的工作人员徐某通过邮政特快专递向浙江省人民政府寄送行政复议申请书及相关材料。2016年6月1日,浙江省人民政府向万强公司作出行政复议申请材料补正通知,通知其补正材料。2016年6月7日,万强公司补正完毕,浙江省人民政府于同日作出浙政复〔2016〕131号行政复议告知书,告知万强公司以下内容。《中华人民共和国行政复议法》第九条第一款规定,公民、法人或者其他组织认为具体行政行为侵犯其合法权益的,可以自知道该具体行政行为之日起60日内提出行政复议申请;《中华人民共和国行政复议法实施条例》第十六条第(二)项规定,公民、法人或者其他组织申请行政机关履行法定职责,行政机关未履行的,在没有履行期限规定的情况下,行政复议申请期限自行政机关收到申请满60日起计算;你单位于2015年12月18日向杭州市人民政府办公厅邮寄要求领取热能补贴和设备改造款的申请材料,杭州市人民政府办公厅于2015年12月19日收到该申请材料,但你单位至2016年5月才向本机关申请行政复议,显然已超过上述法律法规规定的行政复议申请期限;你单位的行政复议申请,不符合《中华人民共和国行政复议法实施条例》第二十八条第(四)项规定的受理条件;根据《中华人民共和国行政复议法》第十七条第一款规定,本机关决定不予受理。原告不服,请求法院判决:①撤销被告2016年6月7日作出的浙政复〔2016〕131号行政复议告知书,判令被告受理原告的行政复议申请;②被告承担诉讼费用。

裁判结果

驳回原告万强公司的诉讼请求。

案件评析

(1) 即使原告万强公司于 2016 年 3 月 20 日,系在《中华人民共和国行政复议法》第九条第一款规定的 60 日的期限内向被告浙江省人民政府提出过行政复议申请,浙江省人民政府对该申请是否作出回应、回应是否合法,亦属另一个独立的行政法律关系的内容。原告可以就 2016 年 3 月 20 日的行政复议申请对被告提起诉讼,但在本案中不构成可适用《中华人民共和国行政复议法》第九条第二款"因不可抗力或者其他正当理由耽误法定申请期限"的事由。

(2) 浙政复〔2016〕131 号行政复议告知书系浙江省人民政府对万强公司于 2016 年 5 月 25 日提出的行政复议申请作出的不予受理决定,故本案的争议焦点是万强公司于 2016 年 5 月 25 日向浙江省人民政府提出行政复议申请,是否已超过法定的复议申请期限。

《中华人民共和国行政复议法》第九条第一款规定:"公民、法人或者其他组织认为具体行政行为侵犯其合法权益的,可以自知道该具体行政行为之日起六十日内提出行政复议申请;但是法律规定的申请期限超过六十日的除外。"第二款规定:"因不可抗力或者其他正当理由耽误法定申请期限的,申请期限自障碍消除之日起继续计算。"《中华人民共和国行政复议法实施条例》第十六条第一款规定:"公民、法人或者其他组织依照行政复议法第六条第(八)项、第(九)项、第(十)项的规定申请行政机关履行法定职责,行政机关未履行的,行政复议申请期限依照下列规定计算:……没有履行期限规定的,自行政机关收到申请满 60 日起计算。"杭州市人民政府于 2015 年 12 月 19 日收到万强公司邮寄的材料,万强公司如认为杭州市人民政府存在未依申请履行法定职责的情形而申请行政复议,至迟应在 2016 年 4 月 19 日之前向复议机关提出行政复议申请。万强公司于 2016 年 5 月 25 日向浙江省人民政府提出行政复议申请,已超过《中华人民共和国行政复议法》第九条第一款规定的 60 日的申请期限。

(3) 被告浙江省人民政府认定万强公司的行政复议申请不符合《中华人民共和国行政复议法实施条例》第二十八条第(四)项的规定,依照《中华人民共和国行政复议法》第十七条第一款的规定决定不予受理万强公司的行政复议申请,并无不当,故法院判决驳回原告的诉讼请求。

第三节 行政法律关系的客体

行政法律关系的客体,是行政法律关系主体的权利义务所指向的对象,大体上有物、智力成果和行为三种。物是指一定的物质财富,如土地、房屋、森林、交通工具等。智力成果是指一定形式的精神财富或精神产品,如著作、专利、发明等。行为是指行政法律关系主体出于一定目的的有意识的活动,可以是纳税、征地、交通肇事、打架斗殴等。但是注意一点,行为包括作为和不作为(如纳税和不纳税)。

案例 3

原告冯某诉被告四川省人民政府行政复议案

案号:〔2018〕川 01 行初 680 号

 案件简介

2018年5月1日,原告冯某通过邮寄的方式向被告四川省人民政府提交行政复议申请书,申请"确认川府函〔2003〕4号文件名称的真实性"。2018年5月3日,四川省人民政府向冯某作出川府复补〔2018〕41号补正行政复议申请通知书,要求冯某明确复议请求、写明申请行政复议的事实和理由并提交相关的证据材料,并于同日向冯某邮寄送达。2018年5月9日,冯某向四川省人民政府提交补正行政复议申请书,以"川府函〔2003〕4号文件名称为《四川省人民政府关于成都市中心城区2001年第九批城市建设用地的批复》涉嫌造假,超越职权,冒用国务院名义非法批地,征收了申请人的承包耕地修建商品房,侵犯了申请人的合法权益"为由,请求四川省人民政府"确认川府函〔2003〕4号文件的名称为《四川省人民政府关于成都市中心城区2001年第九批城市建设用地的批复》违法"。2018年5月16日,四川省人民政府向冯某作出川府复受〔2018〕175号行政复议受理通知书,向四川省国土资源厅(以下简称省国土厅)作出川府复答〔2018〕175号行政复议答复通知书,并于同日向冯某邮寄送达。2018年5月28日,省国土厅向四川省人民政府提交了行政复议答复书。四川省人民政府经审查认为,冯某在政府信息公开过程中已经知晓川府函〔2003〕4号文件的名称为《四川省人民政府关于成都市中心城区2001年第九批城市建设用地的批复》,但仍以确认川府函〔2003〕4号文件的名称为《四川省人民政府关于成都市中心城区2001年第九批城市建设用地的批复》违法向四川省人民政府申请行政复议,该行政复议请求的事项不是一个具体行政行为,不属于《中华人民共和国行政复议法》第六条规定的受案范围。四川省人民政府于 2018 年 6 月 20 日,作出 124 号驳回复议决定,驳回了冯某的行政复议申请,并于同月 21 日向冯某邮寄送达。冯某不服,遂提起诉讼,请求法院确认四川省人民政府作出的 124 号驳回复议决定违法并予以撤销。

另查明,2017 年 3 月 17 日,被告四川省人民政府向原告冯某作出 35 号告知,载明川府函〔2003〕4 号文件的名称为《四川省人民政府关于成都电子机械专科学校转让国有划拨土地使用权的批复》,并向冯某送达。2017 年 5 月 17 日,四川省人民政府向冯某作出政府信息公开更正答复书,告知冯某 35 号告知内容有误,向冯某提供了川府函〔2003〕4 号《四川省人民政府关于成都市中心城区 2001 年第九批城市建设用地的批复》的复印件并向冯某邮寄送达,但冯某拒收。2018 年 1 月 31 日、2 月 1 日,冯某分别通过邮寄、网上申请的方式向四川省人民政府申请公开川府函〔2003〕4 号文件。2018 年 2 月 26 日,四川省人民政府作出 33 号答复,对冯某的申请进行了合并答复,并再次向冯某提供川府函〔2003〕4 号文件的复印件。

裁判结果

驳回原告冯某的诉讼请求。

案件评析

行政行为是行政法律关系的客体,是双方当事人权利义务指向的对象,行政主体有权依法实施行政行为,行政相对人则负有服从的义务。本案中,冯某在补正行政复议申请书中明确的行政复议请求,实质是对川府函〔2003〕4 号文件的命名存在异议,但对川府函〔2003〕4 号文件的命名本身并未创设行政法律关系,更未对冯某创设相关权利及义务,即对川府函〔2003〕4 号文件的命名不属于行政行为且与冯某没有利害关系,不符合《中华人民共和国行政复议法》第六条规定的可以申请行政复议的行为。关于冯某在诉讼中提出四川省人民政府告知其川府函〔2003〕4 号文件名称前后不一致、驳回其行政复议申请系行政不作为、侵犯了其合法权益的诉讼请求,四川省人民政府作出的 35 号告知中载明的川府函〔2003〕4 号的文件名称确与实际不符、存在错误,但是四川省人民政府已向冯某作出政府信息公开更正答复书予以纠正并向其提供川府函〔2003〕4 号文件的复印件,冯某的拒收行为不影响四川省人民政府政府信息公开更正答复书的效力。四川省人民政府作出 33 号答复,再次向冯某告知了川府函〔2003〕4 号文件的实际名称并提供相关复印件。综上,被告四川省人民政府作出 124 号驳回复议决定驳回被告冯某的行政复议申请,适用法律正确,程序合法。

第四节　合法行政原则

合法行政是行政法的首要原则,其他原则可以理解为这一原则的延伸。合法行政原则的根据,是行政机关在政治制度上对立法机关的从属性。合法行政原则是我国根本政治制度人民代表大会制度在国家行政制度上的体现和延伸。人民代表大会制度确定了国家行政机关对人民代表大会的从属性。我国的合法行政原则在结构上包括行政机关对现行法律的遵守和依照法律授权活动两个方面。

案例 4

原告湖北某汽车部件股份有限公司诉被告江陵县人力资源和社会保障局不服工伤认定案

案号:〔2017〕鄂 1024 行初 5 号

案件简介

第三人李某红与其丈夫周某均系原告湖北某汽车部件股份有限公司的职工。2016 年 6 月 25 日 17 时 24 分(原告单位的下班时间为 17 时 30 分),周某和李某下班离开原告单位回家——江陵县中岭村三组,周某持 C1 型机动车驾驶证,驾驶无号牌摩托车载着李某沿 S219 省道由南向北正常行驶,在 147KM+650KM 处路段,与对向行驶的肇事司机李某(系酒驾)驾驶的轻型普通货车发生碰撞,造成周某死亡、李某红受伤、车辆受损的道路交通事故。2016 年 7 月 6 日,江陵县公安局交通管理大队制作了江公交认字〔2016〕第 0625 号道路交通事故认定书,李某红承担事故的全部责任,周某、李某红不承担此事故的责任。2016 年 7 月 11 日,周某的大哥周某 1 和李某红的父亲李某 1 与江陵县沙岗镇政府工会主席龚某签订了授权委托书,全权委托龚某处理交通事故的相关事宜。同年 7 月 28 日,周某 1 作为申请人向被告江陵县人力资源和社会保障局提交了工伤认定申请。2016 年 8 月 1 日,被告江陵县人力资源和社会保障局受理了该工伤认定申请,并制作了编号 201612 号江陵县人力资源和社会保障局工伤认定申请受理决定书,次日(8 月 2 日)送达给周某 1。同年 9 月 28 日,经过多次调解后,李某红的父亲李某 1 作为一方当事人(即乙方)签字,龚某作为委托代理人签字,亲属代表周某 1、周某 2(周某之三叔)、李某 2(周某之子)、周某 3(周某之小哥)作为在场人签字,与甲方即原告签订了一份民事调解协议书,由甲方一次性赔偿乙方工伤费用和其他各项费用共计人民币 48 万元整,包含保险公司意外伤害险赔付金 10 万元、垫付的医药费 6 万元,现金 32 万元;另原告于 2016 年 7 月 4 日支付周某慰问金、安葬费 490300 元,组织单位职工捐款 15490 元,合计支付 505790 元。2016 年 9 月 30 日,周某 1 向被告江陵县人力资源和社会保障局提交了"撤销周某、李某红工伤认定"的申请,自愿撤销对李某红工伤认定的申请。同日,被告江陵县人力资源和社会保障局制作并送达了"编号 2016003 号工伤认定终止通知书",根据《湖北省工伤保险实施办法》第十九条第一款的规定,终止李某红的工伤认定程序。

2016 年 10 月 28 日,第三人李某红以 2016 年 6 月 25 日发生的同一交通事故为由再次向被告江陵县人力资源和社会保障局提出了对李某红的工伤认定申请,被告江陵县人力资源和社会保障局于同年 10 月 31 日受理该工伤认定申请,并制作了编号 201622 号工伤认定申请受理决定书,次日(11 月 1 日)送达给李某红。2016 年 12 月 14 日,被告江陵县人力资源和社会保障局制作了江人社工决字〔2016〕25 号认定工伤决定书,随后向原告和第三人进行了送达。原告不服此认定工伤决定书,遂诉至法院,请求人民法院依法撤销被告江陵县人力资源和社会保障局作出的"江人社工决字〔2016〕25 号认定工伤决定书",并由被告承担本案诉讼费。

另查明,被告称第一次作出的工伤认定终止决定的法律依据是《湖北省工伤保险实施办法》第十九条第一款;第二次受理工伤认定的法律依据是《工伤保险条例》第十七条第二款、第十八条第一款的规定,作出工伤认定的法律依据是《工伤保险条例》第十四条第六项的规定。

裁判结果

撤销被告江陵县人力资源和社会保障局作出的江人社工决字〔2016〕25 号认定工伤决定书。

案件评析

人力资源和社会保障局作为县级以上地方社会保险行政部门,具有负责本行政区域内的工伤保险工作的法定职责。行政法的制度精髓在于控权,合法行政是最主要的控权方式;合法行政原则是行政法的首要原则,也是行政活动区别于民事活动的主要标志,行政机关应当依照法律授权活动,不得法外设定权力。"无授权,则无行政;有授权,才有行政",换言之,行政机关作出影响公民、法人和其他组织义务的行政行为,必须拥有规范性法律文件的明确授权,否则,其行为就是违法的。本案的被告江陵县人力资源和社会保障局对同一交通事故在第一次终止工伤认定后,再次受理并对李某红进行工伤认定的行政行为是否合法系本案的争议焦点。

首先,被告江陵县人力资源和社会保障局于2016年9月30日根据《湖北省工伤保险实施办法》第十九条第一款的规定作出了终止李某红工伤认定的决定,该条第一款规定:"社会保险行政部门受理工伤认定申请后,申请人撤回工伤认定申请的,工伤认定程序终止。终止工伤认定的,由社会保险行政部门向申请人送达工伤认定终止通知书。"该条第二款同时规定了中止的相关情形。从"终止"和"中止"两个汉语词语的字面释义"终止,即停止,不再继续,结束","中止,即中途停止,还可继续"可知,法律意义上的终止和中止是截然不同的两个概念。由此可以看出,关于李某红的工伤认定,被告江陵县人力资源和社会保障局已经从工伤认定的法律程序上结束,不得再继续。

其次,被告江陵县人力资源和社会保障局于2016年10月31日根据《工伤保险条例》第十七条第二款、第十八条第一款的规定,再次就同一交通事故受理李某红的工伤认定申请,制作、送达了编号为201622号的工伤认定申请受理决定书,同年12月14日,被告江陵县人力资源和社会保障局根据《工伤保险条例》第十四条第六项的规定,制作、送达了江人社工决字〔2016〕25号认定工伤决定书。《工伤保险条例》第十七条第二款规定:"用人单位未按前款规定提出工伤认定申请的,工伤职工或者其直系亲属、工会组织在事故伤害发生之日或者被诊断、鉴定为职业病之日起1年内,可以直接向用人单位所在地统筹地区劳动保障行政部门提出工伤认定申请。"第十八条第一款规定:"提出工伤认定申请应当提交下列材料:(一)工伤认定申请表;(二)与用人单位存在劳动关系(包括事实劳动关系)的证明材料;(三)医疗诊断证明或者职业病诊断证明书(或者职业病诊断鉴定书)。"很明显,第十七条第二款只是规定了提出工伤认定申请的主体资格的范围,并不是规定终止工伤认定后可以再次就同一交通事故提起工伤认定的法律条款,第十八条第一款也只是从程序上规定了申请工伤认定应该提交相应材料的法律依据。目前我国并没有明确的法律条款规定,社会保险行政部门可以在同一交通事故申请工伤认定的法律程序终止后继续受理工伤认定,且《湖北省工伤保险实施办法》第十九条第一款规定的"工伤认定程序终止",亦即该程序结束了,不再继续,社会保险行政部门不应该随意扩大范围来理解适用。对行政机关而言,法无授权即禁止,被告江陵县人力资源和社会保障局作为一级行政部门,只能在法律的框架内有所为。因此,被告江陵县人力资源和社会保障局抗辩称法律并没有强制性规定,禁止工伤认定程序终止后不能就同一交通事故再次受理的辩解于法无据。

综上,被告江陵县人力资源和社会保障局于2016年10月31日再次受理李某红的工伤认定申请,并于同年12月14日制作江人社工决字〔2016〕25号认定工伤决定书的行政行为适用法律错误,且违反法定程序,依法应予撤销,故对于原告的诉讼请求,法院依法予以支持。据此,作出上述判决。

法条链接

《中华人民共和国宪法》

第五条

中华人民共和国实行依法治国,建设社会主义法治国家。

第五节 合理行政原则

　　合理行政原则是指行政决定应当具有理性,属于实质行政法治的范畴,尤其适用于裁量性行政活动。最低限度的理性,是指行政决定应当具有一个有正常理智的普通人所能达到的合理与适当,并且能够符合科学公理和社会公德。合理行政原则为规范的行政理性表现为以下三个原则。第一,公平公正原则。要平等对待行政管理相对人,不偏私、不歧视。第二,考虑相关因素原则。作出行政决定和进行行政裁量,只能考虑符合立法授权目的的各种因素,不得考虑不相关因素。第三,比例原则。行政机关采取的措施和手段应当必要、适当。行政机关实施行政管理可以采用多种方式实现行政目的的,应当避免采用损害当事人权益的方式。

案例 5

原告易某诉被告西秀区工商局注销登记案

案号:〔2015〕西行初字第 12 号

 案件简介

> 　　2012年6月13日,原告向被告申请工商登记,被告依法准予登记,并向原告颁发了注册号为5225016000152228的个体工商户营业执照,该营业执照名称为新天地购物广场,经营者为原告。2013年4月22日,张某冒用原告的身份向被告申请注销上述个体工商户营业执照,并向被告提供由其伪造原告签名的个体工商

户注销登记申请书。2013 年 4 月 27 日,被告作出(安 01)个体登记准字〔2013〕第 1495 号准予登记通知书,注销了原告的注册号为 522501600152228 的个体工商户营业执照,原告认为被告的上述注销登记行为,严重侵犯了其合法权益,遂向法院提起行政诉讼,请求人民法院依法判决撤销被告西秀区工商局注销原告的注册号为 522501600152228 的个体工商户营业执照的行政行为。

裁判结果

撤销被告西秀区工商局于 2013 年 4 月 27 日作出的注销原告易某注册号为 522501600152228 的个体工商户营业执照的行政行为。

案件评析

工商行政登记作为一种具体行政行为,应遵循行政法的一般原则。合理行政原则要求行政行为应建立在正当考虑的基础之上,行政机关在依法作为的同时应尽到应有的、合理的注意义务,以防止有可能损害行政相对人或其他利害关系人合法权益的危害结果的发生。本案中,被告在办理工商注销登记时,不仅要审查申请材料是否齐全并符合法定形式,而且应以行政法一般原则中的合理行政原则为依据,以登记机关判断与识别能力为限度尽到审慎审查责任。被告对他人冒用原告身份申请工商注销登记的行为未予以核实,未尽到审慎审查的职责,导致工商注销登记错误,依法应予撤销。

第六节 程序正当原则

程序正当又称为"看得见的正义"。程序正当原则的具体内容可以分为以下几个方面。①行政公开原则,指的是行政机关应向社会大众公开其活动的依据、过程以及结果,当然,涉及国家秘密和依法受到保护的商业秘密、个人隐私的信息,不在公开之列。②参与原则,指的是作出行政行为应当说明理由,并告知相对人权利;作出影响相对人权益的行为,应当听取相对人的意见;特别是作出对相对人不利的行为时,须听取他们的陈述和申辩。③回避原则,指的是行政公务人员履行职责,且与行政管理相对人存在利害关系时,应当回避。

案例 6

原告梁某诉被告南昌市青山湖区住房和城乡建设局撤销安置补偿协议案

案号：〔2020〕赣 7101 行初 416 号

 案件简介

2016 年 8 月 18 日，南昌市青山湖区人民政府作出《青山湖区高新南大道及昌东大道周边地块—城中村改造项目房屋拆迁公告》并附《补偿方案》及项目规划红线图，案涉房屋属于征收红线范围内，确定房屋征收部门为青山湖区拆迁领导小组办公室，该办公室隶属于被告。2016 年 10 月 19 日，房屋征收补偿安置等工作职能划转至青山湖区旧城改造办公室（以下简称旧改办）。2019 年 3 月 29 日，南昌市青山湖区委办公室作出湖办字〔2019〕34 号《区委办公室、区政府办公室关于调整区住房和城乡建设局职责机构编制事项的通知》，将原旧改办、区住房和城乡建设局的职责进行整合。房屋征收与补偿服务中心是被告委托的房屋征收实施单位。案涉的宅基地使用权证（编号：农居字第 0055046 号）载明户主是梁某，房屋所有权证（编号：4.02.89-5.04.16 字第 5488 号）载明所有权人是梁某，房屋坐落在市郊区。经被告委托江西有色地质测绘院对案涉房屋进行摸底调查后，作出编号为 B20 号的调查摸底表，载明：房屋业主为梁某，案涉房屋混合面积为 203.54 平方米、砖木面积为 417.69 平方米、简易面积为 206.32 平方米，面积总计 827.55 平方米。2017 年 11 月 6 日，原告与被征迁单位梁万村村委会、征迁实施单位房屋征收与补偿服务中心签订征迁编号为 B20 的安置补偿协议书。2019 年 4 月 29 日，案外人梁某 1 向青山湖区司法局提出关于申请住房和城乡建设局执行和停止执行具体行政行为的申请，申请继续执行 B103 号房屋的未尽事宜并对 B20 号房屋的权属提出异议。2019 年 8 月 29 日，房屋征收与补偿服务中心向原告作出告知函，载明：青山湖区高新南大道及昌东大道周边地块—城中村改造项目，B20 号被征迁房屋的协议被征收人为梁某、梁某 2、梁某 3。由于梁某 1 对该房屋提出异议，该房屋存在纠纷，我办撤销与梁某、梁某 2、梁某 3 签订的安置补偿协议书，待该房屋协议被征收人协商一致，或由法院判决认定该房屋权属后，再行签订相关房屋征收补偿协议，进行安置房分房。原告不服，故诉至法院，请求依法撤销房屋征收与补偿服务中心作出的告知函，并由被告承担本案诉讼费。

裁判结果

撤销南昌市青山湖区房屋征收与补偿服务中心于2019年8月29日向原告梁某作出的告知函。

 案件评析

行政行为的合法性要件包括行政行为的主体合法、行政行为符合行政主体的权限范围、行政行为的内容合法适当、行政行为符合法定程序。本案争议焦点为房屋征收与补偿服务中心作出告知函单方解除案涉协议是否遵循了程序正当原则。

首先,《最高人民法院关于适用〈中华人民共和国行政诉讼法〉的解释》第二十五条第二款规定:"征收实施单位受房屋征收部门委托,在委托范围内从事的行为,被征收人不服提起诉讼的,应当以房屋征收部门为被告。"根据湖办字〔2019〕34号《区委办公室、区政府办公室关于调整区住房和城乡建设局职责机构编制事项的通知》,被告将原旧改办、区住房和城乡建设局的职责整合,房屋征收与补偿服务中心作为项目征收实施单位,受被告的委托,在委托范围内从事的行为,撤销与原告签订的安置补偿协议,其法律后果应当由被告承担。

其次,为了实现行政管理或者公共服务目标,房屋征收与补偿服务中心作为征收实施单位,受被告委托有权与原告协商订立安置补偿协议书,该协议是具有行政法上权利义务内容的协议,属于《中华人民共和国行政诉讼法》第十二条第一款第(十一)项规定的行政协议。房屋征收与补偿服务中心在签订协议前已对案涉房屋及附属构筑物的面积、用途、结构等进行了调查摸底,与原告经协商所订立的安置补偿协议书是双方真实意思表示,并不违反法律、行政法规的强制性规定,双方应按照协议约定履行义务。虽然在履行行政协议过程中,如果出现严重损害国家利益、社会公共利益的情形,行政机关可以单方作出变更、解除协议的行政行为,但应有充足的事实依据和法律依据,并遵循程序正当原则。本案中,被告根据案外人提出权属异议申请作出告知函,行政机关行使单方解除协议的行政优益权,事实依据不足,且缺乏法律依据。即使在B20号房屋的权属存在争议的情况下,房屋征收与补偿服务中心如单方解除与原告签订的安置补偿协议,也应当遵循程序正当原则。根据国发〔2004〕10号《国务院关于印发〈全面推进依法行政实施纲要〉的通知》,行政行为应当遵守程序正当原则,即要严格遵循法定程序,依法保障行政管理相对人、利害关系人的知情权、参与权和救济权。据此,行政机关在作出对行政相对人产生不利影响、可能减损其权益的行政决定之前,应当告知行政相对人并听取其意见,否则将构成程序违法。本案中,房屋征收与补偿服务中心单方撤销与梁某、梁某2、梁某3签订的安置补偿协议书,对原告的权益造成了减损,且被告并未提交相关证据证明房屋征收与补偿服务中心在作出告知函之前已将该行政决定告知原告并听取其意见,赋予原告听证、陈述、申辩等重要程序性权利,故被告作出的行政行为违反程序正当原则。因此,房屋征收与补偿服务中心撤销与原告签订的安置补偿协议书的行政行为,主要证据不足,适用法律、法规错误,违反法定程序,案涉告知函应予撤销。

第七节 高效便民原则

高效便民原则是履行公共服务职责的体现,有利于提高行政效率和提升行政服务水平。高效便民原则包括两个方面。第一,行政效率原则。其基本内容有二:首先是积极履行法定职责,禁止不作为或者不完全作为;其次是遵守法定时限,禁止超越法定时限或者不合理延迟,延迟是行政不公和行政侵权的表现。第二,便利当事人原则。在行政活动中增加当事人程序负担,是法律禁止的行政侵权行为。

案例 7

原告王某1诉被告南昌市公安局青云谱分局行政登记案

案号:〔2019〕赣7101行初791号

 案件简介

王某2与熊某1于2013年5月20日登记结婚,于2014年2月14日生育一女王某1即原告,户籍登记在王某3(王某2之父)名下,户籍地址为南昌市西湖区××室。2016年6月16日,南昌市西湖区人民法院判决准许王某2与熊某1离婚,并由熊某1抚养原告,该判决确认:熊某1为方便照顾女儿于2014年3月开始与王某2分居生活。判决后,由于无法联系上王某2及王某3家庭拒绝提供户口簿,第三人熊某1向筷子巷派出所求助,民警到王某3家上门走访劝说但仍被拒绝。2016年8月23日,第三人熊某1向筷子巷派出所提交申请报告,申请打印王某3(户主)户口簿首页及王某1本人页。筷子巷派出所根据《江西省常住户口登记管理规定》第一百一十五条将王某3户口簿首页及王某1本人页打印并出具给第三人。2016年8月24日,第三人熊某1向被告南昌市公安局青云谱分局申请将王某1户口登记在熊某2户主名下(熊某1户口登记在其父熊某2户主名下)。被告认真审查了第三人提交的王某3户口簿首页及王某1本人页、民事判决书、户口迁移申请报告等材料,认定王某1符合迁入条件且手续齐全,在核对相关信息后,被告于当日通过南昌市人口信息管理系统打印了将王某1的户籍从南昌市西湖区里洲住宅区××室迁入南昌市青云谱区洪城路××室的赣迁字第××号户口迁移证并加盖"江西省公安厅户口专用"印章,制作王某1常住人口登记表(登记在户主熊某2名下)后发放了王某1常住人口登记卡,并在王某3户口簿内王某1常住人口登记卡上加盖"迁出"印章。原告法定代理人王某2不服,以王某1之名诉至法院,请求:①撤销被告作出的准予迁入的行政行为及注销户口本的行政行为;②一并审查《户口迁移"一站式"办理工作规范》的合法性。

裁判结果

驳回原告王某1的诉讼请求。

案件评析

本案的争议焦点有二:其一,《南昌市公安机关户籍业务办理规范》第二条第(一)项、第九条及《户口迁移"一站式"办理工作规范》是否具有合法性;其二,被告根据第三人的申请办理迁入登记及在王某1原常住人口登记卡上加盖"迁出"印章的行政行为是否合法。

关于第一个焦点,《南昌市公安机关户籍业务办理规范》第二条第(一)项、第九条及《户口迁移"一站式"办理工作规范》是现行户口迁移的依据,具有合法性,具体理由如下。

首先,国务院下发国办发〔2011〕9号《国务院办公厅关于积极稳妥推进户籍管理制度改革的通知》,其第(十三)项明确规定:"国家基本户籍管理制度属于中央事权,地方在国家确定的基本户籍管理制度的原则和政策范围内,结合本地实际进行探索、制定具体措施。"据此,为落实中央户籍制度改革政策,江西省公安厅、南昌市公安局作为管理户籍工作的主管部门,具有结合本地实际制定规章以下其他规范性文件的职权,如案涉《南昌市公安机关户籍业务办理规范》《户口迁移"一站式"办理工作规范》的制定,并未超越其权限范围。

其次,落实上位法精神并结合江西省实际情况作出的具体规定,与上位法不存在冲突。《中华人民共和国户口登记条例》第十条、第十三条既赋予了公民自由迁徙的权利,也限定了公民必须履行办理户口迁移登记手续的义务。《南昌市公安机关户籍业务办理规范》第二条第(一)项、第九条及《户口迁移"一站式"办理工作规范》均没有减损公民自由迁徙的权利,仍然作出户口迁移必须办理登记手续的一致性规定,其具体规定亦未违反上位法即《中华人民共和国户口登记条例》第十条、第十三条的规定。

再次,现代科技被运用于提高政府服务效率,符合行政高效便民原则。公安机关不再要求相对人在迁出地和迁入地派出所往返办理准予迁入证明、户口迁移证等登记手续,仅需借助南昌市人口信息管理系统"一站式"完成户口迁移登记。即相对人申请户口迁移后,迁入地公安机关通过南昌市人口信息管理系统共享平台,可以查询、核实迁出地公安机关录入的相关户口信息,以便依法履行户口迁移登记职责。《南昌市公安机关户籍业务办理规范》第二条第（一）项、《户口迁移"一站式"办理工作规范》简化了《中华人民共和国户口登记条例》第十条的规定,不仅未增加反而减轻了公民办理户口迁移登记应当履行的程序性义务。

最后,按照新法优于旧法的原则,程序问题适用新法规定。落实原有户口迁移规定的《江西省常住户口登记管理规定》第六十七条及《南昌市公安局户口办理规范》第1目已被江西省公安厅出台的《户口迁移"一站式"办理工作规范》及南昌市公安局为落实上级政策而制定的《南昌市公安机关户籍业务办理规范》第二条第（一）项、第九条关于简化户口迁移手续规定所取代,本案应予适用新规定。

此外,《国务院关于印发2016年推进简政放权放管结合优化服务改革工作要点的通知》（国发〔2016〕30号）要求"紧紧扭住转变政府职能这个'牛鼻子',在更大范围、更深层次,以更有力举措推进简政放权、放管结合、优化服务改革"。为落实"放管服"改革精神,江西省人民政府印发《2016年推进简政放权放管结合优化服务改革工作方案》。本案"一站式"服务与"放管服"改革精神深度契合,应予以肯定。

关于第二个焦点,现行户口迁移登记涉及两项内容,一是办理迁入登记,二是在原常住人口登记卡上加盖"迁出"印章。原告在本案中请求撤销被告南昌市公安局青云谱分局办理迁入登记的行政行为,体现在被告从南昌市人口信息管理系统打印户口迁移证并制作王某1常住人口登记表后发放王某1常住人口登记卡。根据《江西省常住户口登记管理规定》第四章规定,注销登记包括死亡注销、入伍注销、出国（境）定居注销等情形,不包括户口迁移的情形。据此,户口迁移不涉及注销登记。原告请求撤销被告注销原告户口的行政行为,体现在被告在王某1原常住人口登记卡上加盖"迁出"印章。

关于迁入登记问题,《中华人民共和国户口登记条例》第六条及《江西省常住户口登记管理规定》第六十四条、第六十五条、第七十条第（二）项规定,公民应当在经常居住的合法稳定住所地登记为常住人口,户口迁移应当遵循实际居住、人户一致原则;子女投靠到城镇落户的,可在其父亲或母亲的所在地公安机关申请登记常住户口。本案中,原告自2014年出生后不久便随同第三人在外祖父熊某2家即户口迁入地南昌市青云谱区居住生活,南昌市青云谱区人民法院于2016年6月16日已判决确认原告由第三人熊某1抚养,第三人抚养原告至今在青云谱区生活居住,故青云谱区属于原告与第三人的经常居住地。由于原告户口迁移发生于南昌市城区范围,故根据《南昌市公安机关户籍业务办理规范》第二条第（一）项规定无须办理准予迁入证明。同时,第三人的户口登记在熊某2名下,第三人可以向被告申请将原告户口登记在熊某2名下。被告认真审查了第三人提交的王某3户口簿首页及王某1本人页、民事判决书、户口迁移申请报告等材料,认定王某1符合迁入条件且手续齐全并核对了相关信息,履行了审慎审查职责,为原告制作熊某2户主名下的王某1常住人口登记表并发放了王某1常住人口登记卡从而作出准予迁入登记的决定,并无不当。原告主张第三人不能以自己的名义向被告申请迁移王某1户口,因第三人系王某1的法定代理人,也是法定监护人,提交申请报告符合《江西省常住户口登记管理规定》第四条第一款规定,故对原告的该项主张,不予采纳。

关于加盖"迁出"印章问题,根据《南昌市公安机关户籍业务办理规范》第九条第(二)项第 5 目"在迁出人员原户口所在地派出所签发的户口簿上作迁出登记并加盖迁出章"之规定,迁入地公安机关在完成迁入登记后,应当履行基于该迁入登记所产生的附随义务,即在迁出人员原户口簿本人页上加盖"迁出"印章,避免不实证件继续使用。本案中,被告南昌市公安局青云谱分局在办理迁入登记后在王某 3 户口簿内王某 1 原本人页上加盖"迁出"印章,履行了在迁出人员原户口簿上加盖"迁出"印章的义务。

综上,行政主管部门本着行政高效便民原则,制定简化户口迁移登记程序的规定,是履行公共服务职责的体现,符合"放管服"改革要求,有利于提高行政效率和提升行政服务水平,应予以肯定。被告根据第三人的申报为王某 1 办理户口迁移登记,并无不当。原告的诉请缺乏事实根据和法律依据,不予支持。故法院作出上述判决。

第八节 诚信原则

行政法中的诚信原则,也称为信赖保护原则,是行政法的基本原则之一,其基本含义是行政行为一经作出,即具有确定力、拘束力和执行力。行政机关应当诚信履行,不得随意变更。确因国家利益、社会公共利益需要改变政策承诺、合同约定的,应当按照法定权限和程序进行,并依法对行政相对人因此受到的损失予以补偿。

案例 8

原告长汀县连某养猪场诉被告长汀县三洲镇人民政府行政赔偿案

案号:〔2018〕闽 0825 行初 6 号

 案件简介

2003 年 9 月 30 日,甲方长汀县林业局和乙方连某签订协议书,约定内容有:经协商,乙方在甲方果场凤流岭工区兴办养猪场;甲方在协议签订后一个月内完成场地的审批、整坪,提供给乙方兴建猪舍;养猪场使用期从 2003 年 10 月至 2048 年 10 月。事后,养猪场开始投资建设。2008 年 7 月 10 日,龙岩市环境科学研究所对养猪场进行环境影响评估,认为养猪场项目厂址不属于当地禁建区、禁养区范围,报告结论为:本项目在按照本报告提出的环境污染治理措施补充建设的措施及建议实施后,可以做到养猪废水、粪便的资源化利用,不外排,项目产生的环境污染较小,目前,养猪场生猪存栏数已达2400头,但环保设施没有跟上,应限期完善,只有这样,该项目的建设在环境保护方面才是基本可行的。2008年1月12日,以长汀县畜牧兽医水产局为甲方、原告长汀县连某养猪场为乙方,双方签订合同书,甲方对乙方提供力所能及的支持和协助落实乙方应享受的各项优惠政策。2008年8月17日,养猪场经长汀县工商行政管理局登记为长汀县连某养猪场,统一社会信用代码为91350821MA346PXX70。原告长汀县连某养猪场为种养结合生态型养殖企业。

据闽政〔2009〕16号《福建省人民政府关于加强重点流域水环境综合整治的工作意见》,2010年4月10日,长汀县人民政府印发汀政综〔2010〕110号《长汀县人民政府关于印发〈长汀县生猪养殖"三区"划定及治理意见〉的通知》,该通知内容有:将长汀区域内汀江河干流两岸各1000米划入禁养区,各乡(镇)制定详细的禁养区、禁建区、适度养殖区"三区"方案。2012年10月15日,长汀县环境保护局对原告长汀县连某养猪场进行建设项目竣工环境保护验收,验收意见主要内容有:长汀县连某养猪场位于三洲镇三洲村,是种养结合生态型养殖企业,不属于"三区"划定中的禁养区及禁建区,为适度养殖区;该项目能按"三同时"制度落实各项环保措施,基本符合环评审批要求,同意通过该项目的竣工环境保护验收;项目竣工验收后,应加强日常的环保管理,进一步完善环保设施,并确保环保设施正常运行,同时加强杨梅林地管理,确保养殖废水零排放。2015年4月28日,长汀县人民政府发布汀政综〔2015〕123号《长汀县人民政府关于印发〈长汀县2015年生猪养殖污染专项整治工作方案〉的通知》,该通知内容有:将长汀区域内汀江河干流两岸各1000米,支流濯田河两岸1000米范围内,汀江河长汀县境内支流两岸各800米区域划定为重点流域禁养区;全面关闭拆除禁养区内的所有生猪养殖场,规范或拆除限养区内养猪场,对限养区域内81家养猪场作出标准化改造;各乡镇负责行政区域内生猪养殖专项整治工作,确保按时完成整治工作。2015年6月25日,被告向原告送达了《三洲镇生猪养殖业污染整改通知书》,该通知内容有:根据汀政综〔2015〕123号和汀政〔2015〕24号文件精神,为有效治理生猪养殖污染,保护绿水青山,保障人民健康,你场还没有达到生态养殖标准,请你场于2015年6月30日前提出整改方案,经县环境保护局和畜牧水产局审核后在10月30日前整改到位,否则在年底前将依法予以强制关闭拆除。

2016年8月18日,中共长汀县委办公室和长汀县人民政府办公室作出汀委办〔2016〕113号《关于印发〈长汀县汀江流域生猪养殖污染专项整治行动实施方案〉的通知》,要求对禁养区内所有养殖场地进行关闭拆除。2016年9月9日,被告对原告投资人连某发出并送达《禁养区限期拆除通知书》。2016年10月9日,原告向长汀县人民政府提出《关于长汀县连某养猪场予以保留的报告》,以通过改造升级验收为由请求科学确定拆除范围,对长汀县连某养猪场予以保留。2016年10月14日,长汀县环境保护局对原告养猪场分别作出汀环停字〔2016〕23号责令停止排污决定书、汀环责改字〔2016〕66号责令改正违法行为决定书,分别要求原告养猪场应于2016年10月14日起停止排污和应于2016年10月14日之前改正违法行为,拆除暗管。2016年11月4日,长汀县环境保护局作出汀环罚字〔2016〕36号行政处罚决定书,以原告单位私设暗管或采取规避监管方式排放污水,对原告作出责令限期拆除、处以罚款等行政处罚。

2016年11月14日,被告向长汀县生猪养殖业污染综合整治工作领导小组出具三政〔2016〕124号《关于请求将我镇长汀县连某养猪场单列管理的请示》,其中内容有:2015年11月连某养猪场通过了节能减排验收,因该场地被列为县里81家改造升级养猪场之一,在2015年生猪养殖治理整治中,该养猪场被列为限养区,今年依要求将该养猪场列入禁养区,请求将该养猪场单列处理。2016年12月23日,被告向原告连某养猪场发出并送达通知,限原告在三日内自行处理场内生猪并自行拆除养猪场。2017年1月23日,以原告为乙方、被告为甲方,双方签订《长汀县连某养猪场清场协议》,协议主要内容有:乙方保证在2017年1月25日前将养猪场内所有生猪全部清栏,甲方联系养猪场租给乙方使用,租金由甲方承担,甲方补助300000元给乙方作为转移生猪的各类费用。事后,双方均按协议履行,长汀县连某养猪场内所有生猪及饲料全部转移清栏、停养。2017年2月14日,被告向原告养猪场发出强制拆除催告通知书。2015年7月,原告委托他人对养猪场污染设施、添置改造工程项目进行施工。因原告养猪场未自行拆除,2017年2月22日,被告组织相关人员强制拆除原告养猪场猪舍范围内的建筑物及相关设施等财产。

原告于2017年5月12日对被告提起确认强制拆除养猪场行政行为违法和行政赔偿诉讼。法院分别立案后,合并进行了审理,于2018年4月26日作出〔2018〕闽0825行初5号行政判决书,以被告强制拆除原告养猪场行政行为不具有行政主体资格为由,判决确认被告于2017年2月22日对原告养猪场行政强制执行拆除的行政行为违法。判决后,被告对结果不服,提起上诉。2018年9月11日,龙岩市中级人民法院作出〔2018〕闽08行终111号行政判决书,判决驳回上诉,维持原判。

本案诉讼期间,因双方对原告养猪场财产认定发生争议,原告申请对养猪场财产予以评估。法院依法组织原告、被告双方选定机构,委托龙岩华泰资产评估房地产土地估价有限公司评估。该评估机构于2018年8月10日作出岩泰评报字〔2018〕第104号《长汀县连某养猪场房屋建(构)筑物和设备设施及苗木评估报告书》(以下简称《评估报告》)。《评估报告》的结论为:列入本次评估范围的资产在评估基准日的市场价值为人民币6776080.00元,其中,房屋建筑物为2316120.00元,构筑物为2763750.00元,设备设施为1685960.00元,苗木为10250.00元。《评估报告》认为,因无法确定损失项目及数量,未对委托的停产停业损失进行评估。原告为此支付了评估费用34950元及评估人员出庭费用2500

元。该《评估报告》存在如下问题：①取价依据中的《全国统一建筑安装工程工期定额》已于2016年10月1日更新，但评估机构参考的仍是2000年的规定，且评估机构误写为"2002年"；②评估机构对部分建（构）筑物和设备设施的确定计算成新率的标准不一致，如构造日期前的成新率比构造日期后的高。因此，原告自愿承担评估费和评估人员出庭费用，并申请委托其他评估机构重新评估，法院依法予以准许。法院依法组织当事人另选定评估机构，委托厦门市大学资产评估土地房地产估价有限责任公司对原告养猪场全部建筑物、构筑物和设施、苗木、停产停业损失予以评估。该评估公司于2019年2月28日作出大学评估报字〔2019〕930024号《价值评估报告》，本次评估范围的长汀县连某养猪场所属部分资产的评估值为人民币7604900元，其中房屋建筑物净值为3169600元，构筑物及其他辅助设施净值为1993800元，机器设备及附属设施净值为2439000元、绿化苗木净值为2500元。原告为此支付评估费用人民币37887元。被告仅对原告养猪场部分建筑物、构筑物及其他辅助设施、机器设备及附属设施予以拆除。据厦门市大学资产评估土地房地产估价有限责任公司作出的《价值评估报告》，房屋建筑物净值3169600元（取整）构成中，专为养猪使用建筑物净值为2952392元，种植、养猪共同使用且未被被告拆除的建筑物净值为133608元，禽类养殖场建筑物净值为83600元。其中，被被告拆除、专为养猪使用建筑物净值为2672367元，未被拆除、专为养猪所使用的建筑物净值为280050元。构筑物及其他辅助设施净值1993800元（取整）构成中，专为养猪所使用的净值为1924600元，种养共同使用的净值为69200元。其中，被被告拆除、专为养猪所使用的部分净值为1587886元，未被被告拆除、专为养猪所使用的部分净值为336714元。机器设备及附属设施净值2439000元（取整）构成中，专为养猪所使用的净值为2267740元，种养共同使用的净值为171260元。其中，被被告拆除、专为养猪所使用的部分的净值为2102832元，未被被告拆除、专为养猪所使用的净值为164908元，未被损害绿化苗木净值为2500元。庭审后，2019年8月2日原告向法院出具了赔偿请求意见书，变更诉讼请求为要求被告一次性赔偿6100000元，并承担厦门市大学资产评估机构评估费37887元。

 裁判结果

被告三洲镇人民政府应于判决生效之日起二个月内赔偿原告长汀县连某养猪场财产经济损失人民币6100000元。

龙岩华泰资产评估房地产土地估价有限公司评估费34950元、评估人员出庭费2500元，由长汀县连某养猪场负担。厦门市大学资产评估土地房地产估价有限责任公司评估费37887元由被告三洲镇人民政府负担。

案件评析

原告为养猪场投入的财产,据行政信赖利益保护原则,应认定其属合法权益性质,依法予以保护。被告为实施生猪养殖污染专项整治项目拆除原告养猪场建筑物、构筑物及其附属设备设施、机器设备设施的行政行为,已被依法确认违法。被告的行政违法行为已给原告造成直接经济损失,且相互间具有直接的因果关系。被告依法应当赔偿原告养猪场因拆除损害造成的财产直接经济损失人民币 6363085 元。原告养猪场变更请求要求被告赔偿 6100000 元,这一数目低于被告依法应当赔偿的数额,系原告对自己实体权利的处分,依法予以准许。厦门市大学资产评估土地房地产估价有限责任公司评估费 37887 元依法由被告负担。

第九节 权责统一原则

权责统一原则,实际上是赋予行政机关的义务和责任,行政机关必须采取积极的措施和行动依法履行其职责,擅自放弃、不履行其法定职责或违法、不当行使其职权,要承担相应的法律责任。权责统一原则包括两个方面。第一,行政效能原则。行政机关依法履行经济、社会和文化事务管理职责,要由法律、法规赋予其相应的执法手段,保证政令有效。第二,行政责任原则。行政机关违法或者不当行使职权,应当依法承担法律责任。权责统一原则的基本要求是行政权力和法律责任的统一,即执法有保障、有权必有责、用权受监督、违法要追究、侵权须赔偿。

案例 9

原告姚某诉淮南市自然资源和规划局行政登记案

案号:〔2019〕皖 0403 行初 33 号

 案件简介

原告与王某于 2000 年 9 月 1 日在淮南市田家庵区民政局登记结婚,婚后于 2004 年购买了位于淮南市田家庵区湖滨××路××商住楼××号门面房,购房合同的买受人记载为王某。2004 年 3 月,王某持发票、合同、王某身份证,申请房地产权属登记,并于 2004 年 3 月 22 日取得了房地产权证,此证登记在王某一人名下。2012年11月28日,经张某、曹某申请,第三人徽商银行淮南国庆中路支行与张某、曹某签订了一份个人循环借款合同,合同约定借款额度为150万元,钱款用于购买工矿配件。同日,王某自愿以其名下上述房产为张某、曹某的借款提供抵押担保,徽商银行淮南国庆中路支行与王某签订了个人借款最高额抵押合同。2012年11月29日,王某持房地产权证、银行借贷合同、银行抵押合同、无婚姻记录证明前往登记部门,与抵押权人共同申请办理抵押登记。淮南市房地产产权和市场管理处为申请人徽商银行淮南国庆中路支行办理了抵押登记,抵押人为王某,她将上述房产抵押给徽商银行淮南国庆中路支行,为张某向银行借款提供抵押担保。同时,管理处向徽商银行淮南国庆中路支行颁发了编号为淮房地产他证淮田字第××号房地产他项权证。2013年,姚某和王某离婚,在离婚协议中,双方对共同财产田家庵区××路××商住楼××号门面房未予分割,约定由王某出卖租赁,所得租赁费用以方各得50%。后姚某得知王某擅自将共同财产抵押,于2017年6月6日向法院提起行政诉讼。在诉讼中,经法院调查取证,王某提交的无婚姻记录被证明不是由淮南市田家庵区民政局婚姻登记处出示,后姚某撤诉。姚某随后向被告请求撤销前述房地产他项权证,2019年3月18日,被告作出回复,不予支持其撤销申请。原告又诉至法院,请求:撤销被告2012年11月29日作出的对位于淮南市田家庵区××路××商住楼××号门面房产的抵押登记和淮房地产他证淮田字第××号房地产他项权证;本案诉讼费用由被告承担。

另查明,因职能变更,不动产登记职能由淮南市房地产管理局划分到淮南市不动产登记局。因机构改革,组建淮南市自然资源和规划局,淮南市不动产登记局职能并入新组建单位。

裁判结果

驳回原告姚某的诉讼请求。

案件评析

本案争议焦点有二:其一,案涉抵押登记行为是否合法;其二,根据行政权责统一原则,本案登记行为是否应当撤销。

关于争议焦点一,《房屋登记办法》第四十三条规定:"申请抵押权登记,应当提交下列文件:(一)登记申请书;(二)申请人的身份证明;(三)房屋所有权证书或者房地产权证书;(四)抵押合同;(五)主债权合同;(六)其他必要材料。"2012年11月28日,王某持房地产权证、银行借贷合同、银行抵押合同、无婚姻记录证明前往登记部门,与抵押权人共同申请办理了抵押登记。因王某所持房地产权证上权利人记载为王某一人,且王某提交了无婚姻记录证明,登记部门对申请人提交的材料进行审查,认为符合条件,对案涉房产淮南市田家庵区湖滨××路××商住楼××号门面房办理了抵押登记。但根据查明的事实,该处房屋系原告姚某和王某的夫妻共同财产。根据《房屋登记办法》第十三条的规定"共有房屋,应当由共有人共同申请登记"可知,虽被告在登记时尽到了审慎审查义务,但因第三人王某提交的无婚姻记录证明系虚假,被告依据第三人提交的材料设定的抵押登记,造成其抵押申请非共有房屋共有人的真实意思表示,侵犯共有人权益,该抵押登记行为程序违法。

关于争议焦点二,《中华人民共和国物权法》第一百零六条规定:"无处分权人将不动产或者动产转让给受让人的,所有权人有权追回;除法律另有规定外,符合下列情形的,受让人取得该不动产或者动产的所有权:(一)受让人受让该不动产或者动产时是善意的;(二)以合理的价格转让;(三)转让的不动产或者动产依照法律规定应当登记的已经登记,不需要登记的已经交付给受让人。受让人依照前款规定取得不动产或者动产的所有权的,原所有权人有权向无处分权人请求赔偿损失。当事人善意取得其他物权的,参照前两款规定。"第三人徽商银行淮南国庆中路支行与王某签订抵押合同时并不知房屋有其他共有人,取得抵押权是善意的,其向张某办理了贷款,且该抵押权已经登记,可以认定第三人已经善意取得了抵押权。《中华人民共和国行政诉讼法》第七十条规定,行政行为违反法定程序的,人民法院判决撤销或者部分撤销,并可以判决被告重新作出行政行为。第七十四条第二款第(一)项规定,行政行为违法,但不具有可撤销内容的情形,不需要撤销或者判决履行的,人民法院判决确认违法。因此,案涉登记虽因违反法定程序应予撤销,但因第三人徽商银行淮南国庆中路支行已经善意取得了抵押权,不具有可撤销的内容,故应确认违法。然而,由于行政诉讼被告资格和行政诉讼责任主体为两个不同概念,被告淮南市自然资源和规划局虽因职能继承,从而取得行政诉讼被告资格,但根据行政权责统一原则,行政机关违法或者不当行使职权,应当依法承担法律责任,因此本案应被确认违法的行政行为系具体行使本案登记行为的原淮南市房地产管理局作出,法律责任应由原淮南市房地产管理局承担。根据不告不理原则,原告没有将原淮南市房地产管理局列为本案被告,本案被告淮南市自然资源和规划局又未作出案涉登记行为,不应被确认违法。综上,法院作出上述判决。

第十节 行政法律关系的产生、变更和消灭

1. 行政法律关系的产生

产生、变更和消灭行政法律关系应当以行政法规定的法律事实为前提条件。行政法律关系的产生是指行政法律关系当事人之间形成行政法上的权利义务关系。行政法律关系的产生除必须存在行政法律关系的主体和客体以及内容以外,还必须具备以下两个基本条件。①具有相应的行政法律关系赖以发生的法律根据,即有相应的行政

法律规范的存在。没有行政法律规范的确认和调整,当事人的权利义务就无法确定,也就不可能形成行政法律关系。②具有导致行政法律关系发生的法律事实。没有法律事实存在,即使有行政法律规范,也不可能形成行政法律关系。

行政法律事实就是由行政法律规范所规定的能够引起行政法律关系发生、变更或消灭的客观现象或事实,简称法律事实。它包括法律事件和法律行为两大类。法律事件是指与当事人意志无关的那些法律事实,如人的出生、死亡,自然灾害和意外事件等。法律行为是指当事人有意识的能产生相应法律后果的活动,如行政主体的治安管理处罚行为、行政相对方申请某种许可证的行为等。法律行为既可以是合法行为,也可以是违法行为。

2. 行政法律关系的变更

行政法律关系的变更就是指行政法律关系构成要素的变更,它包括以下几种情形:①行政法律关系主体的变更,即主体的增加、减少或改变;②行政法律关系客体的变更,即物、行为或精神财富的变更;③行政法律关系内容的变更,即权利义务发生变化。

3. 行政法律关系的消灭

行政法律关系的消灭是指行政法律关系权利义务的消灭,它包括以下两种情形:①一方或双方当事人的消灭;②权利义务内容的消灭,原行政法律关系中的权利义务已实现或为新的内容所代替。

案例 10

原告江西某建设集团有限公司诉被告越西县水务局其他行政案

案号:〔2018〕川 3434 行初 3 号

 案件简介

> 2017 年 2 月 6 日,案外人越西县第一建筑有限责任公司因与原告江西某建设集团有限公司买卖合同纠纷案向法院提起民事诉讼,同年 3 月 16 日被告越西县水务局出具证明,该证明由越西县第一建筑有限责任公司作为民事案件的证据提交法院,并在其他相关系列案件中作为证据使用。故原告请求法院判令被告依法撤销越西县水务局于 2017 年 3 月 16 日出具的证明并承担本案诉讼费用。

 裁判结果

驳回原告江西某建设集团有限公司的起诉。

案件评析

  被告越西县水务局出具的证明是否导致行政法律关系的产生、变更和消灭？公民、法人或者其他组织向人民法院提起行政诉讼的事项，必须属于行政机关或法律、法规授权的组织所作的具体行政行为，且应当属于《中华人民共和国行政诉讼法》所规定的行政案件的受案范围。本案的主要焦点在于越西县水务局出具的证明是否为可诉的行政行为。具体行政行为是由行政主体实施的能够产生行政法律效果的行为，须对行政相对人的权利义务产生影响。本案中，被告在人民法院审理相关民事案件的过程中出具证明，就其在工作中所了解的情况作了表述，该证明由案外人越西县第一建筑有限责任公司作为证据提交法院。在案外人与原告江西某建设集团有限公司的相关涉诉案件审理中，对该证明是否采信，由人民法院认定，且人民法院也并非仅以该证明作为判案的依据，还需要针对各方当事人争议的事实，结合其他证据，对相应案件进行全面审理后，根据查明的事实依法作出判决。故越西县水务局向涉诉的一方当事人出具证明，实质仅是以行政机关的名义见证和表明某种事实状态的存在，是行政机关履行证人义务的行为。该行为仅为法院查明案情提供相关证据，并非其行使行政权利、履行行政管理职能的行为，其本身并不能强制性地直接导致行政法律关系的产生、变更和消灭，它对原告江西某建设集团有限公司的权利义务既不产生实际影响，也不产生行政法律效果。因此，本案中的证明行为并非行政机关依据行政职权作出的行政行为，尚不属于具体行政行为的范畴，由此引发的争议不属于人民法院行政诉讼的受案范围。故法院判决驳回原告的诉讼请求。

习题及答案

第二讲

行政复议篇

　　行政复议是与行政行为具有法律上利害关系的人认为行政机关所作出的行政行为侵犯其合法权益,依法向具有法定权限的行政机关申请复议,由复议机关依法对被申请行政行为合法性和合理性进行审查并作出决定的活动和制度。行政复议是行政机关实施的被动行政行为,它兼具行政监督、行政救济和行政司法行为的特征和属性。它对于监督和维护行政主体依法行使行政职权,保护相对人的合法权益等均具有重要的意义和作用。

第一节 申请行政复议的期限

行政复议申请期限是一个十分重要的问题,它不仅涉及行政机关能否正确地行使其权力,而且关系到公民、法人和其他组织能否充分地行使其行政复议申请权,保护自己的合法权益。根据《中华人民共和国行政复议法》的规定,申请行政复议的期限为六十日,法律规定的申请期限超过六十日的除外。

案例 11

原告李某诉被告石家庄市人民政府行政复议案

案号:〔2018〕冀 0102 行初 68 号

案件简介

> 晋州市人民政府依据河北省人民政府批准晋州市 2013 年第十六批次建设用地征收集体建设用地 3.0607 公顷的文件,将批准的征收土地和补偿安置方案有关事项,于 2014 年 3 月 3 日制定成《晋州市人民政府征收土地和补偿安置方案公告》,公告第六项载明:"如对本征地批复有异议,可在公告期满之日起六十日内向河北省人民政府申请行政复议。"2014 年 3 月 5 日,该公告在被征收土地所涉及的李家庄村务公开栏张贴。2015 年 12 月 3 日,原告向河北省国土资源厅申请政府信息公开,获得《关于晋州市 2013 年第十六批次建设用地的批复》文件。2017 年 1 月 16 日,晋州市国土资源局向原告李某作出的政府信息公开答复告知:"申请人要求公开的土地属于集体所有,并没有李某本人签字的征地调查确认表和征地地上物及青苗情况确认表。"2017 年 3 月 7 日,原告李某向被告石家庄市人民政府提出行政复议申请,请求依法确认晋州市人民政府 2013 年第十六批次建设用地征收土地和补偿安置方案违法,被告石家庄市人民政府于 2017 年 4 月 24 日作出石政行复〔2017〕26 号行政复议决定,认为《晋州市人民政府征收土地和补偿安置方案公告》已于 2014 年 3 月 5 日在晋州李家庄村务公开栏张贴,申请人(李某)于 2017 年 3 月 7 日提出行政复议申请,不符合行政复议法第九条规定的行政复议申请期限。根据《中华人民共和国行政复议法实施条例》第四十八条第一款第(二)项的规定,决定驳回申请人的行政复议申请。原告李某不服并提起诉讼,

请求人民法院依法撤销被告石家庄市人民政府作出的石政行复〔2017〕26号行政复议决定书,判决被告石家庄市人民政府重新作出行政复议决定书。

另查明,2017年3月27日晋州李家庄村委会出具证明:"我村已于2014年3月5日将《晋州市人民政府征收土地和补偿安置方案公告》(〔2014〕年第1号)及征地告知书张贴于本村村务公开栏",并提交照片予以佐证。

裁判结果

驳回原告李某的诉讼请求。

案件评析

(1)公民、法人或者其他组织认为具体行政行为侵犯其合法权益的,法律是如何规定其提出行政复议申请的期限的?

《中华人民共和国行政复议法》第九条规定:"公民、法人或者其他组织认为具体行政行为侵犯其合法权益的,可以自知道该具体行政行为之日起六十日内提出行政复议申请;但是法律规定的申请期限超过六十日的除外。因不可抗力或者其他正当理由耽误法定申请期限的,申请期限自障碍消除之日起继续计算。"

(2)如何理解"可以自知道该具体行政行为之日起"?

"可以自知道该具体行政行为之日起",是指申请期限的起算。所谓知道之日,是指了解具体行政行为内容之时。"知道"的法定途径有两种:当场交付的按照当场交付的时间计算;其他方式送达的按照送达的具体方式计算。其他情况应当由行政复议机关根据具体情况确定。

(3)综观本案可知,《晋州市人民政府征收土地和补偿安置方案公告》于2014年3月5日在李家庄村务公开栏张贴,该公告中明确告知被征收土地的所有权人、土地使用权人或其他权利人对征地批复有异议的法律救济途径和期限,即在公告期满之日起六十日内向河北省人民政府申请行政复议。自该公告发布之日起,即视为被征收土地内所涉及权利人已经知道征收决定的内容、诉权、起诉期限及补偿安置方案的内容。原告李某应自2014年3月5日已经知道晋州市人民政府作出的被诉征收决定的内容、诉权、起诉期限及补偿安置方案的内容,故原告李某于2017年3月7日提出行政复议申请不符合《中华人民共和国行政复议法》第九条的规定。被告石家庄市人民政府对此认定原告李某提起行政复议申请已超期,作出驳回李某的行政复议申请决定并无不妥,故法院判决驳回原告李某的诉讼请求。

法条链接

《中华人民共和国行政复议法》

第九条

公民、法人或者其他组织认为具体行政行为侵犯其合法权益的,可以自知道该具体行政行为之日起六十日内提出行政复议申请;但是法律规定的申请期限超过六十日的除外。

因不可抗力或者其他正当理由耽误法定申请期限的,申请期限自障碍消除之日起继续计算。

《中华人民共和国行政复议法实施条例》

第四十八条

有下列情形之一的,行政复议机关应当决定驳回行政复议申请:

(一)申请人认为行政机关不履行法定职责申请行政复议,行政复议机关受理后发现该行政机关没有相应法定职责或者在受理前已经履行法定职责的;

(二)受理行政复议申请后,发现该行政复议申请不符合行政复议法和本条例规定的受理条件的。

第二节 行政复议的证据收集

法律规定了限制被申请人在行政复议过程中证据收集权的制度,但要注意以下三点。第一,只是被申请人的证据收集权受到限制。申请人和第三人不受这种限制,他们有权在行政复议过程中收集证据。第二,限制的内容是被申请人不得自行向申请人和其他有关组织和个人收集证据。第三,限制的时间是行政复议的过程。这一过程开始于行政复议机关对复议申请的受理,结束于行政复议决定执行完毕之时。

案例 12

原告张某不服被告安徽省公安厅行政复议案

案号:〔2015〕庐行初字第 00031 号

案件简介

张某在合肥市包河区常青街道合法拥有的两处房产被非法强制拆除,房屋内物品全部被毁。为此,张某于2014年5月10日和11日向合肥市公安局邮寄了两份查处申请书,但合肥市公安局拒绝接收。2014年11月19日,张某再次向合肥市公安局邮寄了上述两份查处申请书,合肥市公安局再次拒收。因合肥市公安局拒收张某查处申请书的行政行为违法,故张某向安徽省公安厅申请行政复议。安徽省公安厅于2015年3月2日决定驳回张某的行政复议申请。张某认为安徽省公安厅的行政复议决定认定事实明显错误,理由是:单号分别为1096227639311、1096227638011的邮政特快专递查询单上均明确记载"未妥投,原因:拒收退回",可见合肥市公安局拒收张某的查处申请书,而安徽省公安厅认定的"因申请人未填写收件人姓名及联系电话,导致该件承运人合肥市邮政速递物流有限公司无法确认具体收件人,遂作退件处理"这一事实不成立。张某寄件的对象是合肥市公安局,而非其中某一位局长,故不需要写某位局长的具体姓名。另查明,根据常识,邮寄信件时不写收件人联系电话,一般不会导致邮件不能送达,给行政机关邮寄信件更是如此。综上,合肥市公安局拒收张某的查处申请书事实清楚。

安徽省公安厅认为张某诉讼的理由不能成立。《中华人民共和国行政复议法实施条例》第四十八条第一款第(一)项规定,申请人认为行政机关不履行法定职责申请行政复议,行政复议机关受理后发现该行政机关没有相应法定职责或者在受理前已经履行法定职责的,行政复议机关应当决定驳回行政复议申请。在安徽省公安厅审理张某行政复议的期间,合肥市公安局提交了合肥市邮政速递物流有限公司环城北路揽收部的情况说明,对张某信件被退回的原因进行说明,即寄件人未填写收件人姓名及联系电话,导致无法确定具体收件人,遂作退件处理。据此,安徽省公安厅于2014年12月9日受理,于2015年3月2日作出皖公复驳字〔2015〕1号驳回行政复议申请决定书,并通过邮寄方式送达张某。安徽省公安厅已经履行了复议机关的法定职责。

原告张某不服被告安徽省公安厅行政复议决定,于2015年3月11日向法院提起行政诉讼,请求判决撤销安徽省公安厅的皖公复驳字〔2015〕1号驳回行政复议申请决定书,由安徽省公安厅重新审理张某的行政复议申请。

裁判结果

撤销被告安徽省公安厅于2015年3月2日作出的皖公复驳字〔2015〕1号驳回行

政复议申请决定书,由安徽省公安厅在法定期限内重新作出行政复议决定。

 案件评析

张某提供的号码分别为 1096227638011 和 1096227639311 的两份邮单所附的改退批条上注明邮件被退回的原因为"拒收",通过邮政快递网上查询该两份邮件的投递状况,也记载邮件未妥投的原因为"拒收退回",该事实足以证明张某邮寄给合肥市公安局的两份查处申请书系被拒收而退回。该两份邮件承运人合肥市邮政速递物流有限公司环城北路揽收部虽于事后出具情况说明,说明该两份邮件因寄件人未填写收件人姓名及联系电话,导致无法确定具体收件人而被退回,但该证据系合肥市公安局在行政复议程序中收集,违反了《中华人民共和国行政复议法》第二十四条"在行政复议过程中,被申请人不得自行向申请人和其他有关组织或者个人收集证据"的规定,其来源不合法,不能作为认定本案事实的证据,不能推翻案涉邮件因被拒收而退回的事实。案涉邮件虽然填写的收件人姓名不详,也未填写联系电话,但其填写的收件单位为"合肥市公安局",邮件名称为"查处申请书",且邮件已经到达合肥市公安局收发室,从交寄文件的标题可以清楚地显示张某请求合肥市公安局履行行政职务,这属于公务行为,而非私务,合肥市公安局拒收张某邮件的行为,表明其未尽受理及答复职责。安徽省公安厅认定"因信件未填写收件人姓名及联系电话,导致该件承运人无法确认具体收件人而作退件处理,合肥市公安局自始至终未收到张某的邮件,不存在拒不接收行为"的事实因主要证据不足,从而导致安徽省公安厅作出的皖公复驳字〔2015〕1 号驳回行政复议申请决定书主要证据不足,故法院判决撤销被告安徽省公安厅于 2015 年 3 月 2 日作出的皖公复驳字〔2015〕1 号驳回行政复议申请决定书,由安徽省公安厅在法定期限内重新作出行政复议决定。

 法条链接

《中华人民共和国行政复议法》

第二十四条
在行政复议过程中,被申请人不得自行向申请人和其他有关组织或者个人收集证据。

第二十三条第一款
行政复议机关负责法制工作的机构应当自行政复议申请受理之日起七日内,将行政复议申请书副本或者行政复议申请笔录复印件发送被申请人。被申请人应当自收到申请书副本或者申请笔录复印件之日起十日内,提出书面答复,并提交当初作出具体行政行为的证据、依据和其他有关材料。

> 《中华人民共和国行政诉讼法》
>
> 第七十条
> 行政行为有下列情形之一的,人民法院判决撤销或者部分撤销,并可以判决被告重新作出行政行为:
> (一)主要证据不足的;
> (二)适用法律、法规错误的;
> (三)违反法定程序的;
> (四)超越职权的;
> (五)滥用职权的;
> (六)明显不当的。

第三节 行政复议申请的审查

复议机关对复议申请的审查主要有以下几个方面:①审查申请人的申请是否符合受案范围;②审查申请人的复议申请是否属于本行政机关管辖;③审查申请人的申请是否符合法定申请复议的条件;④审查申请人的申请是否符合法定申请复议的期限;⑤审查复议申请提出之前是否已向人民法院起诉,人民法院是否已经受理。经过审查,复议机关应分情况作出予以受理和不予受理的决定。

案例 13

原告郭某诉被告广州市人民政府行政复议案

案号:〔2014〕穗中法行初字第 282 号

 案件简介

> 原告郭某因不服广州市海珠区琶洲街道办事处不能为其名下的磨碟沙五巷××房办理房屋租赁登记备案手续和广州市海珠区琶洲街道办事处于 2014 年 3 月 17 日作出的信访答复,向广州市海珠区人民政府作出复查申请,广州市海珠区人民政府于 2014 年 8 月 7 日作出海府复查〔2014〕28 号《关于琶洲街道办事处

2014年3月17日信访答复的复查意见》,该复查意见对磨碟沙五巷××房是否位于拆迁地块范围和磨碟沙五巷××房租赁登记备案手续的问题进行了答复。原告不服该复查意见,向广州市人民政府申请复核,广州市人民政府于2014年9月9日作出穗府复查复核〔2014〕132号复核告知单,认为:关于磨碟沙五巷××房是否位于拆迁地块范围内这一问题,依据《信访条例》第二十一条第一款第(一)项规定,其不属于信访受理范围;办理案涉房屋租赁登记备案手续的问题属于具体行政行为,原告如对该行为有异议,可通过行政复议等法定途径解决。原告以不服海府复查〔2014〕28号《关于琶洲街道办事处2014年3月17日信访答复的复查意见》为由,于2014年9月17日向被告广州市人民政府申请行政复议。被告于2014年9月19日作出穗府行复〔2014〕1168号行政复议申请不予受理决定书,认为广州市海珠区人民政府作出的海府复查〔2014〕28号《关于琶洲街道办事处2014年3月17日信访答复的复查意见》,对原告的实体权利义务不产生实际影响,不属于行政复议的范围,原告如对琶洲街道办事处不办理租赁备案手续不服,可对此提起行政复议或行政诉讼,依据《中华人民共和国行政复议法》第十七条第一款规定,决定不予受理原告的行政复议申请。被告通过邮寄方式将行政复议申请不予受理决定书送达给原告。

原告郭某不服广州市人民政府行政复议决定,故起诉请求:撤销被告于2014年9月19日作出的穗府行复〔2014〕1168号行政复议申请不予受理决定书,要求被告依法履行其行政复议义务。

 裁判结果

驳回原告郭某的诉讼请求。

 案件评析

原告郭某不服广州市海珠区琶洲街道办事处不能为其名下的磨碟沙五巷××房办理房屋租赁登记备案手续和广州市海珠区琶洲街道办事处2014年3月17日对原告作出的信访答复,按照信访程序向广州市海珠区人民政府作出复查申请,广州市海珠区人民政府作出海府复查〔2014〕28号《关于琶洲街道办事处2014年3月17日信访答复的复查意见》,该复查意见对原告的实体权利义务不产生实际影响,根据《中华人民共和国行政复议法》第六条的规定,其不属于行政复议的范围。至于原告不服海珠区琶洲街道办事处不办理租赁登记备案手续的具体行政行为,可以直接对该行为提起行政复议或者行政诉讼,被告作出的穗府行复〔2014〕1168号行政复议申请不予受理决定书符合上述规定,且被告已将上述决定书送达给原告,其程序合法。原告请求撤销该决定书,要求被告依法履行其行政复议义务没有法律依据。综上,判决驳回原告郭某的诉讼请求。

 法条链接

《中华人民共和国行政复议法》

第十七条

行政复议机关收到行政复议申请后,应当在五日内进行审查,对不符合本法规定的行政复议申请,决定不予受理,并书面告知申请人;对符合本法规定,但是不属于本机关受理的行政复议申请,应当告知申请人向有关行政复议机关提出。

除前款规定外,行政复议申请自行政复议机关负责法制工作的机构收到之日起即为受理。

第四节 行政复议的范围

确定行政复议范围的基本模式,就是确定复议范围的法律规定模式或基本标准,依据这个标准来确定何种行政纠纷可纳入行政复议之内。理论上关于复议范围模式有三种:概括式,列举式,混合式。从保护相对人权益的角度出发,在可能限度内扩大行政复议范围是当今行政复议制度发展的基本趋势。

案例 14

原告邢某诉被告中华人民共和国国土资源部行政复议案

案号:〔2017〕京 01 行初 214 号

 案件简介

2017年2月5日,原告以黑龙江省国土资源厅为被申请人,向中华人民共和国国土资源部(以下简称国土部)提交了行政复议申请,复议请求:①对黑龙江省国土资源厅相关责任人员的失职、渎职的违法、违纪问题依法追究责任;②停止对穆棱市奋斗水库建设征地工程的审核批复;③责令国土部查封穆棱市奋斗水库;

④书面回复申请人穆棱市奋斗水库是否获得先行用地批复;⑤对特大土地违法案件的举报是否有相应的奖励政策;⑥对申请事项逐条进行书面回复。被告于同年2月8日作出国土部行政复议不予受理决定,并于同日邮寄送达给原告。原告收到后不服,遂向法院提起行政诉讼,请求法院判决撤销被诉决定,要求国土部依法受理并作出复议决定。

裁判结果

驳回原告的诉讼请求。

案件评析

《中华人民共和国行政复议法实施条例》第二十八条第(五)项规定,行政复议申请应属于行政复议法规定的行政复议范围。《中华人民共和国行政复议法》第二条、第六条规定,申请人提出行政复议申请应针对具体行政行为。本案中,原告第①项复议请求系要求追究相关行政机关人员违法、违纪责任,并非具体行政行为范围,不属于行政复议范围。原告第②项复议请求系要求停止相关审核批复,第④、⑤项复议请求系对相关问题的咨询,第⑥项复议请求系对回复形式的要求,均非具体行政行为范围,故亦不属于行政复议范围。案涉复议申请的被申请人是黑龙江省国土资源厅,原告复议请求事项应针对被申请人的具体行政行为或不作为提出,而其第③项复议请求是"责令国土部查封穆棱市奋斗水库",并非针对被申请人黑龙江省国土资源厅的行为提出,亦不属于行政复议范围。被告作出的不予受理决定,适用法律、法规正确,符合法定程序,故法院判决驳回原告的诉讼请求。

法条链接

《中华人民共和国行政复议法》

第二条
公民、法人或者其他组织认为具体行政行为侵犯其合法权益,向行政机关提出行政复议申请,行政机关受理行政复议申请、作出行政复议决定,适用本法。
第六条
有下列情形之一的,公民、法人或者其他组织可以依照本法申请行政复议:
(一)对行政机关作出的警告、罚款、没收违法所得、没收非法财物、责令停产停业、暂扣或者吊销许可证、暂扣或者吊销执照、行政拘留等行政处罚决定不服的;

（二）对行政机关作出的限制人身自由或者查封、扣押、冻结财产等行政强制措施决定不服的；

（三）对行政机关作出的有关许可证、执照、资质证、资格证等证书变更、中止、撤销的决定不服的；

（四）对行政机关作出的关于确认土地、矿藏、水流、森林、山岭、草原、荒地、滩涂、海域等自然资源的所有权或者使用权的决定不服的；

（五）认为行政机关侵犯合法的经营自主权的；

（六）认为行政机关变更或者废止农业承包合同，侵犯其合法权益的；

（七）认为行政机关违法集资、征收财物、摊派费用或者违法要求履行其他义务的；

（八）认为符合法定条件，申请行政机关颁发许可证、执照、资质证、资格证等证书，或者申请行政机关审批、登记有关事项，行政机关没有依法办理的；

（九）申请行政机关履行保护人身权利、财产权利、受教育权利的法定职责，行政机关没有依法履行的；

（十）申请行政机关依法发放抚恤金、社会保险金或者最低生活保障费，行政机关没有依法发放的；

（十一）认为行政机关的其他具体行政行为侵犯其合法权益的。

《中华人民共和国行政复议法实施条例》

第二十八条

行政复议申请符合下列规定的，应当予以受理：

（一）有明确的申请人和符合规定的被申请人；

（二）申请人与具体行政行为有利害关系；

（三）有具体的行政复议请求和理由；

（四）在法定申请期限内提出；

（五）属于行政复议法规定的行政复议范围；

（六）属于收到行政复议申请的行政复议机构的职责范围；

（七）其他行政复议机关尚未受理同一行政复议申请，人民法院尚未受理同一主体就同一事实提起的行政诉讼。

《中华人民共和国行政诉讼法》

第六十九条

行政行为证据确凿，适用法律、法规正确，符合法定程序的，或者原告申请被告履行法定职责或者给付义务理由不成立的，人民法院判决驳回原告的诉讼请求。

第五节 行政复议决定的执行

行政机关是否执行行政复议决定属下级机关是否执行上级行政机关的决定、命令,关系到上级机关的监督和领导职能是否得到实现,其是行政主体对属于自己的人财物的管理,体现的是内部行政关系,受行政监督法律调整。根据《中华人民共和国公务员法》和《中华人民共和国监察法》的相关规定,法律赋予了监察机关依法对下级机关拒不执行上级机关决定、命令的监察职责,并且规定了相应的监察手段予以实现上级机关的决定和命令。行政机关不执行行政复议决定,本质上属下级机关及其工作人员拒不执行上级机关的决定、命令,会引起行政监督关系,相应的责任人员要承担行政处分的后果,不属于行政诉讼的受案范围。

案例 15

原告淮南市某物资贸易有限责任公司诉被告淮南市大通区人民政府行政征收案

案号:〔2017〕皖 04 行初 67 号

案件简介

2013 年 9 月 14 日,被告对洞山东路西侧路段国有土地上房屋进行征收,原告名下位于大通区大通街道淮钢居委会 15、16 幢两处房屋在被征收范围内。2013 年 10 月,被告将原告两处房屋拆除。原告得知该情况后,要求被告妥善解决拆迁安置补偿问题,但被告一直未予答复。2014 年 11 月 10 日,原告向淮南市田家庵区人民法院提起行政诉讼,诉讼期间经法院协调,原告撤回起诉。之后,因被告仍未作出征收补偿决定,原告向法院提起诉讼,法院经审理,于 2015 年 7 月 3 日作出〔2015〕淮行初字第 00008 号行政判决,判决被告于判决生效后两个月内对原告被征收房屋依法作出房屋征收补偿决定。2015 年 8 月 24 日,大通区人民政府作出大府〔2015〕18 号房屋征收补偿决定,对原告被征收房屋给予货币补偿 396609 元。原告仍不服,于 2015 年 9 月 8 日再次向法院提起诉讼,经法院主持调解,被告作出《关于撤销淮南市某物资贸易有限责任公司房屋征收补偿决定的通知》,并承诺将责成征收实施单位,按照有关法律法规的规定,严格征收补偿程序,依法对原告予以补偿。原告申请撤回起诉。之后,被告未给予补偿,原告于

2016年5月18日再次向法院提起诉讼,要求被告履行征收补偿法定职责。被告收到原告诉状后,于2016年9月28日作出大府〔2016〕28号房屋征收补偿决定,决定给原告货币补偿396609元。原告仍不服,于2016年10月15日向淮南市人民政府申请行政复议。2016年12月13日,淮南市人民政府作出淮府复决〔2016〕43号行政复议决定,撤销被告作出的大府〔2016〕28号房屋征收补偿决定,责令被告在六十个工作日内对本案所涉征收范围内的合法房屋依法重新作出征收补偿决定。至今,被告仍未依法重新作出房屋征收补偿决定。原告向法院提起诉讼,请求确认被告征收原告两处房屋未予补偿行政行为违法。

裁判结果

驳回原告的起诉。

案件评析

行政机关不履行行政复议决定,是否属于行政诉讼的受案范围?

《中华人民共和国行政复议法》第三十二条规定:"被申请人应当履行行政复议决定。被申请人不履行或者无正当理由拖延履行行政复议决定的,行政复议机关或者有关上级行政机关应当责令其限期履行。"第三十七条规定:"被申请人不履行或者无正当理由拖延履行行政复议决定的,对直接负责的主管人员和其他直接责任人员依法给予警告、记过、记大过的行政处分;经责令履行仍拒不履行的,依法给予降级、撤职、开除的行政处分。"本案中,大通区人民政府如不履行淮府复决〔2016〕43号行政复议决定,原告应当向行政复议机关或者有关上级行政机关反映,要求其责令大通区人民政府限期履行,以此寻求行政救济。上述法律并未规定,对行政机关不履行行政复议决定的行为,可以向人民法院提起行政诉讼。综上可知,本案不属于人民法院受案范围,依照《最高人民法院关于适用〈中华人民共和国行政诉讼法〉若干问题的解释》第三条第一款第(一)项、《中华人民共和国行政诉讼法》第四十九条第(四)项之规定,法院裁定驳回原告的起诉。

法条链接

《中华人民共和国行政复议法》

第三十二条
被申请人应当履行行政复议决定。被申请人不履行或者无正当理由拖延履行行政复议决定的,行政复议机关或者有关上级行政机关应当责令其限期履行。

第三十七条

被申请人不履行或者无正当理由拖延履行行政复议决定的,对直接负责的主管人员和其他直接责任人员依法给予警告、记过、记大过的行政处分;经责令履行仍拒不履行的,依法给予降级、撤职、开除的行政处分。

《最高人民法院关于适用〈中华人民共和国行政诉讼法〉若干问题的解释》

第三条(2018年2月8日后施行的解释为第六十九条)

有下列情形之一,已经立案的,应当裁定驳回起诉:

(一)不符合行政诉讼法第四十九条规定的;
(二)超过法定起诉期限且无正当理由的;
(三)错列被告且拒绝变更的;
(四)未按照法律规定由法定代理人、指定代理人、代表人为诉讼行为的;
(五)未按照法律、法规规定先向行政机关申请复议的;
(六)重复起诉的;
(七)撤回起诉后无正当理由再行起诉的;
(八)行政行为对其合法权益明显不产生实际影响的;
(九)诉讼标的已为生效裁判所羁束的;
(十)不符合其他法定起诉条件的。

人民法院经过阅卷、调查和询问当事人,认为不需要开庭审理的,可以迳行裁定驳回起诉。

《中华人民共和国行政诉讼法》

第四十九条

提起诉讼应当符合下列条件:

(一)原告是符合本法第二十五条规定的公民、法人或者其他组织;
(二)有明确的被告;
(三)有具体的诉讼请求和事实根据;
(四)属于人民法院受案范围和受诉人民法院管辖。

第六节 行政复议期间具体行政行为的执行

中国立法规定行政复议期间不停止具体行政行为执行原则,主要基于五大理论基础:行政行为效力、行政管理特性、公益至上、学习西方先进的法律制度和相对人行为的危害性。但通过对中国大陆之外国家和地区的立法考证和中国大陆立法理论基础的质疑,不难发现不停止执行原则并不科学。它侵害了私人的合法权益,有时甚至无情践踏公共利益。为了平衡行政权与公民权,协调公平和效率,兼顾公益和私益,必须重新架构一种完善的具体行政行为执行制度。

案例 16

原告季某不服被告南通市通州区公安局治安行政处罚及南通市通州区人民政府行政复议决定案

案号:〔2015〕东行初字第 00284 号

案件简介

2015年1月29日16时许,被告南通市通州区公安局(以下简称通州公安局)接到报警称有人在南通市通州区金沙镇边防宿舍楼最西边一栋楼房顶楼东边一户吸毒。被告通州公安局遂派员处警,原告季某及案外人王某在现场,处警民警经检查发现现场房间衣橱内有自制的用于吸毒的冰壶一个及吸管若干,被告通州公安局于同日决定对该冰壶及吸管予以证据保全。因原告季某及案外人王某涉嫌吸毒,被告通州公安局遂于同日口头传唤原告季某及案外人王某至被告通州公安局城中派出所接受询问。因原告季某在接受询问过程中否认其有吸毒行为且否认曾接触、使用过被查获的冰壶并拒绝接受现场尿液检测,被告通州公安局于2015年1月30日提取其头发作为检测样本。2015年2月15日,南通市公安局物证鉴定所作出通公物鉴(毒品)字〔2015〕39号理化检验报告,对2015年1月29日处警民警在现场发现的自制冰壶中的水进行检测,经检测发现其有甲基苯丙胺的成分。同年3月9日,南通市公安局物证鉴定所作出通公物鉴(法物)字〔2015〕499号法庭科学DNA检验鉴定书,认定处警民警于2015年1月29日在现场查获的冰壶中的橙色吸管和蓝色吸管上检测出原告季某的DNA,且在冰壶的擦拭物中检测出混合基因型,不排除其来源于原告季某及案外人王某的可能性。同年3月13日,司法鉴定科学技术研究所司法鉴定中心作出司鉴中心〔2015〕毒检字第2070号检验报告书,在送检的原告季某的头发中检出甲基苯丙胺成分。3月20日,被告通州公安局向原告季某告知上述三份鉴定结论,原告季某对此未提异议。被告通州公安局于同日再次传唤原告季某,在检查其乘坐的苏F577NY汽车的过程中,发现该车后排座位上有黑色拎包一个,该包内有一棕色小包,小包里有冰壶一个(内有一根吸管)、烧锅一口、白色透明塑料袋一个,原告季某称该黑色拎包系其所有。被告通州公安局在询问原告季某的过程中对其进行现场尿液检测,检测结果呈阳性。原告季某在询问过程中承认被告通州公安局于2015年1月29日查获的冰壶及吸管系其于同年1月27日吸食毒品时制作,并述称其于2015年3月20日早上再次吸食毒品。同日,原告季某出具亲笔供词,陈述了以上两次吸食毒品的过程。被告通州公安局于3月20日作出通公物鉴(毒品)字〔2015〕39号鉴定文书,认定原告季某吸毒成瘾,并于同日向原告季某送达,季某表示对该鉴定结论无异议。2015年3月21日,被告通州公安局作出通公(中)行罚决字〔2015〕522号行政处罚决定书,决定给予原告季某行政拘留十五日并处罚款一千五百元的处罚,同时收缴其吸毒工具冰壶两个(含吸管)、锅一口、白色透明塑料袋一个。同日,被告通州公安局将原告季某送至南通市戒毒所执行行政拘留。原告季某不服,于2015年3月24日向被告南通市通州区人民政府(以下简称通州区政府)邮寄提交行政复议书,被告通州区政府于次日收悉。同年3月30日,被告通州区政府作出通政复字〔2015〕第23号行政复议受理通知书,决定受理原告季某的行政复议申请,并于同日作出通政复字〔2015〕第23号行政复议答复通知书,要求被告通州公安局对原告季某的行政复议申请作出书面答复并提交作出原行政行为的证据、依据。被告通州公安局于同年4月7日作出答复书,2015年5月20日,被告通州区政府作出通政复字〔2015〕第23号行政复议决定书,决定维持被告通州公安局作出的案涉行政处罚决定书,该复议决定已于次日向原告季某邮寄送达。原告本想通过复议程序得到停止被执行处罚的机会,但复议机关却维持了案涉处罚决定,故原告向法院提起行政诉讼,请求法院判决撤销被告通州公安局作出的通公(中)行罚决字〔2015〕522号行政处罚决定及被告通州区政府作出的通政复字〔2015〕第23号行政复议决定。

另查明,2011年7月6日,被告通州公安局作出通公(中)行决字〔2011〕第1353号行政处罚决定书,认定2010年5月至12月间原告季某在其居住的南通市通州区金沙镇祥泰花苑7号楼某室的车库内多次吸食冰毒,决定对其给予行政拘留七日的处罚。同年10月16日,被告通州公安局作出通公(中)行决字〔2011〕第1833号行政处罚决定书,认定2011年10月10日晚,原告季某在其居住的南通市通州区金沙镇祥泰花苑7号楼某室的车库内吸食冰毒,对其给予行政拘留十二日并处罚款两千元的处罚。同年11月14日,被告通州公安局作出通公(中)行社戒决字〔2011〕第66号责令社区戒毒决定书,认定原告季某吸毒成瘾,决定责令其接受社区戒毒。

 裁判结果

驳回原告季某的诉讼请求。

案件评析

原告本想通过行政复议的申请得到停止被执行处罚的机会,但原告季某的申请不属于《中华人民共和国行政复议法》第二十一条规定的可以停止执行的情形,且被告通州公安局依法具有对原告季某的案涉违法行为作出治安管理处罚的法定职责,其作出的涉诉行政处罚认定事实清楚,程序合法,适用法律正确,量罚适当。被告通州区政府作出涉诉行政复议决定的程序合法。原告季某的诉请无事实根据和法律依据,故法院判决驳回原告季某的诉讼请求。

 法条链接

《中华人民共和国行政复议法》

第二十一条

行政复议期间具体行政行为不停止执行;但是,有下列情形之一的,可以停止执行:

(一)被申请人认为需要停止执行的;
(二)行政复议机关认为需要停止执行的;
(三)申请人申请停止执行,行政复议机关认为其要求合理,决定停止执行的;
(四)法律规定停止执行的。

第七节 复议前置

行政相对人对法律、法规规定的特定具体行政行为不服,在寻求法律救济途径时,应当先选择向行政复议机关申请行政复议,而不能直接向人民法院提起行政诉讼;如果经过行政复议之后行政相对人对复议决定仍有不同意见,才可以向人民法院提起行政诉讼,即复议前置。

案例 17

原告张某诉被告平塘县通州镇人民政府林地所有权处理决定案

案号:〔2016〕黔 2726 行初 31 号

案件简介

因省道 S312 线改造的需要,原告与第三人之间有争议的小地"拉乃""小出水洞"近 31 亩林地需被征用,双方为此发生纠纷。原告申请平塘县人民政府确权,平塘县人民政府责令被告通州镇人民政府处理,被告于 2015 年 11 月 6 日作出通府决〔2015〕1 号处理决定,认定争议地中 10 亩归原告,其余未作处理。原告不服,向平塘县人民政府提起行政复议,平塘县人民政府作出撤销被告处理决定,责令被告在六十日内重新作出处理决定。被告于 2016 年 3 月 11 日作出通府通〔2016〕2 号处理决定,明确争议地中 0.7 亩归原告管理使用,剩余归第三人管理使用。原告不服,向法院提起行政诉讼,请求撤销被告于 2016 年 3 月 11 日作出的通府通〔2016〕2 号处理决定。

 裁判结果

驳回原告张某的起诉。

 案件评析

行政复议前置,是指对属于人民法院受案范围的行政案件,法律、法规规定应当先向行政机关申请复议,对复议决定不服再向人民法院提起诉讼。本案原告系不服被告林地所有权处理决定而直接向人民法院提起行政诉讼,根据行政复议法第三十条规定,对于属行政复议前置的案件,原告应先提起行政复议,对复议决定不服,才可以向人民法院提起行政诉讼,故法院裁定驳回原告张某的起诉。

 法条链接

《中华人民共和国行政复议法》

第三十条
公民、法人或者其他组织认为行政机关的具体行政行为侵犯其已经依法取得的土地、矿藏、水流、森林、山岭、草原、荒地、滩涂、海域等自然资源的所有权或者使用权的,应当先申请行政复议;对行政复议决定不服的,可以依法向人民法院提起行政诉讼。

《中华人民共和国行政诉讼法》

第四十四条

对属于人民法院受案范围的行政案件,公民、法人或者其他组织可以先向行政机关申请复议,对复议决定不服的,再向人民法院提起诉讼;也可以直接向人民法院提起诉讼。法律、法规规定应当先向行政机关申请复议,对复议决定不服再向人民法院提起诉讼的,依照法律、法规的规定。

第八节 查阅材料权

为保障申请人、第三人依法行使查阅行政复议案件有关材料的权利,保证行政复议活动的顺利进行,《中华人民共和国行政复议法》第二十三条第二款规定了查阅行政复议案件有关材料的权利。

案例 18

原告樵某诉被告广东省食品药品监督管理局政府信息公开案

案号:〔2015〕穗中法行初字第 17 号

 案件简介

原告樵某于 2014 年 11 月 19 日通过广东省政府信息依申请公开系统向被告广东省食品药品监督管理局提交信息公开申请,要求公开深圳市市场和质量监督管理委员会在粤食药监复决字〔2014〕176 号行政复议案件中提出的书面答复,作出具体行政行为的证据、依据和其他有关材料的信息,并在复制后通过邮政速递邮寄给原告。被告于 2014 年 12 月 8 日作出〔2014〕第 133 号关于政府信息公开申请的答复,答复称:原告申请公开的信息是已经办结的行政复议案件,该案件材料包含申请人、被申请人、第三人等主题信息,涉及个人隐私,依据《中华人民共和国行政复议法》第二十三条第二款的规定,原告可携带本人有效身份证明来被告处查阅案卷材料。被告于同日将该答复邮寄送达给原告。原告不服,向广东省人民政府申请行政复议,广东省人民政府于2014年7月11日作出粤府行复〔2014〕183号行政复议决定书,决定维持被告作出的〔2014〕第133号关于政府信息公开申请的答复。原告不服,故向法院起诉请求:①撤销被告作出的〔2014〕第133号关于政府信息公开申请的答复;②判令被告对原告的政府信息公开申请重新作出处理。

 裁判结果

驳回原告樵某的起诉。

 案件评析

本案原告樵某就深圳市市场和质量监督管理委员会的行政行为向被告申请行政复议,系粤食药监复决字〔2014〕176号案的当事人,不需要通过政府信息公开程序查阅本复议案的案卷材料,其可以根据《中华人民共和国行政复议法》第二十三条第二款的规定前往被告广东省食品药品监督管理局处查阅,因为被告广东省食品药品监督管理局系本复议案的行政复议机关,根据《中华人民共和国行政复议法》第二十三条第一款规定可知,深圳市市场和质量监督管理委员在自收到行政复议申请书副本或者申请笔录复印件之日起十日内,已向被告广东省食品药品监督管理局提出书面答复,并提交当初作出具体行政行为的证据、依据和其他有关材料。原告申请信息公开的内容是该案的案卷材料,被告广东省食品药品监督管理局已在案涉的关于政府信息公开申请的答复中告知原告依据《中华人民共和国行政复议法》第二十三条第二款的规定,可携带本人有效身份证明查阅案卷材料。依据上述规定,本案应不予受理,原告可以通过《中华人民共和国行政复议法》第二十三条第二款的规定实现其权利,故法院裁定驳回原告樵某的起诉。

 法条链接

《中华人民共和国行政复议法》

第二十三条

行政复议机关负责法制工作的机构应当自行政复议申请受理之日起七日内,将行政复议申请书副本或者行政复议申请笔录复印件发送被申请人。被申请人应当自收到申请书副本或者申请笔录复印件之日起十日内,提出书面答复,并提交当初作出具体行政行为的证据、依据和其他有关材料。

申请人、第三人可以查阅被申请人提出的书面答复、作出具体行政行为的证据、依据和其他有关材料,除涉及国家秘密、商业秘密或者个人隐私外,行政复议机关不得拒绝。

第九节 行政复议与行政诉讼的选择

在行政复议与行政诉讼的关系方面,我国采取的是一种"原告选择为原则,复议前置为例外"的模式。也就是说,除非法律法规作出特别规定,行政复议并非提起行政诉讼之前的必经程序。在原告选择方面,既可以选择先申请复议,再提起诉讼,也可以选择不申请复议,直接提起诉讼。如果同时选择了复议和诉讼,则应复议在先、诉讼在后,而不能在诉讼之后再申请复议,更不能复议和诉讼两种程序同时进行。

案例 19

原告肖某诉被告宜城市人民政府行政强制案

案号:〔2016〕鄂 06 行初 27 号

 案件简介

原告肖某系宜城市鄢城街道办事处白庙社区九组村民,在该村拥有房屋。原告肖某于 2015 年 12 月 14 日向襄阳市人民政府申请行政复议,请求确认宜城市人民政府强拆行政行为违法。襄阳市人民政府受理行政复议申请后,因法律适用问题,中止了行政复议审理,并将中止行政复议通知书送达给宜城市人民政府和原告。原告肖某认为宜城市人民政府强拆了其房屋,又于 2016 年 2 月 26 日向人民法院提起行政诉讼,请求人民法院确认宜城市人民政府强拆行政行为违法。

另查明,襄阳市人民政府于 2016 年 3 月 24 日恢复了该行政复议的审理。

 裁判结果

驳回原告肖某的起诉。

案件评析

法院为何裁定驳回原告肖某的起诉？

原告肖某于 2016 年 2 月 26 日，向人民法院提起行政诉讼请求确认宣城市人民政府强拆行政行为违法，而原告肖某在向人民法院提起行政诉讼前，已向襄阳市人民政府申请了行政复议，且在复议期限内。其在法定复议期限内又向人民法院提起诉讼，人民法院应不予受理。依照《中华人民共和国行政复议法》第十六条第一款、《最高人民法院关于执行〈中华人民共和国行政诉讼法〉若干问题的解释》第三十四条、《最高人民法院关于适用〈中华人民共和国行政诉讼法〉若干问题的解释》第三条第一款第（一）项之规定，对于原告请求确认宣城市人民政府强拆行政行为违法的主张，法院应予裁定驳回起诉。

 法条链接

《中华人民共和国行政复议法》

第十六条

公民、法人或者其他组织申请行政复议，行政复议机关已经依法受理的，或者法律、法规规定应当先向行政复议机关申请行政复议、对行政复议决定不服再向人民法院提起行政诉讼的，在法定行政复议期限内不得向人民法院提起行政诉讼。

公民、法人或者其他组织向人民法院提起行政诉讼，人民法院已经依法受理的，不得申请行政复议。

《最高人民法院关于执行〈中华人民共和国行政诉讼法〉若干问题的解释》第三十四条（2018 年 2 月 8 日施行的解释为第五十七条）

法律、法规未规定行政复议为提起行政诉讼必经程序，公民、法人或者其他组织既提起诉讼又申请行政复议的，由先受理的机关管辖；同时受理的，由公民、法人或者其他组织选择。公民、法人或者其他组织已经申请行政复议，在法定复议期间内又向人民法院提起诉讼的，人民法院不予受理。

第十节　申请行政复议时的行政赔偿请求

根据《中华人民共和国行政复议法》第二十九条的规定，申请人在申请行政复议时可以一并提出行政赔偿请求,由复议机关对具体行政行为的合法性和合理性进行审查,在确认具体行政行为违法之后,同时对申请人因此而遭受的损害作出决定。

案例 20

原告郭某诉被告上杭县人民政府行政复议案

案号:〔2018〕闽 04 行初 8 号

 案件简介

上杭县临城镇××村紫金路口地块系1998年上杭县人民政府依法征收后划拨给上杭县客家联谊会,建造了姜太公旅游中心。2009 年 7 月 24 日,原告郭某与姜太公旅游中心签订空坪出租协议,租赁该旅游中心大门南侧 195 平方米土地,并在租赁土地上建起面积共 119.35 平方米的三间建筑,开办上杭紫鑫汽车生活馆,从事汽车装潢养护等业务。2016 年 8 月 15 日,第三人上杭县城市管理行政执法局对原告郭某进行询问,郭某承认其在无审批手续、没有取得建设工程规划许可证的情况下,出资在上杭县临城镇××村紫金路口搭建水泥砖墙铁皮房屋,用于汽车装潢养护等。2016 年 9 月 1 日,第三人上杭县住房和城乡规划建设局作出责令改正违法行为通知书,内容为郭某未取得建设工程规划许可证,擅自建房,占地 119.35 平方米,违反相关法律规定,责令郭某自收到通知书三日内自行拆除,恢复原状,逾期不改正,将依法追究法律责任,并于同日送达给原告。2016 年 9 月 18 日,第三人上杭县住房和城乡规划建设局及上杭县城市管理行政执法局联合发出公告,其内容为根据《中华人民共和国行政强制法》第四十四条规定,催告原告自公告之日起两日内拆除,逾期将依法强制拆除,并在上杭紫鑫汽车生活馆广告牌处张贴。2016 年 10 月 12 日,第三人上杭县城市管理行政执法局组织人员将上杭紫鑫汽车生活馆拆除。2016 年 11 月 21 日,原告郭某向被告上杭县人民政府申请行政复议,要求确认第三人的强制拆除行为违法,并要求第三人赔偿 50 万元的损失。2017 年 2 月 4 日,被告上杭县人民政府作出杭政行复决〔2016〕14 号行政复议决定书,决定:确认第三人上杭县住房和城乡规划建设局及上杭县城市管理行政执法局强制拆除违法建筑上杭紫鑫汽车生活馆的程序违法;驳回郭某要求第三人赔偿损失 50 万元的申请。郭某不服该复议决定,向法院提起行政诉讼。2017 年 9 月 1 日,法院作出〔2017〕闽 04 行初 99 号行政判决,判决:一、撤销上杭县人民政府作出的杭政行复决〔2016〕14 号行政复议决定书第二项;二、责令上杭县人民政府于判决生效之日起六十日内重新作出行政行为。2017 年 12 月 18 日,被告上杭县人民政府作出杭政行复决〔2017〕11 号行政复议决定书,认为:郭某在提出复议的同时,提出赔偿的请求符合法律规定;郭某未取得规划许可证建造的上杭紫鑫汽车生活馆属于违法建筑的事实清楚、证据充分,郭某对该事实的认定也供认不讳,所以郭某被拆除的建筑物无合法凭证,不符合国家赔偿的条件;因实施强制拆除行为的程序违法,第三人应对拆除过程中造成上杭紫鑫汽车生活馆内属于郭某合法财产的损失予以赔偿。郭某提供的照片和上杭县城市管理行政执法局提供的照片及光盘等证据可以证明,上杭县城市管理行政执法局实施强制拆除行为时,将上杭紫鑫汽车生活馆内的可移动物品搬离到室外空坪,但强制拆除该违法建筑物是否造成郭某在该建筑物内的物品损毁无法认定,且郭某对其在违法建筑屋内的合法财产损失没有提供证据证明,应当承担举证的责任。决定:①对违法建筑物(上杭紫鑫汽车生活馆)不予赔偿;②驳回申请人郭某的其他赔偿请求,申请人郭某就合法损失单独向被申请人提出赔偿请求。原告不服,向法院提出诉讼,请求法院依法撤销被告上杭县人民政府作出的杭政行复决〔2017〕11号行政复议决定,判令第三人上杭县住房和城乡规划建设局和上杭县城市管理行政执法局赔偿原告因违法强制拆除造成的损失50万元。

裁判结果

一、撤销被告上杭县人民政府作出的杭政行复决〔2017〕11号行政复议决定书。
二、责令被告上杭县人民政府于本判决生效之日起六十日内重新作出行政行为。

案件评析

被告上杭县人民政府已在复议决定书中确认第三人2016年10月12日强制拆除违法建筑上杭紫鑫汽车生活馆的行为程序违法和第三人应对拆除过程中造成上杭紫鑫汽车生活馆内属于郭某合法财产的损失予以赔偿,同时亦认定:第三人实施强制拆除行为时,将某汽车生活馆内的可移动物品搬离到室外空坪,由于第三人在拆除违法建筑时,未依法对搬离屋内的可移动物品进行登记保全,未制作物品清单并交原告方人员签字确认,致使原告无法对物品受损情况进行举证,故关于该损失是否存在、具体损失情况等问题,应由第三人承担举证责任。本案中,在第三人行政机关未能充分举证的情况下,被告应出于最大限度保护被侵权人合法权益的考虑,结合原告和第三人行政机关提供的证据,对原告合理的合法财产损失赔偿请求予以支持。综上,根据《中华人民共和国行政复议法》第二十九条第一款的规定,申请人在申请行政复议时可以一并提出行政赔偿请求,行政复议机关对符合国家赔偿法的有关规定应当给予赔偿的,在决定撤销、变更具体行政行为或者确认具体行政行为违法时,应当同时决定被申请人依法给予赔偿。原告郭某在申请行政复议要求确认被告的强制拆除行为违法时,一并提出赔偿50万元的行政赔偿请求,被告依法应当同时作出处理。但被告上杭县人民政府复议决定中没有对原告的赔偿请求同时处理,被告要求申请人郭某就合法损失单独向被申请人(第三人)提出赔偿请求的决定不当,应予以纠正。故法院作出上述判决。

 法条链接

《中华人民共和国行政复议法》

第二十九条第一款

申请人在申请行政复议时可以一并提出行政赔偿请求,行政复议机关对符合国家赔偿法的有关规定应当给予赔偿的,在决定撤销、变更具体行政行为或者确认具体行政行为违法时,应当同时决定被申请人依法给予赔偿。

 习题及答案

第三讲

行政诉讼篇

行政诉讼是解决行政争议的重要法律制度。所谓行政争议,是指行政机关和法律法规授权的组织因行使行政职权而与另一方发生的争议。行政争议有内部行政争议和外部行政争议之分。行政诉讼与行政复议是我国解决外部行政争议的两种主要法律制度。在我国,行政诉讼是指公民、法人或者其他组织认为行政机关和法律法规授权的组织作出的具体行政行为侵犯其合法权益,依法定程序向人民法院起诉,人民法院在当事人及其他诉讼参与人的参加下,对具体行政行为的合法性进行审查并作出裁决的制度。

第一节 起诉期限

行政诉讼的起诉期限由法律规定。《中华人民共和国行政诉讼法》第四十六条规定,公民、法人或者其他组织直接向人民法院提起诉讼的,应当在知道作出具体行政行为之日起六个月内提出。行政诉讼只有起诉期限的耽误,没有起诉期限的中断。只有在起诉期限内提起诉讼的行政案件,人民法院才有权对其进行司法审查。超过起诉期限起诉的行政案件,人民法院只能裁定不予受理。如果在立案受理时没有查明,但在审理过程中查明已超过起诉期限的,人民法院应该裁定驳回起诉。

案例 21

原告刘某诉武汉市住房保障和房屋管理局、武汉市不动产登记局房屋行政登记案

案号:〔2017〕鄂 0102 行初 97 号

案件简介

> 原告刘某原系被告武汉市住房保障和房屋管理局(以下简称市房管局)机关工作人员,原告刘某在被告市房管局工作期间得到单位分配的位于武汉市江岸区解放大道××号(现解放大道××号)面积为 110.60 平方米的住房一套。2000 年 4 月,原告刘某通过房改支付购房款后购得该房屋产权,房屋所有权证号为武房权证岸字第××号,登记产权人为原告刘某。2008 年 12 月 1 日,许某持有一份委托人落款为原告刘某与其丈夫陈某的委托公证书,以原告刘某、陈某委托代理人的身份与第三人杨某共同申请办理了房地产交易和权属登记手续,被告市房管局收取了武房权证岸字第××号房屋所有权证及相应土地使用权证、原告刘某及其丈夫陈某的身份证、结婚证、户口簿复印件、委托公证书、许某的身份证复印件、第三人杨某的身份证复印件、武汉市存量房买卖合同、存量房交易具结书后,于 2008 年 12 月 10 日为案涉房屋办理了房屋转移登记手续,并向第三人杨某颁发了武房权证岸字第××号房屋所有权证。刘某于 2017 年 5 月起诉请求:①撤销武房权证岸字第××号房屋所有权证;②将该房屋所有权归还原告刘某并重新核发相关证件。
>
> 另查明,2008 年 12 月被告市房管局受理并发放武房权证岸字第××号房屋所有权证时,第三人杨某系原告刘某的儿媳。原告刘某在 2008 年 12 月就已知晓

被告市房管局办理了案涉房屋的房屋转移登记手续并向第三人杨某发放武房权证岸字第××号房屋所有权证。2009年至2017年5月原告刘某向法院提起行政诉讼前,原告刘某及其丈夫陈某未就第三人杨某与案外人许某涉嫌侵害其房屋所有权的行为提起过民事诉讼,也从未向法院提起行政诉讼要求撤销被告市房管局于2008年12月10日向第三人杨某发放的武房权证岸字第××号房屋所有权证。上述期间原告刘某多次向被告市房管局、武汉市国土资源和规划局江岸分局等单位书面反映情况,但其所反映的问题未得到妥善解决。

 裁判结果

驳回原告刘某的起诉。

 案件评析

本案原告提起的行政诉讼超过了起诉期限。行政相对人针对行政机关作出的具体行政行为提起行政诉讼应当严格依照《中华人民共和国行政诉讼法》及相关司法解释规定的程序进行。《中华人民共和国行政诉讼法》第四十六条第一款规定:"公民、法人或者其他组织直接向人民法院提起诉讼的,应当自知道或者应当知道作出行政行为之日起六个月内提出。法律另有规定的除外。"原告刘某于2008年12月就已知晓被告市房管局向原告儿媳杨某发放武房权证岸字第××号房屋所有权证的行为,按照《中华人民共和国行政诉讼法》第四十六条第一款的规定,原告刘某应当自2008年12月起的六个月内向法院提起行政诉讼,其直至2017年5月才向法院提起本案行政诉讼,这早已超过法定起诉期限。《中华人民共和国行政诉讼法》第四十六条第二款规定:"因不动产提起诉讼的案件自行政行为作出之日起超过二十年,其他案件自行政行为作出之日起超过五年提起诉讼的,人民法院不予受理。"上述规定是特指在行政相对人既不知道具体行政行为内容又不知道诉权的情况下,法律规定的对行政相对人权益保护的最长期限。而原告刘某自2008年12月即已知晓本案诉争的具体行政行为,故本案也不适用《中华人民共和国行政诉讼法》第四十六条第二款规定的最长起诉期限。综上,法院裁定驳回原告刘某的起诉。

法条链接

《中华人民共和国行政诉讼法》

第四十六条

公民、法人或者其他组织直接向人民法院提起诉讼的,应当自知道或者应当知道作出行政行为之日起六个月内提出。法律另有规定的除外。

因不动产提起诉讼的案件自行政行为作出之日起超过二十年,其他案件自行政行为作出之日起超过五年提起诉讼的,人民法院不予受理。

第四十八条

公民、法人或者其他组织因不可抗力或者其他不属于其自身的原因耽误起诉期限的,被耽误的时间不计算在起诉期限内。

公民、法人或者其他组织因前款规定以外的其他特殊情况耽误起诉期限的,在障碍消除后十日内,可以申请延长期限,是否准许由人民法院决定。

《最高人民法院关于适用〈中华人民共和国行政诉讼法〉若干问题的解释》(2018年2月8日起施行)

第六十九条

有下列情形之一,已经立案的,应当裁定驳回起诉:

(一)不符合行政诉讼法第四十九条规定的;
(二)超过法定起诉期限且无行政诉讼法第四十八条规定情形的;
(三)错列被告且拒绝变更的;
(四)未按照法律规定由法定代理人、指定代理人、代表人为诉讼行为的;
(五)未按照法律、法规规定先向行政机关申请复议的;
(六)重复起诉的;
(七)撤回起诉后无正当理由再行起诉的;
(八)行政行为对其合法权益明显不产生实际影响的;
(九)诉讼标的已为生效裁判或者调解书所羁束的;
(十)其他不符合法定起诉条件的情形。

前款所列情形可以补正或者更正的,人民法院应当指定期间责令补正或者更正;在指定期间已经补正或者更正的,应当依法审理。

人民法院经过阅卷、调查或者询问当事人,认为不需要开庭审理的,可以迳行裁定驳回起诉。

第二节 原告举证

行政诉讼的举证责任,是法律规定由特定的当事人对特定的事项所承担的提供证据证明其诉讼主张成立的责任,负有举证责任的一方不能证明其诉讼主张成立的,将承担败诉或不利后果的法律制度。在起诉被告不履行法定职责案件中,原告一般应提供其向被告提出申请的证据。

案例 22

原告徐某诉被告国家税务总局锡林浩特市税务局不履行法定职责一案

案号:〔2020〕内 2502 行初 50 号

 案件简介

2012年3月5日,原告与锡林郭勒盟亿丰置业有限责任公司签订了房屋产权调换协议书,将原告所有的锡林浩特市杭盖街道办事处房产进行产权调换,调换为锡林浩特市房产。2020年6月,锡林郭勒盟亿丰置业有限责任公司在办理原告房产税务登记时,被告以原告提交的材料不全为由,拒绝为其办理房产税务登记。原告以被告不履行法定职责为由提起行政诉讼,请求:①判令被告将锡林浩特市杭盖街道办事处房屋调换后的锡林浩特市房产登记到原告个人名下;②所有诉讼费由被告承担。

 裁判结果

驳回原告徐某的诉讼请求。

 案件评析

本案为不履行法定职责之诉。《中华人民共和国行政诉讼法》第三十八条第一款规定:"在起诉被告不履行法定职责的案件中,原告应当提供其向被告提出申请的证据。但有下列情形之一的除外:(一)被告应当依职权主动履行法定职责的;(二)原告因正当理由不能提供证据的。"本案原告在诉讼中所出示的证据不能证明其已经向被告提供办理房产税务登记所需的相关手续亦未陈述正当理由，属于原告未能提供其向被告提出申请的证据的情形。被告关于原告徐某不具备办理相关税务条件的辩解理由成立。

综上，原告申请被告履行法定职责的理由不成立，故人民法院判决驳回原告的诉讼请求。

 法条链接

《中华人民共和国行政诉讼法》

第三十八条

在起诉被告不履行法定职责的案件中，原告应当提供其向被告提出申请的证据。但有下列情形之一的除外：

（一）被告应当依职权主动履行法定职责的；

（二）原告因正当理由不能提供证据的。

在行政赔偿、补偿的案件中，原告应当对行政行为造成的损害提供证据。因被告的原因导致原告无法举证的，由被告承担举证责任。

第六十九条

行政行为证据确凿，适用法律、法规正确，符合法定程序的，或者原告申请被告履行法定职责或者给付义务理由不成立的，人民法院判决驳回原告的诉讼请求。

第三节　被告举证

被告首先要对具体行政行为的合法性承担举证责任，必须举出事实根据和法律根据来证明具体行政行为合法，如果不能证明自己被诉的具体行政行为合法，则无须原告证明其行为违法，被告就承担败诉的法律后果。在行政诉讼中，主要由被告来承担举证责任，主要体现在被告应提供证据证明自己作出具体行政行为之前提事实的存在，且要提供作出具体行政行为的法律依据。如原告甲对被告某市场监督管理局对其给予罚款的行政处罚不服，向人民法院起诉，则某市场监督管理局应对甲存在违法的事实提供证据证明，并且应向法院提供处罚的法律依据。如果该市场监督管理局逾期不提供证据，或者无法提供证据，则法院不应要求甲来证明违法的事实存在，可以直接据此裁决该市场监督管理局败诉。

案例 23

原告姚某诉被告襄州区人民政府、襄阳高新区管委会行政强制案

案号：〔2019〕鄂 06 行初 221 号

 案件简介

2013年7月1日，襄阳市人民政府办公室发出襄政办发〔2013〕85号《关于规范城区国有土地上房屋征收与补偿工作的通知》，将高新技术产业开发区（以下简称高新区）国有土地上房屋征收与补偿工作交由襄州区政府统一负责。2016年6月16日，襄州区政府作出襄州征字〔2016〕4号国有土地房屋征收决定，对东风公司棚户区改造及环境保护项目范围内的房屋及其附属设施予以征收。2016年6月17日，襄阳高新区管委会给襄州区政府出具襄高管函〔2016〕58号关于国有土地上房屋征收与补偿工作的承诺函，就东风公司棚户区改造及环境保护项目范围内国有土地上房屋征收与补偿工作承诺如下：①因征收工作引起的行政复议、行政诉讼由襄阳高新区管委会负责答复、应诉；②因征收工作引起的群众上访由襄阳高新区管委会负责接访；③因征收行为发生的经济纠纷和突发事件等，由襄阳高新区管委会承担相关责任。2016年6月19日，襄州区人民政府作出襄州征字〔2016〕5号国有土地上房屋征收公告，约定征收签约期限为2016年7月15日始至2016年8月13日止。原告所诉案涉房屋证载面积为73.22平方米，在该征收范围内。经武汉天马东湖房地产估价有限公司襄阳分公司评估，被征收人姚某所诉房屋、装饰装修及附属物征收补偿价值评估总价为413871元。截至目前，征迁范围内的绝大多数被征收人已签订了安置补偿协议。本案原告未与征迁部门达成安置补偿协议。2018年12月31日，襄州区人民政府对被征收人姚某作出房屋征收补偿决定书。2019年6月初，姚某所诉案涉房屋被拆除。姚某对其所诉房屋被拆行为不服，遂于2019年9月27日向法院提起诉讼，请求确认被告襄州区人民政府、襄阳高新区管委会拆除其房屋的行为违法。

另查明，姚某在收到房屋征收补偿决定书后，于2019年5月13日向法院提起行政诉讼，请求撤销被告对其作出的房屋征收补偿决定书。

 裁判结果

确认被告襄阳高新区管委会强制拆除原告姚某所诉房屋的行为违法。

案件评析

关于本案强制拆除主体的认定问题,《中华人民共和国行政诉讼法》第二十六条第一款规定:"公民、法人或者其他组织直接向人民法院提起诉讼的,作出行政行为的行政机关是被告。"《中华人民共和国行政诉讼法》第三十四条第一款规定:"被告对作出的行政行为负有举证责任,应当提供作出该行政行为的证据和所依据的规范性文件。"但这并不意味着,行政诉讼中的所有待证事实都要由被告承担举证责任。原告所诉的行政行为是否存在、该行政行为是否由被告实施,显然应当由原告举证证明,这属于原告赖以指认行政机关作出了侵犯其合法权益的行政行为的事实根据,也属于诉讼请求能够成立的实质理由。故原告应当提供其系被征收房屋的权利人,且权利受到了损害和系被告所为的证据。本案中,原告提供了案涉房屋在征收范围内、房屋被拆除与其有利害关系的证据,但不能证明其所诉案涉房屋被谁拆除。根据本案查明的案件事实,襄政办发〔2013〕85号《关于规范城区国有土地上房屋征收与补偿工作的通知》表明"将高新技术产业开发区国有土地上房屋征收与补偿工作交由襄州区政府统一负责"。襄阳高新区管委会给襄州区人民政府出具襄高管函〔2016〕58号关于国有土地上房屋征收与补偿工作的承诺函,就东风公司棚户区改造及环境保护项目范围内国有土地上房屋征收与补偿工作承诺:"①因征收工作引起的行政复议、行政诉讼由襄阳高新区管委会负责答复、应诉;②因征收工作引起的群众上访由襄阳高新区管委会负责接访;③因征收行为发生的经济纠纷和突发事件等,由襄阳高新区管委会承担相关责任。"参照襄政办发〔2013〕85号文件精神"高新区棚户区改造项目引起的行政诉讼案件,统计在襄阳高新区管委会名下"的情况,以及襄阳高新区管委会在庭审中认可原告所诉案涉房屋是由其组织实施拆除的客观事实,我们可以确认被告襄阳高新区管委会为本案原告所诉行为的实施主体和责任主体,被告襄州区人民政府未实施拆除原告所诉案涉房屋的行为。

关于本案拆除行为是否违法的问题,《中华人民共和国物权法》第四条规定:"国家、集体、私人的物权和其他权利人的物权受法律保护,任何单位和个人不得侵犯。"第四十二条第一款规定:"为了公共利益的需要,依照法律规定的权限和程序可以征收集体所有的土地和单位、个人的房屋及其他不动产。"第四十二条第三款规定:"征收单位、个人的房屋及其他不动产,应当依法给予拆迁补偿,维护被征收人的合法权益;征收个人住宅的,还应当保障被征收人的居住条件。"国家因公共利益需要确需征收的,应当根据《国有土地上房屋征收与补偿条例》规定,给予房屋所有权人公平补偿,并按照《国有土地上房屋征收与补偿条例》第二十七条的规定,先给予补偿,后实施搬迁。根据法院审理查明的事实,以及《中华人民共和国行政强制法》第十八条、第三十四条、第三十五条、第三十六条、第三十七条、第三十八条的相关规定,被告襄阳高新区管委会在拆除原告所诉案涉房屋前,未告知原告依法享有的权利、救济途径以及听取其陈述和申辩;未发布公告和作出强制执行决定并向其送达;在实施拆除行为时,未通知原告到场;在未制作现场笔录的情况下,被告襄阳高新区管委会于2019年6月初,将原告所诉案涉房屋予以拆除,这违反了行政强制执行程序的规定,应当确认其强制拆除行为违法。

 法条链接

《中华人民共和国行政诉讼法》

第三十四条

被告对作出的行政行为负有举证责任,应当提供作出该行政行为的证据和所依据的规范性文件。

被告不提供或者无正当理由逾期提供证据,视为没有相应证据。但是,被诉行政行为涉及第三人合法权益,第三人提供证据的除外。

第三十五条

在诉讼过程中,被告及其诉讼代理人不得自行向原告、第三人和证人收集证据。

第六十七条

人民法院应当在立案之日起五日内,将起诉状副本发送被告。被告应当在收到起诉状副本之日起十五日内向人民法院提交作出行政行为的证据和所依据的规范性文件,并提出答辩状。人民法院应当在收到答辩状之日起五日内,将答辩状副本发送原告。

被告不提出答辩状的,不影响人民法院审理。

第四节 行政诉讼原告资格

在行政案件中,原告资格标准至少由以下三个要素构成:一是起诉人认为其受到了被诉具体行政行为的不利影响,即存在真实的法律争议;二是起诉人的权益属于与被诉具体行政行为有关的法律规范的保护范围;三是被诉具体行政行为客观上具有影响起诉人权益的可能性(而非现实性),即起诉人属于行政行为影响所及的范围。在确定起诉资格时,一方面,要充分保护诉权并通过保护诉权使当事人获得实体救济;另一方面,要防止诉权的滥用即滥诉。

案例 24

原告周某诉被告松滋市食品药品监督管理局食品药品安全行政管理案

案号:〔2018〕鄂 1087 行初 10 号

案件简介

原告周某于2017年5月15日、5月16日在松滋市多家药店分别购买了昆仑雪菊、莲子心、绞股蓝、高丽参、芦荟沙参清火茶等（数量很少，各药店只涉及一至两个品种，每个品种只有一盒或袋、瓶）后，于5月27日向被告松滋市食品药品监督管理局（以下简称松滋食药监局）同时投诉举报。同年9月27日，被告在核查后分别进行了书面回复。2018年2月2日，原告又分别向法院提起行政诉讼，本案只是原告起诉的9件案件中的一件。同期，原告在荆州市××区共投诉举报14件，涉及14家药店销售的昆仑雪菊、莲子心、高丽参三个品种，在荆州市共投诉举报30件，涉及30家药店销售的昆仑雪菊、莲子心、绞股蓝、高丽参、芦荟沙参清火茶五个品种。

同时查明，被告作出的《关于对湖北益丰济阳堂大药房连锁有限公司文化街店销售芦荟沙参清火茶产品的回复》载明的处理意见是："我局当场下达了松食药监食责改〔2017〕第111041号责令改正通知书，责令该药店立即将产品下架，停止销售，通知相关生产企业和消费者，并将销售的产品召回，决定对药店免于行政处罚；你要求药店按照《中华人民共和国食品安全法》第一百四十八条的规定进行赔偿，因经营企业不属于明知的情形，我局不予支持。"原告不服，向法院提起诉讼，请求：①确认被告作出的《关于对湖北益丰济阳堂大药房连锁有限公司文化街店销售芦荟沙参清火茶产品的回复》违法；②撤销被告作出的关于湖北益丰济阳堂大药房连锁有限公司文化街店违法销售芦荟沙参清火茶产品的行政决定；③责令被告对原告的投诉举报请求重新作出处理；④判决被告迳付原告诉讼费用。

 裁判结果

驳回原告周某的起诉。

 案件评析

本案争议的焦点在于原告周某不服松滋食药监局作出的回复及行政决定而提起行政诉讼，其是否具有诉讼主体资格。

原告周某短时间内在各药店反复购买同种类产品，然后批量向被告松滋食药监局投诉举报，进而对回复批量行使诉讼权利，不仅其主观上具有滥用诉讼权利的明显故意，而且其真实目的并不在于维护已受损害的自身的合法权益，而是欲获取赔偿及奖励等不当利益。食品药品监督管理部门受理其举报后进行的调查处理活动，均是为了保证食品安全、保障不特定的公众身体健康而履行监管职责的行为,无论食品药品监督管理部门对举报事项及被举报人作出何种处理,均不会对原告的权利义务产生实际影响,故原告在本案中不属于《中华人民共和国行政诉讼法》第二十五条第一款规定的"其他与行政行为有利害关系的公民",即其不具备行政诉讼原告资格。法院裁定驳回原告周某的起诉并无不当。

 法条链接

《中华人民共和国行政诉讼法》

第二十五条
行政行为的相对人以及其他与行政行为有利害关系的公民、法人或者其他组织,有权提起诉讼。
有权提起诉讼的公民死亡,其近亲属可以提起诉讼。
有权提起诉讼的法人或者其他组织终止,承受其权利的法人或者其他组织可以提起诉讼。
人民检察院在履行职责中发现生态环境和资源保护、食品药品安全、国有财产保护、国有土地使用权出让等领域负有监督管理职责的行政机关违法行使职权或者不作为,致使国家利益或者社会公共利益受到侵害的,应当向行政机关提出检察建议,督促其依法履行职责。行政机关不依法履行职责的,人民检察院依法向人民法院提起诉讼。

《最高人民法院关于适用〈中华人民共和国行政诉讼法〉的解释》

第十二条
有下列情形之一的,属于行政诉讼法第二十五条第一款规定的"与行政行为有利害关系":
(一)被诉的行政行为涉及其相邻权或者公平竞争权的;
(二)在行政复议等行政程序中被追加为第三人的;
(三)要求行政机关依法追究加害人法律责任的;
(四)撤销或者变更行政行为涉及其合法权益的;
(五)为维护自身合法权益向行政机关投诉,具有处理投诉职责的行政机关作出或者未作出处理的;
(六)其他与行政行为有利害关系的情形。

第五节 行政诉讼被告资格

行政诉讼的被告是指被原告起诉指控侵犯其行政法上的合法权益和与之发生行政争议,而由人民法院通知应诉的行政主体。必须明确,行政诉讼的被告不是行政机关的工作人员,而是行政机关本身。在行政诉讼中,行政主体始终作为被告,这是行政诉讼的一大特点。根据行政诉讼法和最高院有关司法解释的规定,行政主体作被告的情况主要有以下几种:①作出具体行政行为的行政机关作被告;②改变原具体行政行为的复议机关作被告;③由法律、法规授权的组织所作的具体行为,该组织是被告;④委托某一组织作出具体行政行为的,委托的行政机关是被告;⑤行政机关的内设机构、派出机构作出具体行政行为的,该行政机关是被告;⑥行政机关被撤销的,继续行使其职权的行政机关是被告。

案例 25

原告镇江市某房地产开发有限公司诉被告镇江市自然资源和规划局、江苏省自然资源厅行政复议案

案号:〔2021〕苏 1111 行初 18 号

案件简介

2012 年 4 月 6 日,原告镇江市某房地产开发有限公司(以下简称镇江某公司)领取"彩虹城二期"地下车库建设工程规划许可证(副本)。因该建设工程规划许可证部分所在土地使用权已由法院强制拍卖,且万晟公司已办理了该宗土地权属过户登记手续。万晟公司于 2020 年 6 月 15 日向被告镇江市自然资源和规划局(以下简称市自规局)申请变更该许可中位于其土地权属范围内的建设单位及建设内容。被告市自规局于 2020 年 8 月 26 日作出案涉变更许可决定,同意万晟公司的变更申请。原告认为该决定侵害其合法权益,向被告江苏省自然资源厅(以下简称省资源厅)提起行政复议,被告省资源厅于 2020 年 12 月 8 日作出案涉复议决定,以案涉变更许可决定属于变更建设工程规划许可前的过程性行为,付诸实施需经过建设工程规划许可,对外产生实际影响并最终发生法律效力的具体行政行为是建设工程规划许可,故案涉变更许可决定不具有可复议性,不属于行政复议受理范围为由,驳回申请人的行政复议申请。原告仍不服,遂将两被告诉

至法院,请求法院判令撤销被告市自规局作出的案涉变更许可决定;同时驳回万晟公司关于变更"彩虹城二期"地下车库建设工程规划许可证(副本)的申请。

因原告镇江某公司在本案中起诉的被告不符合法律规定,法院于2021年2月20日向其邮寄书面释明函,要求原告镇江某公司在规定时间内向法院提交变更被告的书面材料,原告镇江某公司未在规定时间内向法院提交。

裁判结果

驳回原告镇江某公司的起诉。

案件评析

《中华人民共和国行政诉讼法》第二十六条第二款规定:"经复议的案件,复议机关决定维持原行政行为的,作出原行政行为的行政机关和复议机关是共同被告;复议机关改变原行政行为的,复议机关是被告。"《最高人民法院关于适用〈中华人民共和国行政诉讼法〉的解释》第一百三十三条规定:"行政诉讼法第二十六条第二款规定的'复议机关决定维持原行政行为',包括复议机关驳回复议申请或者复议请求的情形,但以复议申请不符合受理条件为由驳回的除外。"本案中,被告省资源厅系以行政复议申请不属于行政复议受理范围为由驳回原告镇江某公司的复议申请,不属于复议机关决定维持原行政行为的情形,不能将原行政行为和复议机关作为共同被告。现原告将市自规局及省资源厅作为共同被告,不符合前述规定。另外,在法院书面释明之后,原告镇江某公司在规定时间内未向法院提交变更被告的书面材料,根据《最高人民法院关于适用〈中华人民共和国行政诉讼法〉的解释》第六十九条第一款第(三)项、第三款之规定,应裁定驳回其起诉。

法条链接

《中华人民共和国行政诉讼法》

第二十六条

公民、法人或者其他组织直接向人民法院提起诉讼的,作出行政行为的行政机关是被告。

经复议的案件,复议机关决定维持原行政行为的,作出原行政行为的行政机关和复议机关是共同被告;复议机关改变原行政行为的,复议机关是被告。

复议机关在法定期限内未作出复议决定,公民、法人或者其他组织起诉原行政行为的,作出原行政行为的行政机关是被告;起诉复议机关不作为的,复议机关是被告。

两个以上行政机关作出同一行政行为的,共同作出行政行为的行政机关是共同被告。

行政机关委托的组织所作的行政行为,委托的行政机关是被告。

行政机关被撤销或者职权变更的,继续行使其职权的行政机关是被告。

《最高人民法院关于适用〈中华人民共和国行政诉讼法〉若干问题的解释》

第一百三十三条

行政诉讼法第二十六条第二款规定的"复议机关决定维持原行政行为",包括复议机关驳回复议申请或者复议请求的情形,但以复议申请不符合受理条件为由驳回的除外。

第六节 其他规范性文件的审查

所谓其他规范性文件,是规章以下的具有普遍约束力的行政决定、命令的总称。行政诉讼法没有对其他规范性文件在行政诉讼中的效力作出规定。其他规范性文件只是作为人民法院的参考。人民法院审理行政案件,以法律和行政法规、地方性法规为依据,参照规章。经审查认为其他规范性文件不合法的,不作为认定行政行为合法的依据。

案例 26

原告柏某诉被告金湖县农村合作医疗管理中心不履行法定职责案

案号:〔2017〕苏 0831 行初 6 号

 案件简介

> 2014 年 10 月 26 日,原告柏某参加了江苏省新型农村合作医疗并缴纳了费用。该合作医疗的有效补偿时间为 2015 年 1 月至 2015 年 12 月。2015 年 7 月 12 日下午,原告酒后驾驶电动自行车行驶至金湖县××大队境内时,因雨天路滑车辆撞到路边树上,原告摔倒受伤。受伤后,原告先后两次入住金湖县人民医院

进行治疗,两次治疗共支付医药费用合计172876.99元。治疗期间及出院后,原告就产生的医药费用曾向被告提出补偿申请,被告口头答复原告,认为原告系自身饮酒导致发生单方交通事故,属于金湖县人民政府金政规〔2015〕1号《关于印发〈金湖县新型农村合作医疗管理办法〉的通知》中限补范围第(七)项所列的不予补偿情形,即"由于打架、斗殴、酗酒、自杀、自残及交通事故(包括自伤)、工伤、医疗事故及有明确第三方责任的伤害等所发生的一切医药费用"。2016年7月12日,原告就该医药费用补偿问题对金湖县新型农村合作医疗管理委员会向法院提起民事诉讼,由于该案不属民事案件受案范围,2016年9月23日,原告向法院提出撤诉申请,法院裁定准予原告撤回起诉。2016年11月18日,原告就其产生的医药费用又通过邮政快递向金湖县新型农村合作医疗管理委员会提出补偿的书面申请,要求给付医药费用补偿121013.89元。被告仍未对原告的医药费用进行补偿,也未给予书面答复,原告遂提起行政诉讼。

另查明,被告金湖县农村合作医疗管理中心为事业单位法人,负责全县新型农村合作医疗费用审查、核算和兑付等具体业务工作,受金湖县新型农村合作医疗管理委员会领导。《关于印发〈金湖县新型农村合作医疗管理办法〉的通知》(金政规〔2015〕1号)为金湖县人民政府于2015年1月12日制定,从2015年2月1日起施行。《江苏省新型农村合作医疗条例》由江苏省人民代表大会常务委员会制定,于2011年6月1日起施行。

裁判结果

一、撤销被告金湖县农村合作医疗管理中心对原告柏某作出的医药费用不予补偿的口头答复。二、责令被告金湖县农村合作医疗管理中心于本判决发生法律效力之日起三十个工作日内对原告柏某的申请重新作出补偿决定。

案件评析

《江苏省新型农村合作医疗条例》第七条规定,统筹地区设立的新型农村合作医疗经办机构,负责新型农村合作医疗的日常运行服务、业务管理和基金会计核算等具体业务工作。被告作为承办本县新型农村合作医疗兑付业务的事业单位法人,负有审核、兑付本行政区域内新型农村合作医疗补偿费用的职责,是本案的适格被告。根据《中华人民共和国行政诉讼法》第六十三条第一款、第三款规定,人民法院审理行政案件,以法律和行政法规、地方性法规为依据,或者参照规章。《江苏省新型农村合作医疗条例》第二十九条规定:"参加人因门诊和住院发生的医药费用,由新型农村合作医疗基金按照补偿方案给予补偿。有下列情形之一的,医药费用不纳入新型农村合作医疗基金补偿范围:(一)使用的药品或者诊疗项目未列入新型农村合作医疗报销药物目录或者诊疗项目目录的,但实行按病种定额付费的除外;(二)按照规定应当由工伤或者生育保险基金支付医药费用的;(三)应当由第三人负担医药费用的;(四)应当由公共卫生负担的;(五)境外就医的;(六)因故意犯罪造成自身伤害发生医药费用的;(七)因美容、整形等非基本医疗需要发生医药费用的;(八)国家和省规定不予补偿的其他情形。"本案中,原告酒后驾驶电动自行车发生单方交通事故受伤住院所产生的医药费用,并不属该条例不予补偿的范围。被告也未能提供国家和省规定对饮酒和单方交通事故所产生的医药费用不予补偿的政策依据。因此,原告要求被告对其医药费用进行补偿,符合该条例规定的条件。但被告却根据金湖县人民政府《关于印发〈金湖县新型农村合作医疗管理办法〉的通知》(金政规〔2015〕1号)中关于"酗酒、交通事故及有明确第三方责任的伤害等所发生的一切医药费用"属限补范围,不予补偿的规定,以原告系饮酒后导致自身发生交通事故产生的医药费用属限补范围为由,对原告的申请答复不予补偿。经审查,金湖县人民政府上述规范性文件中有关限补范围的规定与《江苏省新型农村合作医疗条例》中限补范围相比较,扩大了限补范围,即增设了酗酒、交通事故等限补条件,缩小了新型农村合作医疗参加人享有的补偿权利范围,与条例的规定不一致。根据《中华人民共和国行政诉讼法》第六十四条的规定精神,金湖县人民政府《关于印发〈金湖县新型农村合作医疗管理办法〉的通知》(金政规〔2015〕1号)依法不能作为认定被诉的新型农村合作医药费用补偿行为合法性的依据。因此,被告以原告系饮酒后导致自身发生单方交通事故,医药费用不在补偿范围内为由,口头答复原告不予补偿的行为缺乏法律依据。被告应当依法对原告的医药费用补偿申请进行审核、兑付。

综上所述,被告对原告的申请作出不予补偿答复的行政行为缺乏法律依据,依法应予纠正。原告受伤所产生的医药费用应属新型农村合作医疗补偿范围,考虑到原告医药费用的补偿涉及所用药品及治疗项目的审核、补偿比例及补偿金额的计算等,尚需被告核实后依法规和政策规定确定补偿的金额。故法院作出上述判决。

 法条链接

《中华人民共和国行政诉讼法》

第六十三条

人民法院审理行政案件,以法律和行政法规、地方性法规为依据。地方性法规适用于本行政区域内发生的行政案件。

人民法院审理民族自治地方的行政案件,并以该民族自治地方的自治条例和单行条例为依据。

人民法院审理行政案件,参照规章。

第六十四条

人民法院在审理行政案件中,经审查认为本法第五十三条规定的规范性文件不合法的,不作为认定行政行为合法的依据,并向制定机关提出处理建议。

第七十条

行政行为有下列情形之一的,人民法院判决撤销或者部分撤销,并可以判决被告重新作出行政行为:

(一)主要证据不足的;

(二)适用法律、法规错误的;

(三)违反法定程序的;

(四)超越职权的;

(五)滥用职权的;

(六)明显不当的。

第七节 行政行为合法性审查

人民法院审理行政案件,对行政行为是否合法进行审查,无权判决指令行政机关作出有利于原告的行政行为。

案例 27

原告杨某诉被告三穗县国土资源局不履行法定职责案

案号:〔2017〕黔 2625 行初 29 号

 案件简介

> 原告杨某于 2003 年取得三穗县八弓镇界牌村六公井杨某砂石场采矿许可证,证到期后于 2013 年 12 月 18 日获得三穗县国土资源局准予延续的批准,有效期自 2013 年 10 月 30 日至 2014 年 12 月 31 日。2014 年 3 月 10 日,杨某与周某合伙成立三穗县八弓镇界牌村六公井杨某砂石场普通合伙企业,并领取了注册号为 522624000070248 的营业执照,以杨某为执行事务合伙人双方联合进行采矿。原告在采矿许可证有效期届满之前,向被告申请延期,被告作出《关于三穗县八弓镇界牌村六公井杨某砂石场申请延续登记的复函》,原告不服,要求撤销该复函,法院作出〔2015〕镇行初字第 00044 号行政判决,撤销了被告的复函。被告在判决

生效后,未向原告颁发新的采矿许可证,原告遂诉至法院,请求法院判令被告对原告的采矿许可证进行延期。

　　法院释明:"原告要求法院直接判决被告对原告的采矿许可证进行延期的诉讼请求,超越了行政审判权限范围",但原告仍坚持此诉讼请求。

 裁判结果

驳回原告杨某的起诉。

 案件评析

　　本案系原告向被告申请对其采矿许可证进行延期,而被告逾期未作出是否准予延期的决定,原告请求法院判令被告对原告的采矿许可证进行延期。根据《中华人民共和国行政诉讼法》第六条之规定,人民法院审理行政案件,对行政行为是否合法进行审查。在行政不作为案件中,法院仅能对被告不作出行政许可决定的行为是否构成行政不作为进行审查,因此,原告提出的要求法院直接判决被告对原告的采矿许可证进行延期的诉讼请求,超越了行政审判权限范围。法院已就原告诉讼请求存在的问题向原告进行了释明,但原告仍坚持此诉讼请求,故法院依法驳回原告杨某的起诉。

 法条链接

《中华人民共和国行政诉讼法》

第六条
人民法院审理行政案件,对行政行为是否合法进行审查。
第十二条
人民法院受理公民、法人或者其他组织提起的下列诉讼:
(一)对行政拘留、暂扣或者吊销许可证和执照、责令停产停业、没收违法所得、没收非法财物、罚款、警告等行政处罚不服的;
(二)对限制人身自由或者对财产的查封、扣押、冻结等行政强制措施和行政强制执行不服的;
(三)申请行政许可,行政机关拒绝或者在法定期限内不予答复,或者对行政机关作出的有关行政许可的其他决定不服的;
(四)对行政机关作出的关于确认土地、矿藏、水流、森林、山岭、草原、荒地、滩涂、

海域等自然资源的所有权或者使用权的决定不服的;

(五)对征收、征用决定及其补偿决定不服的;

(六)申请行政机关履行保护人身权、财产权等合法权益的法定职责,行政机关拒绝履行或者不予答复的;

(七)认为行政机关侵犯其经营自主权或者农村土地承包经营权、农村土地经营权的;

(八)认为行政机关滥用行政权力排除或者限制竞争的;

(九)认为行政机关违法集资、摊派费用或者违法要求履行其他义务的;

(十)认为行政机关没有依法支付抚恤金、最低生活保障待遇或者社会保险待遇的;

(十一)认为行政机关不依法履行、未按照约定履行或者违法变更、解除政府特许经营协议、土地房屋征收补偿协议等协议的;

(十二)认为行政机关侵犯其他人身权、财产权等合法权益的。

除前款规定外,人民法院受理法律、法规规定可以提起诉讼的其他行政案件。

第八节 对行政行为合法性进行审查

人民法院审理行政案件,如何对行政行为合法性进行审查?人民法院审查行政行为的合法性一般从两个方面进行:一要看行政行为是否符合程序要件,包括行政机关是否具备法定的职责权限、作出的行政行为是否遵循了法定的步骤和程序等;二要看行政行为是否符合实体要件,包括作出行政行为所依据的事实是否清楚、证据是否充分、内容是否合法适当等。

案例 28

原告北京年糕杨工贸有限公司诉被告北京市朝阳区食品药品监督管理局行政处罚案

案号:〔2018〕京 0105 行初 377 号

 案件简介

原告的工商注册地位于北京市大兴区,第三人的实际经营地位于北京市朝阳区。2017 年 6 月 6 日,北京市食品药品监督管理局收到案外人邮寄的举报信,举报第三人所经营的原告于 2017 年 5 月 4 日生产的 260 克/袋"年糕杨红豆粽子"(真空包装混合类)标签上标注"营养成分表"中营养素参考值(NRV%)标示 1%

的信息不真实、不准确,违反了相关规定。被告于次日收到后作出举报登记表予以登记并于 2017 年 6 月 14 日作出立案审批表决定予以立案。2017 年 6 月 23 日,被告对第三人进行了现场检查并制作现场检查笔录,载明:在食品销售区及库房未发现有举报人所举报规格为 260 克/袋的"年糕杨红豆粽子",产品标识营养成分表中标示钠为 9 毫克,大于规定的"0"界限值 5 毫克。第三人对举报人提交的"年糕杨红豆粽子"照片、购物小票照片打印件等证据进行了确认,无异议。2017 年 6 月 26 日,被告向大兴区食药局发出 400065 号协查函,大兴区食药局于 2017 年 7 月 3 日向被告作出《关于协查北京年糕杨工贸有限公司相关事宜的复函》,并附相关材料。2017 年 7 月 27 日,被告对第三人进行询问并制作询问调查笔录,第三人对被举报产品照片、购物小票照片进行了核对,确认为其所出具。第三人向被告提交了营业执照(副本)、食品流通许可证(副本)。2017 年 8 月 15 日,被告向大兴区食药局发出 400115 号协查函,大兴区食药局于 2017 年 8 月 28 日作出复函并附相关材料。2017 年 9 月 12 日,被告对第三人进行询问并制作询问调查笔录,第三人提交了销售记录说明及原告的营业执照(副本)、食品生产许可证(副本)。2017 年 9 月 18 日,被告经审批决定延期办理三十个工作日。2017 年 10 月 27 日,被告再次对第三人进行询问并制作询问调查笔录。2017 年 11 月 7 日,经被告局长办公会讨论决定,延期办理九十个工作日。2017 年 12 月 11 日,被告对第三人进行询问并制作询问调查笔录,第三人向被告提交了由原告委托检测、关于被举报产品的《北京市海淀区疾病预防控制中心检测报告》。

2018 年 1 月 16 日,被告对第三人进行询问并制作询问调查笔录,第三人向被告提交了北京年糕杨工贸有限公司销售单。同日,被告向大兴区食药局发出 400016 号协助调查函。大兴区食药局于 2018 年 1 月 29 日作出复函并附相关材料。2018 年 3 月 8 日,被告对第三人进行询问并制作询问调查笔录,第三人向被告提交了销售记录、联营专柜进货到结账的流程。同日,被告对第三人作出行政处罚事先告知书,告知拟作出的行政处罚和陈述、申辩权利,第三人于当日签收送达回执。2018 年 3 月 14 日,被告制作案件调查终结报告并于同日进行案件合议制作案件合议记录,拟给予第三人行政处罚,并向第三人告知。第三人于当日向被告表示接受处罚,不陈述,不申辩。2018 年 3 月 26 日,被告经审批,作出被诉处罚决定书,认定第三人经营的"年糕杨红豆粽子"(真空包装混合类)上标示了虚假的钠的 NRV‰,第三人存在经营标签含有虚假内容的食品的违法行为,决定对第三人没收违法所得 628 元,罚款 23000 元。同时,向第三人作出责令改正通知书,责令其立即改正经营标签含有虚假内容的食品的违法行为。被告于当日将处罚决定书、责令改正通知书及北京市非税收入一般缴款书向第三人送达。原告不服,遂诉至法院,请求撤销被告作出的行政处罚决定书。

裁判结果

驳回原告的诉讼请求。

 案件评析

本案首先需要解决一个争议焦点，即原告是否具备提起本次行政诉讼的原告主体资格。

《中华人民共和国行政诉讼法》第二十五条第一款规定："行政行为的相对人以及其他与行政行为有利害关系的公民、法人或者其他组织，有权提起诉讼。"因此，可能受到行政行为侵害并具备提起行政诉讼原告主体资格的不仅限于直接相对人，也包括相对人以外与行政行为存在"利害关系"的公民、法人或其他组织。"利害关系"是指可能受到行政行为的不利影响，具体考虑以下三个要素：是否存在一项权利；该权利是否属于原告的主观权利；该权利是否可能受到了被诉行政行为的侵害。本案中，被告作出行政处罚决定所认定的案涉商品系原告所生产，认定的违法事实为产品标签含有虚假内容，而食品药品监督管理部门对涉及经营标签违法行为的处罚行为属于行政法规调整范畴，虽然行政处罚决定并非直接针对原告作出，但从处罚案涉商品标识的生产商及案涉处罚决定认定违法行为的内容看，显然存在一项权利且它属于原告的主观权利。从被诉行政处罚决定对原告权利的影响而言，被诉行政处罚决定直接对案涉产品经营标签存在违法性予以认定，此种认定对于作为产品生产者的原告而言势必产生不利影响，既对原告和第三人之间的民事法律关系产生影响，如原告实际负担了处罚罚款，又对原告生产和出售案涉产品的行政法律关系产生影响，如影响原告所在地食品药品监督行政主管部门针对生产环节中相应违法行为作出认定。从食品安全或商品经营的角度看，也会对原告的品牌形象或企业经营产生一定影响。同时，食品生产和销售的安全性和规范性也是直接涉及民生问题的事项，在行政处罚决定的行政相对人不提出异议或不提起诉讼的情况下，赋予生产者相应的原告主体资格符合权利救济的一般规制和"利害关系"的一般要素，因此，原告作为案涉产品的生产商具备提起本次行政诉讼的原告主体资格。

依据《中华人民共和国行政诉讼法》第六条的规定，人民法院审理行政案件，对行政行为是否合法进行审查。本案被诉行政行为系被告作出的行政处罚决定，因此法院从行政处罚决定作出的法定职权、认定事实、执法程序、法律适用及裁量权运用是否得当等方面对行政行为的合法性进行了全面审查，审查结论及具体理由分述如下。

（1）被告具有作出行政处罚决定的法定职权。

《中华人民共和国食品安全法》第六条第二款规定："县级以上地方人民政府依照本法和国务院的规定，确定本级食品安全监督管理、卫生行政部门和其他有关部门的职责。有关部门在各自职责范围内负责本行政区域的食品安全监督管理工作。"本案违法行为发生地位于本市某区，因此被告作为食品药品监督行政主管部门具有作出被诉行政处罚决定的法定职权。

(2)被告作出行政处罚决定认定事实清楚。

根据《预包装食品营养标签通则》问答 28050 中"某营养成分的 NRV％ 不足 1％ 时如何标示"的规定：当某营养成分含量小于或等于"0"界限值时，应按照本标准表 1 中"0"界限值的规定，含量值标示为"0"，NRV％ 也标示为 0％。当某营养成分的含量大于"0"界限值，但 NRV％ 小于 1％ 时，则应根据 NRV 的计算结果四舍五入取整，如计算结果小于 0.5％，标示为 0％，计算结果大于或等于 0.5％ 但小于 1％，则标示为 1％。本案中，案涉产品标识营养成分表中标示钠为 9 毫克，大于规定的"0"界限值 5 毫克。依据前述规定计算营养素参考值为 0.45％，小于 1％。故按照问答规定，根据 NRV 计算结果四舍五入取整，应标示为 0％，而案涉产品标识中实际标示为 1％，违反前述规定。原告对此认定亦表示没有异议，故被告对案涉产品违法事实的认定清楚。

(3)被告的行政执法程序符合法定程序要求。

本案中，被告在实施行政处罚过程中，履行了立案、询问、调查等程序，调取、收集了相应证据，在作出行政处罚决定前，听取了第三人的意见并制作了陈述申辩笔录，保障了行政相对人的陈述、申辩权，经案件合议和讨论作出行政处罚决定，将处罚决定书向第三人予以送达，被告作出行政处罚决定的行政程序符合法律规定。

(4)被告作出的行政处罚决定法律适用正确，处罚幅度适当。

依据《中华人民共和国食品安全法》第一百二十五条第一款第(二)项的规定，生产经营无标签的预包装食品、食品添加剂或者标签、说明书不符合本法规定的食品、食品添加剂的，由县级以上人民政府食品安全监督管理部门没收违法所得和违法生产经营的食品、食品添加剂，并可以没收用于违法生产经营的工具、设备、原料等物品；违法生产经营的食品、食品添加剂货值金额不足一万元的，并处五千元以上五万元以下罚款。第二款规定："生产经营的食品、食品添加剂的标签、说明书存在瑕疵但不影响食品安全且不会对消费者造成误导的，由县级以上人民政府食品安全监督管理部门责令改正；拒不改正的，处二千元以下罚款。"基于上述规定，被告作出的行政处罚决定法律适用正确，处罚幅度并无明显不当。

综上分析，故法院驳回原告的讼请求。

 法条链接

《中华人民共和国行政诉讼法》

第二条

公民、法人或者其他组织认为行政机关和行政机关工作人员的行政行为侵犯其合法权益，有权依照本法向人民法院提起诉讼。

前款所称行政行为，包括法律、法规、规章授权的组织作出的行政行为。

第六条

人民法院审理行政案件,对行政行为是否合法进行审查。

第二十五条第一款

行政行为的相对人以及其他与行政行为有利害关系的公民、法人或者其他组织,有权提起诉讼。

第九节 行政行为程序轻微违法

行政行为程序轻微违法,但对原告权利不产生实际影响的,人民法院判决确认违法,但不撤销行政行为。

案例 29

原告沈某诉被告宁德市公安局蕉城分局行政处罚案

案号:〔2015〕宁行终字第 85 号

 案件简介

2014 年 9 月 22 日 0 时 30 分许,原告沈某与陈某等人在宁德市东侨经济技术开发区万达嘉华酒店××房间内吸食毒品被宁德市公安局飞鸾派出所查获。民警刘某、王某用胶体金法对原告进行尿液检测,原告尿液检测结果中甲基安非他明试剂检测呈阳性。但在现场检测报告书上,民警王某没有署名,而由被告单位其他工作人员署名"李某"。被告对原告沈某及陈某等人进行了询问、调查,并履行了权利义务告知、处罚告知、集体研究等程序,于 2014 年 9 月 23 日作出宁蕉公(飞边)行罚决字〔2014〕01007 号行政处罚决定,根据《中华人民共和国治安管理处罚法》第七十二条第(三)项之规定,决定对沈某处以行政拘留十二日。原告不服,申请行政复议。2015 年 2 月 4 日,宁德市人民政府作出宁政行复〔2014〕第 48 号行政复议决定书,维持了被告作出的上述行政处罚决定。原告不服,向法院起诉,请求撤销被告作出的行政处罚决定。

 裁判结果

确认被告宁德市公安局蕉城分局作出的宁蕉公(飞边)行罚决字〔2014〕01007 号

行政处罚决定违法。

案件评析

本案被告作出的行政行为存在程序轻微违法。

《中华人民共和国禁毒法》第三十二条第一款规定:"公安机关可以对涉嫌吸毒的人员进行必要的检测,被检测人员应当予以配合;对拒绝接受检测的,经县级以上人民政府公安机关或者其派出机构负责人批准,可以强制检测。"因此,被告作为县级公安机关有权对原告进行现场检测。被告单位民警刘某、王某对原告进行了尿液现场检测,并向原告告知了检测结果,原告在该现场检测报告书上也进行了签字及指纹确认,结合陈某等人的询问笔录,可以证实原告实施了吸食毒品的违法行为。《吸毒检测程序规定》第九条第一款规定:"现场检测应当出具检测报告,由检测人签名,并加盖检测的公安机关或者其派出机构的印章。"被告民警王某作为检测人没有在现场检测报告书上签名,系程序轻微违法,但被告对原告违法行为作出的行政处罚认定事实清楚,适用法律正确,因此其程序轻微违法对原告权利不产生实际影响,根据《中华人民共和国行政诉讼法》第七十四条第一款第(二)项之规定,应当确认被告作出的行政处罚决定违法,但不予撤销。原告主张撤销被告作出的行政处罚决定,没有事实和法律依据。故法院判决确认被告作出的行政处罚决定违法。

法条链接

《中华人民共和国行政诉讼法》

第七十四条
行政行为有下列情形之一的,人民法院判决确认违法,但不撤销行政行为:
(一)行政行为依法应当撤销,但撤销会给国家利益、社会公共利益造成重大损害的;
(二)行政行为程序轻微违法,但对原告权利不产生实际影响的。
行政行为有下列情形之一,不需要撤销或者判决履行的,人民法院判决确认违法:
(一)行政行为违法,但不具有可撤销内容的;
(二)被告改变原违法行政行为,原告仍要求确认原行政行为违法的;
(三)被告不履行或者拖延履行法定职责,判决履行没有意义的。

《中华人民共和国禁毒法》

第三十二条
公安机关可以对涉嫌吸毒的人员进行必要的检测,被检测人员应当予以配合;对拒绝接受检测的,经县级以上人民政府公安机关或者其派出机构负责人批准,可以强制检测。

公安机关应当对吸毒人员进行登记。

《吸毒检测程序规定》

第三条

吸毒检测分为现场检测、实验室检测、实验室复检。

第九条

现场检测应当出具检测报告,由检测人签名,并加盖检测的公安机关或者其派出机构的印章。

现场检测结果应当当场告知被检测人,并由被检测人在检测报告上签名。被检测人拒不签名的,公安民警应当在检测报告上注明。

《中华人民共和国治安管理处罚法》

第七十二条

有下列行为之一的,处十日以上十五日以下拘留,可以并处二千元以下罚款;情节较轻的,处五日以下拘留或者五百元以下罚款:

(一)非法持有鸦片不满二百克、海洛因或者甲基苯丙胺不满十克或者其他少量毒品的;

(二)向他人提供毒品的;

(三)吸食、注射毒品的;

(四)胁迫、欺骗医务人员开具麻醉药品、精神药品的。

第十节 调解

虽然人民法院审理行政案件不适用调解,但是行政赔偿、补偿以及行政机关行使法律、法规规定的自由裁量权的案件可以调解。调解应当遵循自愿、合法原则,不得损害国家利益、社会公共利益和他人合法权益。

案例 30

原告朱某诉被告连州市住房和城乡建设局行政赔偿案

案号:〔2019〕粤 1803 行初 484 号

案件简介

2019年8月5日,原告朱某通过满运宝APP接受运输生活垃圾的订单,驾驶车牌为赣C*****的重型半挂牵引车和车牌为赣C22**的重型平板自卸半挂车,从广东省中山市三角镇装载一车生活垃圾,于2019年8月6日运抵至连州市西江镇羊子山附近,停放两日后于2019年8月8日准备用挖掘机倾倒生活垃圾时,被当地群众及时制止。

连州市城市建设管理监察大队的执法人员接到举报后展开调查。经现场拍照、制作现场检查笔录后,执法人员依据《中华人民共和国行政处罚法》第三十七条第二款的规定,于2019年8月8日制作编号为0010632的先行登记保存证据通知书,决定将案涉车辆作为证据予以先行登记保存,并将案涉车辆存放在连州市城北小学东侧工地。2019年8月16日,被告向原告朱某出具连住建清市容扣决〔2019〕01号扣押决定书,决定扣押案涉车辆30日,并填写了扣押物品清单。2019年9月16日,被告出具连住建清市容解押决〔2019〕01号解除扣押强制措施决定书,解除对案涉车辆的扣押。原告朱某取车时发现案涉车辆上的两块电池以及油箱里剩余的大半箱柴油被盗,遂作报警处理。

被告调查终结后,于2019年8月16日、19日分别向原告发放连城管罚告〔2019〕166号行政处罚意见告知书和连城管罚听告〔2019〕166号行政处罚听证告知书,告知其拟作出50000元的处罚及事实、理由、依据,以及原告享有的权利。随后原告朱某提出了听证要求。同年9月10日,被告举行听证会,听取了原告朱某的意见。2019年9月23日,被告作出连城管罚决〔2019〕166号行政处罚决定书,认定原告朱某存在将市外垃圾偷运至连州市西江镇羊子山附近欲进行倾倒、填埋,因被及时制止,未形成倾倒、填埋的结果的行为,违反了《清远市城市市容和环境卫生管理条例》第三十一条第二款的规定。被告遂依据《清远市城市市容和环境卫生管理条例》第三十一条第四款、《中华人民共和国行政处罚法》第二十七条第一款第(四)项的规定,决定对原告朱某处以罚款30000元,同时告知了当事人履行行政处罚决定的方式和期限及申请复议和诉讼的权利。原告不服上述处罚,向法院提起行政诉讼,请求:①确认被告作出的连城管罚决〔2019〕166号行政处罚决定书违法并依法予以撤销;②被告向原告赔偿赣C*****号重型半挂牵引车、赣C22***重型平板自卸半挂车被扣押期间的损失合计78700元,其中被盗车辆两块电池及电池配件损失4180元、被盗柴油损失1820元、停运损失72700元(1800元/天×39天+扣押期间保险费2500元);③由被告承担本案诉讼费用。

另查明,原告朱某拟证明受托运输而手持的连州市连洁环保有限公司接收函,经连州市连洁环保有限公司证实,是伪造的。

庭审中,对案涉车辆电池以及柴油被盗问题,双方达成协议,被告同意赔偿柴油及电池配件的损失5090元给原告朱某。

裁判结果

一、被告连州市住房和城乡建设局赔偿柴油及电池配件的损失5090元给原告朱某。二、驳回原告朱某的其他诉讼请求。

 案件评析

本案焦点问题有如下三个:其一,被告连州市住房和城乡建设局作出的案涉行政处罚决定书是否合法;其二,对案涉车辆电池以及柴油被盗的损失,原被告双方达成调解协议是否合法;其三,原告提出的其他行政赔偿请求应否支持。

关于第一个问题,《中华人民共和国固体废物污染环境防治法》第二十三条规定:"转移固体废物出省、自治区、直辖市行政区域贮存、处置的,应当向固体废物移出地的省、自治区、直辖市人民政府环境保护行政主管部门提出申请。移出地的省、自治区、直辖市人民政府环境保护行政主管部门应当商经接受地的省、自治区、直辖市人民政府环境保护行政主管部门同意后,方可批准转移该固体废物出省、自治区、直辖市行政区域。未经批准的,不得转移。"第三十九条规定:"县级以上地方人民政府环境卫生行政主管部门应当组织对城市生活垃圾进行清扫、收集、运输和处置,可以通过招标等方式选择具备条件的单位从事生活垃圾的清扫、收集、运输和处置。"第四十条规定:"对城市生活垃圾应当按照环境卫生行政主管部门的规定,在指定的地点放置,不得随意倾倒、抛撒或者堆放。"第四十一条规定:"清扫、收集、运输、处置城市生活垃圾,应当遵守国家有关环境保护和环境卫生管理的规定,防止污染环境。"第四十九条规定:"农村生活垃圾污染环境防治的具体办法,由地方性法规规定。"《清远市城市市容和环境卫生管理条例》第五条规定:"本条例规定的行政处罚以及相关的行政强制措施,在实行城市管理综合执法的区域,依法由城市管理和综合执法部门实施;在未实行城市管理综合执法的区域,依法由相关行政主管部门实施。"第三十一条第二款规定:"禁止将市外垃圾偷运至本市倾倒、填埋。"根据以上法律、法规的规定,被告连州市住房和城乡建设局具有依据《清远市城市市容和环境卫生管理条例》的规定对各类违反城市规划管理的违法行为进行行政处罚以及采取相关行政强制措施的法定职责。本案中,原告朱某在没有取得"从事生活垃圾的清扫、收集、运输和处置"资格的情况下,明知运输的货物是生活垃圾,仍从广东省中山市跨区域运输至连州市西江镇羊子山堆放准备倾倒,而该地点并不是相关主管部门指定的生活垃圾处置地点,其行为明显违反上述法律、法规的规定,应该给予处罚。《清远市城市市容和环境卫生管理条例》第三十一条第四款规定:"违反第二款规定的,处五万元以上十万元以下罚款;构成犯罪的,依法追究刑事责任。"《中华人民共和国行政处罚法》第二十七条规定:"当事人有下列情形之一的,应当依法从轻或者减轻行政处罚:(一)主动消除或者减轻违法行为危害后果的;(二)受他人胁迫有违法行为的;(三)配合行政机关查处违法行为有立功表现的;(四)其他依法从轻或者减轻行政处罚的。违法行为轻微并及时纠正,没有造成危害后果的,不予行政处罚。"本案中,原告存在跨区域运输生活垃圾准备倾倒的行为,但因群众的制止没有倾倒成功,避免了造成严重污染的后果。被告经过听证程序,认为原告具有减轻行政处罚的情形,决定对其罚款 30000 元,这一做法并无不当。综上所述,被告作出的上述行政处罚决定书,认定事实清楚,适用法律、法规正确,程序合法。故原告请求撤销上述行政处罚决定书的主张,依据不足,理由不充分,法院不予支持。

关于第二个问题,《中华人民共和国行政强制法》第二十六条第一款规定:"对查封、扣押的场所、设施或者财物,行政机关应当妥善保管,不得使用或者损毁;造成损失的,应当承担赔偿责任。"《中华人民共和国行政诉讼法》第六十条规定:"人民法院审理行政案件,不适用调解。但是,行政赔偿、补偿以及行政机关行使法律、法规规定的自由裁量权的案件可以调解。调解应当遵循自愿、合法原则,不得损害国家利益、社会公共利益和他人合法权益。"本案中,被告在扣押期间没有妥善保管案涉车辆,造成车辆电池及柴油被盗,应当承担赔偿责任。双方为此达成了协议,符合法律规定。

关于第三个问题,《中华人民共和国国家赔偿法》第四条规定:"行政机关及其工作人员在行使行政职权时有下列侵犯财产权情形之一的,受害人有取得赔偿的权利:(一)违法实施罚款、吊销许可证和执照、责令停产停业、没收财物等行政处罚的;(二)违法对财产采取查封、扣押、冻结等行政强制措施的;(三)违法征收、征用财产的;(四)造成财产损害的其他违法行为。"第三十六条第(八)项规定"对财产权造成其他损害的,按照直接损失给予赔偿。"被告作出案涉先行登记保存证据通知书、扣押决定书,对案涉车辆予以先行登记保存和扣押,并未违反《中华人民共和国行政处罚法》第三十七条第二款"行政机关在收集证据时,可以采取抽样取证的方法;在证据可能灭失或者以后难以取得的情况下,经行政机关负责人批准,可以先行登记保存,并应当在七日内及时作出处理决定,在此期间,当事人或者有关人员不得销毁或者转移证据。"及《中华人民共和国行政强制法》第十七条第一款、第二款"行政强制措施由法律、法规规定的行政机关在法定职权范围内实施。行政强制措施权不得委托。依据《中华人民共和国行政处罚法》的规定行使相对集中行政处罚权的行政机关,可以实施法律、法规规定的与行政处罚权有关的行政强制措施。"及第二十五条"查封、扣押的期限不得超过三十日;情况复杂的,经行政机关负责人批准,可以延长,但是延长期限不得超过三十日。法律、行政法规另有规定的除外。"的规定,故原告朱某提出车辆被扣押期间停运损失的请求,缺乏事实依据和法律依据。

综上,法院作出上述判决。

法条链接

《中华人民共和国行政诉讼法》

第六十条

人民法院审理行政案件,不适用调解。但是,行政赔偿、补偿以及行政机关行使法律、法规规定的自由裁量权的案件可以调解。

调解应当遵循自愿、合法原则,不得损害国家利益、社会公共利益和他人合法权益。

第六十九条

行政行为证据确凿,适用法律、法规正确,符合法定程序的,或者原告申请被告履行法定职责或者给付义务理由不成立的,人民法院判决驳回原告的诉讼请求。

《中华人民共和国国家赔偿法》

第十五条

人民法院审理行政赔偿案件,赔偿请求人和赔偿义务机关对自己提出的主张,应当提供证据。

赔偿义务机关采取行政拘留或者限制人身自由的强制措施期间,被限制人身自由的人死亡或者丧失行为能力的,赔偿义务机关的行为与被限制人身自由的人的死亡或者丧失行为能力是否存在因果关系,赔偿义务机关应当提供证据。

 习题及答案

第四讲

行政处罚篇

　　行政处罚是指行政主体依照法定职权和程序对违反行政法规范、尚未构成犯罪的相对人给予行政制裁的具体行政行为。行政处罚的特征是：实施行政处罚的主体是作为行政主体的行政机关和法律、法规授权的组织；行政处罚的对象是实施了违反行政法律规范行为的公民、法人或其他组织；行政处罚的性质是一种以惩戒违法为目的、具有制裁性的具体行政行为。行政处罚的适用对象是作为行政相对方的公民、法人或其他组织，属于外部行政行为。这一点将它与行政处分区别开来。行政处分只能适用于行政机关的工作人员或其他由行政机关任命或管理的人员。行政处罚的前提是行政相对方实施了违反法律规范的行为，而非违反了刑法、民法等其他法律规范的行为。

第一节 其他处罚种类的设定

行政处罚的种类有：①警告；②罚款；③没收违法所得、没收非法财物；④责令停产停业；⑤暂扣或者吊销许可证、暂扣或者吊销执照；⑥行政拘留；⑦法律、行政法规规定的其他行政处罚。

法律、行政法规规定的其他行政处罚是指法律、法规可以在行政处罚法规定的处罚种类之外设定其他处罚种类。

2021年修订实施的《中华人民共和国行政处罚法》规定行政处罚的种类为：①警告、通报批评；②罚款、没收违法所得、没收非法财物；③暂扣许可证件、降低资质等级、吊销许可证件；④限制开展生产经营活动、责令停产停业、责令关闭、限制从业；⑤行政拘留；⑥法律、行政法规规定的其他行政处罚。

案例 31

原告王某诉被告龙里县城乡规划局、龙里县人民政府行政处罚案

案号：〔2017〕黔2701行初19号

 案件简介

2009年11月5日，贵州省人民政府作出黔府函〔2009〕223号《省人民政府关于龙里县县城总体规划的批复》，原则上同意《龙里县县城总体规划》确定的县城规划区、规划年限等各项指标，确定龙里县县城规划区为包含龙山镇、谷脚镇、麻芝乡和醒狮镇在内的行政辖区范围，总面积为472.5平方千米。原告王某原系醒狮镇小菁村村民，2013年行政区划调整后，原告王某所在小菁村划入谷脚镇行政区划范围。2016年1月1日，被告龙里县城乡规划局与龙里县城市管理局签订规划行政执法委托书，委托龙里县城市管理局对城市规划区和建制镇规划区范围内未取得有关规划许可，或者不按照城乡规划主管部门核发的规划许可及其附件、附图所确定的内容，以及其他违反城乡规划有关法律法规进行建设的行为进行管理，并进行行政执法，委托期限至2016年12月31日。

2016年9月9日，龙里县城市管理局工作人员吕某、李某巡查发现原告王某未经规划许可在小菁村沙冲组修建房屋，在进行调查核实和现场取证后，以被告龙里县城乡规划局名义作出龙城规限拆告字〔2016〕第522730453号限期拆除告

知书,认为原告王某未办理建设用地规划许可证、建设工程规划许可证等证件,在谷脚镇小箐村沙冲组修建房屋(违建面积约80平方米),违反了《中华人民共和国城乡规划法》第四十条、第六十四条的规定,责令原告于当日18时前自行拆除该违法建筑,逾期不拆除,将依法进行强制拆除。同时,该限期拆除告知书告知原告有权在收到告知书之日起一日内进行陈述和申辩。因原告王某拒绝签收,吕某、李某等人将限期拆除告知书留置送达并进行了摄像取证,见证人王某1、陈某签名见证。同年9月22日,被告作出龙城限拆决字〔2016〕第522730212号责令限期自行拆除违法建设决定书,认为原告在龙里县谷脚镇小箐村沙冲组修建房屋的行为,违反了《中华人民共和国城乡规划法》第四十条的规定,属违法建设,依照该法第六十四条、第六十八条的规定,责令原告于同年9月24日前自行拆除,逾期未拆除,将依法强制执行。同时,该责令限期自行拆除违法建设决定书还告知了原告申请行政复议及提起行政诉讼的救济权利和期限。原告不服,于2016年10月8日向被告龙里县人民政府申请行政复议,被告龙里县人民政府于2017年1月3日作出龙府行复决字〔2016〕第06号行政复议决定书,决定维持被告龙里县城乡规划局作出的上述责令限期自行拆除违法建设决定书。原告王某不服,于2017年2月8日向法院起诉,请求判决撤销被告龙里县城乡规划局作出的龙城限拆决字〔2016〕第522730212号责令限期自行拆除违法建设决定书,以及被告龙里县人民政府作出的龙府行复决字〔2016〕第06号行政复议决定书,诉讼费由被告负担。

裁判结果

驳回原告王某的诉讼请求。

案件评析

被告龙里县城乡规划局适用《中华人民共和国城乡规划法》第六十四条对原告王某作出的《责令限期自行拆除违法建设决定书》是否属于行政处罚的种类?

《中华人民共和国行政处罚法》第八条第(七)项规定,行政处罚的种类包括法律、行政法规规定的其他行政处罚。即法律、法规可以在行政处罚法规定的处罚种类之外设定其他处罚种类。《中华人民共和国城乡规划法》第六十四条规定:"未取得建设工程规划许可证或者未按照建设工程规划许可证的规定进行建设的,由县级以上地方人民政府城乡规划主管部门责令停止建设;尚可采取改正措施消除对规划实施的影响的,限期改正,处建设工程造价百分之五以上百分之十以下的罚款;无法采取改正措施消除影响的,限期拆除,不能拆除的,没收实物或者违法收入,可以并处建设工程造价百分之十以下的罚款。"该部法律已将限期拆除规定为行政处罚。《中华人民共和国城乡规划法》属于法律,可以设定"限期拆除违法建设"作为行政处罚的种类,故被告龙里县城乡规划局依法适用《中华人民共和国城乡规划法》第六十四条对原告王某作出的责令限期自行拆除违法建设决定书,适用法律并无错误。

被告作出的行政行为证据确凿,适用法律、法规正确,符合法定程序,故法院判决驳回原告王某的诉讼请求。

 法条链接

《中华人民共和国行政处罚法》

第八条(2021年7月15日施行后为第九条)
行政处罚的种类:
(一)警告;
(二)罚款;
(三)没收违法所得、没收非法财物;
(四)责令停产停业;
(五)暂扣或者吊销许可证、暂扣或者吊销执照;
(六)行政拘留;
(七)法律、行政法规规定的其他行政处罚。

第九条(2021年版)
行政处罚的种类:
(一)警告、通报批评;
(二)罚款、没收违法所得、没收非法财物;
(三)暂扣许可证件、降低资质等级、吊销许可证件;
(四)限制开展生产经营活动、责令停产停业、责令关闭、限制从业;
(五)行政拘留;
(六)法律、行政法规规定的其他行政处罚。

第二节 其他规范性文件不得设定行政处罚

其他规范性文件主要包括:无法律或者地方性法规制定权的国家权力机关制定的规范性文件,无行政法规或者规章制定权的行政机关制定的具有普遍约束力的决定、命令,军事机关、审判机关、检察机关的规范性文件,社会团体、行业组织的章程,政党文件等。上述规范性文件的性质不能设定公民、组织的义务,因此,不得设定行政处罚。

法律、法规或者规章以外的规范性文件,虽然不能设定行政处罚,但可以在上一层法律规范赋予的自由裁量权范围内,对行政处罚的种类、幅度作出具体的规定。

案例 32

原告徐某诉被告修水县畜牧水产局行政处罚案

案号:〔2017〕赣 0425 行初 10 号

案件简介

2017 年 7 月 12 日,修水县畜禽屠宰监督管理执法大队在对古市镇生猪市场检查时,查获原告徐某用敞篷农用车从大桥镇生猪定点屠宰场贩运猪肉产品到古市镇市场进行批发销售,涉嫌跨区域销售生猪产品。被告经过立案审批、询问、现场勘验程序后扣押原告猪肉产品,附有查封(扣押)物品通知书,清单显示原告的鲜猪肉有 185.7 公斤,并向原告下达行政处罚事先告知书,告知原告处罚决定和其享有的陈述、申辩、听证权利。2017 年 7 月 14 日,修水县畜禽屠宰监督管理执法大队将所扣押的猪肉产品作没收处理,处理变现的货款 2758 元已及时上缴政府非税账户。2017 年 7 月 18 日,修水县畜禽屠宰监督管理执法大队对原告出具修畜监决(生猪产品)〔2017〕064 号行政处罚决定书,内容为:依据《修水县畜牧水产局生猪定点屠宰管理实施细则》第十六条,限其立即停止跨区域销售行为;执法大队所扣押的猪肉产品作没收处理,处理变现的货款已及时上缴政府非税账户,并告知原告救济途径。原告对被告所作行政处罚不服,故诉至法院,请求撤销被告修水县畜牧水产局作出修畜监决(生猪产品)〔2017〕064 号行政处罚决定书及赔偿原告因受到错误的行政处罚所遭受的损失人民币 5 万元。

裁判结果

一、撤销被告修水县畜牧水产局作出修畜监决(生猪产品)〔2017〕064 号行政处罚决定书。二、责令被告修水县畜牧水产局于本判决发生效力之日起三十日对原告重新作出行政处罚。三、驳回原告的其他诉讼请求。

案件评析

民以食为天,食以安为先,食品安全关系到我们每个人的身体健康和生命安全。

我们必须坚持以人民为中心,切实做好食品安全工作,确保人民群众"舌尖上的安全",让广大群众吃上放心肉、安全肉。

本案的争议焦点有四:其一,本案的适格被告;其二,案涉的《修水县畜牧水产局生猪定点屠宰管理实施细则》第十六条是否合法;其三,被告作出的行政处罚决定是否合法;其四,原告诉求的行政赔偿是否有事实依据和法律依据。

(1)本案的适格被告。《生猪屠宰管理条例》第三条规定:"国务院商务主管部门负责全国生猪屠宰的行业管理工作。县级以上地方人民政府商务主管部门负责本行政区域内生猪屠宰活动的监督管理。县级以上人民政府有关部门在各自职责范围内负责生猪屠宰活动的相关管理工作。"2014年12月31日,中共修水县委机构编制委员会根据《国务院机构改革和职能转变方案》精神,将修水县生猪定点屠宰监督管理职责从县商管办划给修水县畜牧水产局(修编办字〔2014〕24号),2015年1月10日,修水县商管办将生猪定点屠宰监督管理职责正式移交给修水县畜牧水产局。政府机构改革和职能转变后,生猪定点屠宰监督管理职责由修水县畜牧水产局承担,即修水县畜牧水产局依法享有生猪屠宰的监督管理职责。修水县畜牧水产局作为修水县畜禽屠宰监督管理执法大队的举办单位,其对该执法大队的执法活动负责并对外承担相应的责任和义务,故本案的适格被告应是修水县畜牧水产局。

(2)案涉的《修水县畜牧水产局生猪定点屠宰管理实施细则》第十六条是否合法?

首先,《修水县畜牧水产局生猪定点屠宰管理实施细则》第十六条涉及处罚细则有二款,其中处罚细则第一款为"严禁生猪产品跨区域经营,违者由县畜禽屠宰监督管理执法大队对直接责任人进行查处,没收生猪产品,并按规定处以罚款",处罚细则第二款为"对发现有三次或三次以上情形,属屠商者将暂停其进场调肉资格,属屠宰企业者将给予停业整顿直至上报市主管部门取消其屠宰资格等处罚"。

其次,根据《中华人民共和国行政处罚法》第十条"行政法规可以设定除限制人身自由以外的行政处罚。法律对违法行为已经作出行政处罚规定,行政法规需要作出具体规定的,必须在法律规定的给予行政处罚的行为、种类和幅度的范围内规定"和第十一条"地方性法规可以设定除限制人身自由、吊销企业营业执照以外的行政处罚。法律、行政法规对违法行为已经作出行政处罚规定,地方性法规需要作出具体规定的,必须在法律、行政法规规定的给予行政处罚的行为、种类和幅度的范围内规定"的规定,对没收和罚款的处罚应由法律、行政法规、地方性规定进行规定,对吊销屠宰资格的处罚应由法律、行政法规进行规定。

再次,生猪定点屠宰的相关法律、法规、规章有《中华人民共和国食品安全法》《生猪屠宰管理条例》《生猪屠宰管理条例实施办法》,其中《生猪屠宰管理条例》第二条规定:"在边远和交通不便的农村地区,可以设置仅限于向本地市场供应生猪产品的小型生猪屠宰场点,具体管理办法由省、自治区、直辖市制定。"《生猪屠宰管理条例实施办法》第四十四条第二款规定"依据《条例》设置的生猪定点屠宰厂(场)能够保证供应的地区,不得设立小型生猪屠宰场点。小型生猪屠宰场点生产的生猪产品,仅限供应本地市场。"以上上位法规定小型生猪屠宰场点的生猪产品,仅限供应本地市场,但没有关于生猪产品跨区域经营的具体处罚细则。

最后，根据《中华人民共和国行政处罚法》第十四条"除本法第九条、第十条、第十一条、第十二条以及第十三条的规定外，其他规范性文件不得设定行政处罚"的规定，《修水县畜牧水产局生猪定点屠宰管理实施细则》作为规范性文件没有设定行政处罚的权利。综上，《修水县畜牧水产局生猪定点屠宰管理实施细则》第十六条不合法。

（3）被告行政处罚决定是否合法？

①行政处罚决定书认定的事实清楚。

第一，原告徐某存在跨区域经营行为。《生猪屠宰管理条例》第二条规定："国家实行生猪定点屠宰、集中检疫制度。未经定点，任何单位和个人不得从事生猪屠宰活动。但是，农村地区个人自宰自食的除外。在边远和交通不便的农村地区，可以设置仅限于向本地市场供应生猪产品的小型生猪屠宰场点，具体管理办法由省、自治区、直辖市制定。"《生猪屠宰管理条例实施办法》第四十四条规定："为保证边远和交通不便的农村地区生猪产品供应，确需设置小型生猪屠宰场点的，所在地省、自治区、直辖市应当依照《条例》第二条的规定，制定本行政区域的具体管理办法。依照《条例》设置的生猪定点屠宰厂（场）能够保证供应的地区，不得设立小型生猪屠宰场点。小型生猪屠宰场点生产的生猪产品，仅限供应本地市场。"《江西省生猪定点屠宰厂（场）设立条件和办理程序》第（二）条小型生猪屠宰场点审核验收标准（B类）规定："小型生猪屠宰场点的设立，必须符合在边远、交通不便的农村地区设置要求，仅限于向本地市场供应生猪产品。"在边远、交通不便的农村地区可以设置B类屠宰场点，但必须符合相关设置要求，并仅限于向本地市场供应。

九江市生猪定点屠宰工作领导小组办公室2011年8月15日批准的生猪定点屠宰证（赣九屠准字106号）载明修水县大桥镇生猪定点屠宰场产品供应区域为大桥镇。原告徐某2017年7月12日从大桥镇生猪定点屠宰场贩运猪肉产品到古市镇市场进行批发销售，系跨区域销售生猪产品，违反《生猪屠宰管理条例》第二条、《生猪屠宰管理条例实施办法》第四十四条的规定，不合法。根据《生猪屠宰管理条例》第二十四条"违反本条例规定，未经定点从事生猪屠宰活动的，由畜牧兽医行政主管部门予以取缔，没收生猪、生猪产品、屠宰工具和设备以及违法所得，并处货值金额3倍以上5倍以下的罚款；货值金额难以确定的，对单位并处10万元以上20万元以下的罚款，对个人并处5000元以上1万元以下的罚款；构成犯罪的，依法追究刑事责任"，对原告徐某跨区域经营行为可处没收、罚款。

第二，原告徐某运输工具和设备不达标。原告徐某对宰杀后的生猪用敞篷农用车跨区域运输的行为，违反了《中华人民共和国食品安全法》第三十三条第（六）项"贮存、运输和装卸食品的容器、工具和设备应当安全、无害，保持清洁，防止食品污染"和《生猪屠宰条例实施办法》第二十二条"生猪和生猪产品应使用不同的运载工具运输；运送片猪肉，应使用防尘或者设有吊挂设施的专用车辆，不得敞运"的规定，依据《中华人民共和国食品安全法》第一百三十二条的规定，可处责令停产停业、罚款，依据《生猪屠宰条例实施办法》第四十条的规定，可处罚款，故对原告徐某运输工具和设备不达标的行为可处罚款、责令停产停业。

综上，原告徐某存在跨区域经营行为，违反定点屠宰的相关规定，运输设备和工具不符合法律规定,被告对原告作出修畜监决(生猪产品)〔2017〕064号行政处罚决定书认定事实清楚。

②行政处罚决定书适用法律错误。

首先,被告修水县畜牧水产局依据《修水县畜牧水产局生猪定点屠宰管理实施细则》第十六条,对原告作出行政处罚,但《修水县畜牧水产局生猪定点屠宰管理实施细则》作为规范性文件,其制定没有法律、法规依据,不合法,不能作为行政处罚依据。

其次,修畜监决(生猪产品)〔2017〕064号行政处罚决定书指出原告违反了《生猪屠宰管理条例》第二条和《生猪屠宰管理条例实施办法》第四十四条,但以上条文仅规定限制跨区域经营,但对跨区域经营行为并未规定处罚细则,故亦不能作为行政处罚依据。

综上,依照《中华人民共和国行政诉讼法》第七十条"行政行为有下列情形之一的,人民法院判决撤销或者部分撤销,并可以判决被告重新作出行政行为……(二)适用法律、法规错误的"的规定,被告作出的行政处罚决定依法应当予以撤销,鉴于原告违法事实清楚,为保证人民身体健康、生命安全,限被告重新作出具体行为。

(4)原告诉求的行政赔偿是否有事实依据和法律依据?

原告徐某跨区域经营,违反定点屠宰的相关规定,运输设备和工具不符合法律规定,违法事实清楚,有被告询问、检查笔录、查封(扣押)物品通知书及物品清单、现场照片予以证实,原告的行为严重影响食品安全,造成极大隐患。原告诉请要求被告赔偿经济损失5万元,无事实和法律依据。

综上,法院作出上述判决。

 法条链接

《中华人民共和国行政处罚法》

第十四条(2021年7月15日施行后为第十六条)
除本法第九条、第十条、第十一条、第十二条以及第十三条的规定外,其他规范性文件不得设定行政处罚。

第十六条(2021年版)
除法律、法规、规章外,其他规范性文件不得设定行政处罚。

第九条(2021年7月15日施行后为第十条)
法律可以设定各种行政处罚。
限制人身自由的行政处罚,只能由法律设定。

第十条(2021年7月15日施行后为第十一条)
行政法规可以设定除限制人身自由以外的行政处罚。
法律对违法行为已经作出行政处罚规定,行政法规需要作出具体规定的,必须在法律规定的给予行政处罚的行为、种类和幅度的范围内规定。

> 第十一条（2021年版）
> 行政法规可以设定除限制人身自由以外的行政处罚。
> 法律对违法行为已经作出行政处罚规定，行政法规需要作出具体规定的，必须在法律规定的给予行政处罚的行为、种类和幅度的范围内规定。
> 法律对违法行为未作出行政处罚规定，行政法规为实施法律，可以补充设定行政处罚。拟补充设定行政处罚的，应当通过听证会、论证会等形式广泛听取意见，并向制定机关作出书面说明。行政法规报送备案时，应当说明补充设定行政处罚的情况。

第十一条（2021年7月15日施行后为第十二条）
地方性法规可以设定除限制人身自由、吊销企业营业执照以外的行政处罚。
法律、行政法规对违法行为已经作出行政处罚规定，地方性法规需要作出具体规定的，必须在法律、行政法规规定的给予行政处罚的行为、种类和幅度的范围内规定。

> 第十二条（2021年版）
> 地方性法规可以设定除限制人身自由、吊销营业执照以外的行政处罚。
> 法律、行政法规对违法行为已经作出行政处罚规定，地方性法规需要作出具体规定的，必须在法律、行政法规规定的给予行政处罚的行为、种类和幅度的范围内规定。
> 法律、行政法规对违法行为未作出行政处罚规定，地方性法规为实施法律、行政法规，可以补充设定行政处罚。拟补充设定行政处罚的，应当通过听证会、论证会等形式广泛听取意见，并向制定机关作出书面说明。地方性法规报送备案时，应当说明补充设定行政处罚的情况。

第十二条（2021年7月15日施行后为第十三条）
国务院部、委员会制定的规章可以在法律、行政法规规定的给予行政处罚的行为、种类和幅度的范围内作出具体规定。
尚未制定法律、行政法规的，前款规定的国务院部、委员会制定的规章对违反行政管理秩序的行为，可以设定警告或者一定数量罚款的行政处罚。罚款的限额由国务院规定。
国务院可以授权具有行政处罚权的直属机构依照本条第一款、第二款的规定，规定行政处罚。

> 第十三条（2021年版）
> 国务院部门规章可以在法律、行政法规规定的给予行政处罚的行为、种类和幅度的范围内作出具体规定。
> 尚未制定法律、行政法规的，国务院部门规章对违反行政管理秩序的行为，可以设定警告、通报批评或者一定数额罚款的行政处罚。罚款的限额由国务院规定。

第十三条（2021年7月15日施行后为第十四条）
省、自治区、直辖市人民政府和省、自治区人民政府所在地的市人民政府以及经国务院批准的较大的市人民政府制定的规章可以在法律、法规规定的给予行政处罚的行为、种类和幅度的范围内作出具体规定。

尚未制定法律、法规的,前款规定的人民政府制定的规章对违反行政管理秩序的行为,可以设定警告或者一定数量罚款的行政处罚。罚款的限额由省、自治区、直辖市人民代表大会常务委员会规定。

> 第十四条(2021年版)
> 地方政府规章可以在法律、法规规定的给予行政处罚的行为、种类和幅度的范围内作出具体规定。
>
> 尚未制定法律、法规的,地方政府规章对违反行政管理秩序的行为,可以设定警告、通报批评或者一定数额罚款的行政处罚。罚款的限额由省、自治区、直辖市人民代表大会常务委员会规定。

第三节 法律、法规授权实施行政处罚

授权是指特定的国家机关以法律、法规的形式把某些行政权力授予非行政机关的组织行使,从而使该组织取得行政管理的主体资格,即在法定授权范围内可以以自己的名义独立地行使权力,独立地承担因行使这些权力而引起的法律后果。

案例 33

原告孙某诉被告太和县城乡管理行政执法局行政处罚案

案号:〔2017〕皖 1222 行初 54 号

 案件简介

> 原告于1998年在太和县城关镇国泰路西侧某社区西门外56号某户建设两处一层房屋。2017年6月,原告违法建房行为被举报,被告太和县城乡管理行政执法局予以立案调查后认定:原告所建的上述房屋位于规划商业用地和规划国泰路范围内,严重影响规划商业用地及道路的实施,且该地块将用于绿化提升项目及文明路两侧文化广场建设,属于无法采取改正措施消除影响的情形。被告太和县城乡管理行政执法局进行了调查、现场检查、勘验,履行法定程序,依照《中华人民共和国城乡规划法》第六十四条的规定,作出了太城管(规划)〔2017〕22 号限期拆除违法建筑物决定,限原告二日内自行拆除案涉房屋。原告不服,向法院提起

诉讼,请求法院依法撤销被告作出的限期拆除违法建筑物决定。

另查明,已获批准的《太和县城市总体规划(1995—2010)》,将孙某案涉房屋占地纳入城市规划范围内。被告所在地安徽省制定的《安徽省城市管理领域相对集中行政处罚权办法》第十二条第(二)项规定:"城市综合管理行政执法部门,集中行使城市规划管理方面法律、法规和规章规定的全部或者部分行政处罚权,对擅自搭建妨碍公共安全、公共卫生、城市交通的建筑物、构筑物等违法行为实施行政处罚。"

 裁判结果

驳回原告孙某的诉讼请求。

 案件评析

本案争议的焦点主要有两点:其一,本案被告是否具有对原告的行政处罚权;其二,案涉房屋是否应予以拆除。

关于本案被告是否具有对原告的行政处罚权,根据《中华人民共和国行政处罚法》第十六条、《中华人民共和国行政强制法》第十七条、《国务院关于进一步推进相对集中行政处罚权工作的决定》(国发〔2002〕17号)第一条第(二)项第一款及《安徽省城市管理领域相对集中行政处罚权办法》第十二条的规定,可知被告太和县城乡管理行政执法局作为经安徽省政府批准的综合行政执法机构,具有集中行使行政执法权,依法履行对辖区内违反城市环卫、绿化、规划以及有关法规、规章规定的违法行为进行查处的法定职责,故本案被告具有对原告的行政处罚权。

关于案涉房屋是否应予以拆除,本案中,原告在城市规划区内未取得建设工程规划许可证建设的房屋,如属无法采取改正措施消除影响的,依法应责令限期拆除。本案案涉房屋的区域在1995年原告建房前已纳入太和县城市规划区内,并已向社会公布,原告于1998年建房时未办理建设工程规划许可证,属于违法建设,且该违法行为截至被告立案查处时一直未予纠正或依法处理。因该违法建筑目前位于太和县规划商业用地和规划国泰路范围内,属于无法采取改正措施消除影响的情形,应限期拆除。被告太和县城乡管理行政执法局认定原告孙某的案涉房屋属于违法建筑且应予以拆除的事实清楚、证据充分。被告立案调查后,履行了检查、勘验、送达等程序,依据《中华人民共和国城乡规划法》第六十四条的规定,对原告作出的限期拆除通知符合法定程序、适用法律正确。违法行为在未依法纠正前,应视为违法行为的持续状态。综上,案涉房屋应予以拆除,故法院驳回原告孙某的诉讼请求。

法条链接

《中华人民共和国行政处罚法》

第十六条(2021年7月15日施行后为第十八条)
国务院或者经国务院授权的省、自治区、直辖市人民政府可以决定一个行政机关行使有关行政机关的行政处罚权,但限制人身自由的行政处罚权只能由公安机关行使。

第十八条(2021年版)
国家在城市管理、市场监管、生态环境、文化市场、交通运输、应急管理、农业等领域推行建立综合行政执法制度,相对集中行政处罚权。
国务院或者省、自治区、直辖市人民政府可以决定一个行政机关行使有关行政机关的行政处罚权。
限制人身自由的行政处罚权只能由公安机关和法律规定的其他机关行使。

第十七条(2021年7月15日施行后为第十九条)
法律、法规授权的具有管理公共事务职能的组织可以在法定授权范围内实施行政处罚。

《国务院关于进一步推进相对集中行政处罚权工作的决定》

第一条第(二)项第一款
相对集中行政处罚权是行政处罚法确立的一项重要制度。各省、自治区、直辖市人民政府开展相对集中行政处罚权工作,要严格执行行政处罚法的各项规定,保证全面、正确地实施行政处罚法,促进政府和政府各部门严格依法行政。

《安徽省城市管理领域相对集中行政处罚权办法》

第十二条
城市综合管理行政执法部门,集中行使下列行政处罚权:
(一)市容环境卫生管理方面法律、法规和规章规定的行政处罚权,强制拆除不符合城市容貌标准、环境卫生标准的建筑物或者设施;
(二)城市规划管理方面法律、法规和规章规定的全部或者部分行政处罚权,对擅自搭建妨碍公共安全、公共卫生、城市交通的建筑物、构筑物等违法行为实施行政处罚;
(三)城市绿化管理方面法律、法规和规章规定的行政处罚权;
(四)市政管理方面法律、法规和规章规定的行政处罚权,对违反市政工程设施管理违法行为实施行政处罚；

（五）环境保护管理方面法律、法规和规章规定的部分行政处罚权，对环境污染危害较小，通过直观判断即可认定的，或者实施一次行政处罚即可纠正的，或者依法可以适用简易程序实施处罚的环境违法行为实施行政处罚权；

（六）工商行政管理方面法律、法规和规章规定的对在道路、广场等公共场所无照经营违法行为的行政处罚权；

（七）公安交通管理方面法律、法规和规章规定的对擅自挖掘道路、占用道路施工等违法行为的行政处罚权；

（八）法律、法规规定和省人民政府批准集中行使的城市管理领域的其他行政处罚权。

第四节 行政处罚管辖原则

行政处罚一般由违法行为发生地的县级以上地方人民政府具有行政处罚权的行政机关管辖。2021 年 7 月 15 日，新修正的《中华人民共和国行政处罚法》施行后，行政处罚由县级以上地方人民政府具有行政处罚权的行政机关管辖。法律、行政法规另有规定的，从其规定，即县级以上地方人民政府具有行政处罚权的行政机关对行政处罚有管辖权，不再仅由违法行为发生地的县级以上地方人民政府具有行政处罚权的行政机关管辖。

案例 34

原告李某诉被告合肥市公安局包河分局行政处罚案

案号：〔2014〕包行初字第 00046 号

案件简介

> 2014 年 4 月 21 日，合肥市包河区望湖街道办事处向原告李某作出《关于李某反映信访问题的答复意见》，告知其不符合在该街道享受拆迁安置待遇的条件，并注明若对该答复意见不服，可自收到书面答复之日起 30 日内向合肥市包河区人民政府申请复查。2014 年 3 月 3 日，原告李某携信访材料至北京市天安门地区，反映拆迁安置问题，合肥市公安局望湖派出所于次日对其予以训诫，明确向其告知：天安门地区不是信访接待场所，不允许信访人员滞留。2014 年 4 月 3 日，

原告李某再至北京市天安门地区就其拆迁安置问题进行信访活动,北京市公安局天安门地区分局治安大队对其予以训诫,明确向其告知:天安门地区不是信访接待场所,不允许信访人员滞留。2014年4月7日,原告李某携信访材料至北京市中南海附近地区,反映拆迁安置问题。2014年4月9日15时40分,合肥市公安局望湖派出所接到报案,称原告李某因拆迁安置问题赴京信访,受到当地公安机关训诫。合肥市公安局望湖派出所立即将其作为行政案件予以受理,制作受案登记表,并将原告李某作为违法嫌疑人传唤至公安机关接受调查。当日21时17分至22时01分,合肥市公安局望湖派出所对原告李某进行询问。当日,被告合肥市公安局包河分局告知原告李某,鉴于其在北京市从事的上述非法信访活动扰乱单位秩序,根据《中华人民共和国治安管理处罚法》第二十三条第一款第(一)项的规定,拟以扰乱事业单位秩序为由对其处以行政拘留七日,并告知其有陈述与申辩的权利。原告李某拒绝在行政处罚告知笔录的被告知人一栏签字。被告合肥市公安局包河分局随后作出包公(望)决字〔2014〕第285号行政处罚决定书,根据《中华人民共和国治安管理处罚法》第二十三条第一款第(一)项的规定,对原告李某作出行政拘留七日的处罚,交由合肥市拘留所执行,拘留时间自2014年4月9日至2014年4月16日。原告李某拒绝在行政处罚决定书的被处罚人一栏签字,被告合肥市公安局包河分局当场向其宣告,并将处罚情况与执行场所以电话方式通知原告李某的家属。2014年5月21日,原告李某不服该处罚决定,向法院提起行政诉讼,请求判决确认被告作出的包公(望)决字〔2014〕第285号行政处罚决定书违法。

裁判结果

驳回原告李某的诉讼请求。

案件评析

(1)被告作出的行政处罚不违反法律规定。

《信访条例》第十八条第一款规定:"信访人采用走访形式提出信访事项的,应当到有关机关设立或者指定的接待场所提出。"《中华人民共和国治安管理处罚法》第二十三条规定:"有下列行为之一的,处警告或者二百元以下罚款;情节较重的,处五日以上十日以下拘留,可以并处五百元以下罚款:(一)扰乱机关、团体、企业、事业单位秩序,致使工作、生产、营业、医疗、教学、科研不能正常进行,尚未造成严重损失的……"本案中,原告在未对信访事项处理意见请求复查的情形下,径直前往并非信访接待场所的北京市中南海与天安门地区,采用走访形式提出信访事项,违反了上述法律、行政法规的规定,被告以扰乱单位秩序对其处以行政拘留七日,并不违反法律规定。

(2)被告具有管辖权。

《中华人民共和国行政处罚法》第二十条规定:"行政处罚由违法行为发生地的县级以上地方人民政府具有行政处罚权的行政机关管辖。法律、行政法规另有规定的除外。"《中华人民共和国治安管理处罚法》第七条第二款规定:"治安案件的管辖由国务院公安部门规定。"《公安机关办理行政案件程序规定》第九条第一款规定:"行政案件由违法行为地的公安机关管辖。由违法行为人居住地公安机关管辖更为适宜的,可以由违法行为人居住地公安机关管辖,但是涉及卖淫、嫖娼、赌博、毒品的案件除外。"在行政处罚案件的地域管辖问题上,《中华人民共和国行政处罚法》第二十条属于一般规定,《公安机关办理行政案件程序规定》第九条第一款系由公安部作出的特别规定,且公安部作出该规定的依据是《中华人民共和国治安管理处罚法》第七条第二款的授权,而且该规定与上位法并不冲突。本案中,被告作为违法行为人居住地公安机关管辖更为适宜,因此,被告不存在越权管辖的情形。

综上,被告作出的包公(望)决字〔2014〕第285号行政处罚决定书证据确凿,适用法律、法规正确,符合法定程序,故人民法院判决驳回原告李某的诉讼请求。

 法条链接

《信访条例》

第十八条第一款

信访人采用走访形式提出信访事项的,应当到有关机关设立或者指定的接待场所提出。

《中华人民共和国治安管理处罚法》

第二十三条第一款第(一)项

有下列行为之一的,处警告或者二百元以下罚款;情节较重的,处五日以上十日以下拘留,可以并处五百元以下罚款:

(一)扰乱机关、团体、企业、事业单位秩序,致使工作、生产、营业、医疗、教学、科研不能正常进行,尚未造成严重损失的。

《中华人民共和国行政处罚法》

第二十条(2021年7月15日施行后为第二十三条)

行政处罚由违法行为发生地的县级以上地方人民政府具有行政处罚权的行政机关管辖。法律、行政法规另有规定的除外。

第二十三条(2021年版)

行政处罚由县级以上地方人民政府具有行政处罚权的行政机关管辖。法律、行政法规另有规定的,从其规定。

《公安机关办理行政案件程序规定》

第九条第一款(2020年8月6日施行后为第十条第一款)

行政案件由违法行为地的公安机关管辖。由违法行为人居住地公安机关管辖更为适宜的,可以由违法行为人居住地公安机关管辖,但是涉及卖淫、嫖娼、赌博、毒品的案件除外。

第五节 一事不再罚原则

一事不再罚是指对当事人的同一个违法行为,不得给予两次以上罚款的行政处罚。

案例 35

原告海南某物流有限公司诉被告海口市国土资源局行政处罚案

案号:〔2014〕龙行初字第 25 号

 案件简介

2011年12月24日,原告与海口市龙华区城西镇苍西村经济社签订了《合作开发柏盛农产品仓储物流中心项目协议书》,约定在海口市椰海大道南侧、景山学校旁边一块面积约为91.42亩的集体所有土地上建设仓储物流中心,合作方式为苍西村经济社提供土地,原告提供全部建设资金。2013年12月,被告通过国土资源部卫星遥感监测证实原告用地违法,并于2013年12月4日向原告送达了责令停止土地违法行为通知书。2014年5月13日,被告认为原告涉嫌非法占地,对原告进行立案查处。通过调查落实,被告认定原告的行为违反了《中华人民共和国土地管理法》第二条的规定,已构成非法占用土地,并依照《中华人民共和国土地管理法》第七十六条及《中华人民共和国土地管理法实施条例》第四十二条的规定,拟对原告作出行政处罚。2014年5月20日,被告向原告送达了行政处罚告知书,原告收到后向被告提交了《关于苍西柏盛农产品仓储物流城项目陈述》的书面申辩意见,但没有提出听证申请。2014年9月25日,被告依照行政处罚程序,根据《中华人民共和国土地管理法》第七十六条和《中华人民共和国土地管理法实施条例》第四十二条规定作出海土资执字〔2014〕134号行政处罚决定书,对原告作出如下处罚:①退还非法占用的土地,限期拆除非法建设在不符合土地利用总体规划的20608.23平方米土地上的建筑物和其他设施,恢复土地原状。没收非法建设在符合土地利用总体规划的12752.10平方米土地上的建筑物和其他设施。②项目建筑占地面积为33360.33平方米(合50.04亩),处以每平方米30元罚款,罚款总额为人民币1000809.90元。该处罚决定书于2014年10月11日送达原告。原告不服被告作出的行政处罚决定,起诉至法院,请求依法撤销被告作出的海土资执字〔2014〕134号行政处罚决定书。

另查明,2013年12月4日,海口市龙华区城市管理行政执法局作出海龙罚决字〔2013〕第3604号行政处罚决定书,以原告未经规划许可、在海口市椰海大道搭建仓库的行为违反了《中华人民共和国城乡规划法》第四十四条的规定为由,对原告作出如下行政处罚:①责令当事人收到本机关下达的行政处罚决定书之日起,在十五天内自行改正;②并处以100000元罚款。2013年12月18日,原告缴纳了该罚款。被告在作出海土资执字〔2014〕134号行政处罚决定中,认定原告违法占地予以罚款的建筑占地面积中包含了海口市龙华区城市管理行政执法局已作罚款的面积。

裁判结果

撤销被告海口市国土资源局2014年9月25日作出的海土资执字〔2014〕134号行政处罚决定书。

案件评析

2013年12月4日,海口市龙华区城市管理行政执法局以原告未经规划许可,在海口市椰海大道搭建仓库为由,对其作出限期改正并罚款100000元的处罚。2014年9月25日,被告以原告擅自在龙华区椰海大道南侧苍西村经济社的集体土地上建设公司项目,非法占有土地为由对原告作出行政处罚,其中包括对项目建筑占地面积的罚款1000809.90元。而被告在作出海土资执字〔2014〕134号行政处罚决定中,认定原告违法占地予以罚款的建筑占地面积中包含了海口市龙华区城市管理行政执法局已作罚款的面积。在城管部门已进行了罚款的情况下,被告就已作罚款的面积对原告进行罚款违反了《中华人民共和国行政处罚法》中对当事人的同一违法行为,不得给予两次以上罚款的行政处罚的规定。综上,被告在依据《中华人民共和国土地管理法》第七十六条和《中华人民共和国土地管理法实施条例》第四十二条的规定作出处罚决定时,未将海口市龙华区城市管理行政执法局已作处罚的面积去除,有违《中华人民共和国行政处罚法》第二十四条的规定,程序上确有不当之处,故法院判决撤销被告海口市国土资源局 2014 年 9 月 25 日作出的海土资执字〔2014〕134 号行政处罚决定书。

 法条链接

《中华人民共和国行政处罚法》

第二十四条(2021 年 7 月 15 日施行后为第二十九条)
对当事人的同一个违法行为,不得给予两次以上罚款的行政处罚。

第二十九条(2021 年版)
对当事人的同一个违法行为,不得给予两次以上罚款的行政处罚。同一个违法行为违反多个法律规范应当给予罚款处罚的,按照罚款数额高的规定处罚。

第六节 行政处罚决定之前的法定程序

行政机关在作出行政处罚决定之前,应当告知当事人作出行政处罚决定的事实、理由及依据,并告知当事人依法享有的权利,应当遵守法定的程序,若违反法定的程序,人民法院可撤销该行政处罚决定。

案例 36

原告李某不服被告依兰县国土资源局行政处罚案

案号:〔2014〕依行初字第 8 号

 案件简介

原告于 2013 年 9 月 24 日与依兰县道台桥镇富民村村民委员会签订承包场院合同,并申请设施农用地备案登记。在经依兰县畜牧兽医局及依兰县道台桥镇人民政府审核同意,但未征得道台桥镇国土资源管理所协助选址意见及依兰县国土资源管理部门备案意见的情况下,原告于 2013 年 10 月份开始在所承包场院上施工建设。2013年12月7日,经群众举报,被告依兰县国土资源局对原告用地情况进行立案调查。调查后,被告依兰县国土资源局于2013年12月25日作出国土行处罚字〔2013〕第26号行政处罚决定,认定原告李某在没有办理用地审批手续的情况下擅自占地施工建设,违反了《中华人民共和国土地管理法》第七十六条的规定,依据《黑龙江省土地管理条例》第五十三条规定,责令原告李某限期自行拆除地上所建违法建筑,清除地上堆放物及建筑材料并恢复土地原貌。原告认为,被告作出的具体行政行为事实不清,程序违法,适用法律错误,故提起诉讼,请求撤销被告作出的处罚决定。

裁判结果

撤销被告依兰县国土资源局于2013年12月25日作出的国土行处罚字〔2013〕第26号行政处罚决定。

案件评析

行政机关在作出行政处罚决定前,负有向当事人履行告知的法定义务。同时,行政机关履行告知义务的时间应在作出行政处罚决定前,行政机关在作出行政处罚决定的同时或作出行政处罚决定后向当事人履行告知义务,应视为行政机关未向当事人履行告知义务,均属于违反《中华人民共和国行政处罚法》第三十一条规定的情形,在此前提下作出的行政处罚决定即为违反法定程序。本案中,被告在同一时间向原告送达国土资源行政处罚事项告知书和行政处罚决定,属违反法定程序,依法应予撤销。

法条链接

《中华人民共和国行政处罚法》

第三十一条(2021年7月15日施行后为第四十四条)
行政机关在作出行政处罚决定之前,应当告知当事人作出行政处罚决定的事实、理由及依据,并告知当事人依法享有的权利。

第四十四条(2021年版)
行政机关在作出行政处罚决定之前,应当告知当事人拟作出的行政处罚内容及事实、理由、依据,并告知当事人依法享有的陈述、申辩、要求听证等权利。

第七节　陈述和申辩权

行政机关作出行政处罚决定前,必须查明事实。法律规定当事人有权进行陈述和申辩,行政机关必须充分听取当事人的意见,如此才有利于行政机关全面了解案情,正确作出行政处罚决定。

案例 37

原告藤县某食品加工厂诉被告藤县食品药品监督管理局行政处罚案

案号:〔2015〕藤行初字第 25 号

 案件简介

原告藤县某食品加工厂坐落于藤县藤州镇东胜村新立小组庙景冲,已取得营业执照、全国工业产品生产许可证、食品生产许可证,有生产其他粮食加工品(谷物粉类制成品)的许可资格,主要生产销售鲜湿米粉。2015 年 5 月 14 日,被告执法人员到原告藤县某食品加工厂进行产品质量监督抽检,在原告成品库内随机抽取 2 袋重量为 1 kg、生产日期为 2015 年 5 月 14 日的鲜湿米粉,当日送广西壮族自治区梧州市食品药品检验所检验。被告于 2015 年 6 月 8 日收到检验报告(编号为 SP20152711),检验结果显示原告被抽检的鲜湿米粉二氧化硫残留量项目不符合 DB45/319—2007《鲜湿米粉质量安全要求》的要求,检验结论为不合格。被告于 2015 年 6 月 8 日向原告送达检验报告,原告对检验结果无异议。

被告于 2015 年 6 月 15 日立案并开展调查取证,在作出行政处罚决定之前,被告于 2015 年 7 月 30 日向原告送达听证告知书,向原告告知了作出行政处罚决定的事实、理由及依据,并告知原告有陈述、申辩和要求举行听证的权利。2015 年 7 月 31 日,原告向被告进行了书面申辩,并向被告提供了生产记录等证据。原告申辩认为,原告于 2015 年 5 月 14 日生产的近 7000 公斤价值 11200 元的鲜河粉分三批次,第一批次加工大米 1100 公斤,生产河粉 3410 公斤;第二批次加工大米 900 公斤,生产河粉 2772.5 公斤;第三批次加工大米 250 公斤,生产河粉 792.5 公斤。被告是在原告第三批次生产的 792.5 公斤河粉取样检验,并不能代表原告当日生产的全部。按照规定,被告应按 792.5 公斤河粉的价值(1268 元)对原告进行处罚。被告对其原先调查取得的证据以及对原告进行申辩的部分事实、理由进行了复核,但没有对原告进行申辩时提出的全部事实、理由和证据进行全面的复核。2015 年 8 月 24 日,被告依据修订前的《中华人民共和国食品安全法》第八十五条第一款第(二)项的规定作出(藤)食药监食罚〔2015〕178 号行政处罚决定书,决定对原告作出如下行政处罚:①没收违法所得 700.00 元;②处以货值金额(11200.00 元)5 倍罚款 56000.00 元。原告不服,向法院提起诉讼,请求撤销被告藤县食品药品监督管理局 2015 年 8 月 24 日作出的(藤)食药监食罚〔2015〕178 号行政处罚决定书。

裁判结果

一、撤销被告藤县食品药品监督管理局 2015 年 8 月 24 日作出的(藤)食药监食罚〔2015〕178 号行政处罚决定书。二、责令被告依法对本案重新作出行政行为。

案件评析

被告应当对原告向其申辩时提出的事实、理由和证据进行全面复核,准确认定原告 2015 年 5 月 14 日当日的生产数量和产品生产批次,从而确认二氧化硫残留量项目不合格的产品数量等案件事实。被告只对其原先调查取得的证据以及对原告进行申辩的部分事实、理由进行了复核,未对原告进行申辩时提出的全部事实、理由和证据进行全面复核,违反了《中华人民共和国行政处罚法》第三十二条"当事人有权进行陈述和申辩。行政机关必须充分听取当事人的意见,对当事人提出的事实、理由和证据,应当进行复核;当事人提出的事实、理由或者证据成立的,行政机关应当采纳"的规定,属于行政程序违法。故法院判决:撤销被告藤县食品药品监督管理局 2015 年 8 月 24 日作出的(藤)食药监食罚〔2015〕178 号行政处罚决定书;责令被告依法对本案重新作出行政行为。

法条链接

《中华人民共和国行政处罚法》

第三十二条(2021 年 7 月 15 日施行后为第四十五条)
当事人有权进行陈述和申辩。行政机关必须充分听取当事人的意见,对当事人提出的事实、理由和证据,应当进行复核;当事人提出的事实、理由或者证据成立的,行政机关应当采纳。

行政机关不得因当事人申辩而加重处罚。

> 第四十五条(2021年版)
> 当事人有权进行陈述和申辩。行政机关必须充分听取当事人的意见,对当事人提出的事实、理由和证据,应当进行复核;当事人提出的事实、理由或者证据成立的,行政机关应当采纳。
> 行政机关不得因当事人陈述、申辩而给予更重的处罚。

《中华人民共和国行政诉讼法》

第七十条

行政行为有下列情形之一的,人民法院判决撤销或者部分撤销,并可以判决被告重新作出行政行为:

(一)主要证据不足的;
(二)适用法律、法规错误的;
(三)违反法定程序的;
(四)超越职权的;
(五)滥用职权的;
(六)明显不当的。

第八节 行政处罚听证条件

适用听证程序的条件如下:①较重的行政处罚,即责令停产停业、吊销许可证或者执照,较大数额罚款等;②行政机关告知当事人有要求听证的权利;③当事人要求听证;④行政机关组织听证。

案例 38

原告浏阳市某水电站诉被告浏阳市国土资源局、浏阳市人民政府行政处罚案

案号:〔2018〕湘 0181 行初 18 号

案件简介

　　2003年9月1日,湖南省人民政府办公厅转发省计委《关于加快发展农村水电意见》,2006年8月1日,浏阳市发展和改革局下发浏发改投〔2006〕81号《关于浏阳市某水电站建设项目核准的意见》,核准在浏阳市大围山镇大围山村白面石组境内建设浏阳市某水电站,该水电站建成后于2006年9月19日进行工商注册登记,系普通合伙型企业,执行事务合伙人为刘力行。2008年7月2日,浏阳市人民政府下发了《关于切实做好全市"四无"水电站清理整顿工作的通知》,浏阳市国土资源局是清理整顿工作的成员单位,浏阳市某水电站并未被列为清理整顿的单位。浏阳市某水电站2009年通过了水资源认证和水电站安全评价;2010年4月经地方政府及各职能部门验收合格。2010年11月,浏阳市水利局浏水政发〔2010〕42号文件批复,同意浏阳市某水电站蓄水并网发电,通过竣工验收,并取得国家电力监管委员会湖南省电力监管专员办公室电力业务许可证豁免。2017年11月20日,浏阳市国土资源局经过集体讨论决定,认为浏阳市某水电站于2006年6月未经批准占用浏阳市大围山镇大围山村白面石组203平方米林地建水电站现已建成并投入使用,该宗用地选址不符合大围山镇(2006—2020年)土地利用总体规划,违反了《中华人民共和国土地管理法》第二条、第四十三条和第四十四条的规定,属于非法占用土地行为,遂于2017年11月22日作出浏国土资告字〔2017〕第500号行政处罚告知书,告知当事人"可在接到本告知书之日起三个工作日内向我局提出书面陈述或者申辩意见,逾期不提出视为放弃陈述和申辩权利",并依法向浏阳市某水电站送达。原告提出申辩意见,但浏阳市国土资源局未予采纳,并于2017年12月5日根据《中华人民共和国土地管理法》第七十六条、《中华人民共和国土地管理法实施条例》第四十二条之规定,作出浏国土资罚字〔2017〕493号行政处罚决定书,对浏阳市某水电站作出限其在接到处罚决定书之日起十五日内自行拆除在非法占用的土地上新建的建筑物及其他设施,恢复土地原状;并处罚款人民币3248元的行政处罚,并于2017年12月29日依法向浏阳市某水电站送达。浏阳市某水电站不服,向浏阳市人民政府申请行政复议。浏阳市人民政府经复议于2018年5月8日作出浏行复决〔2018〕4号行政复议决定书,维持浏阳市国土资源局浏国土资罚字〔2017〕493号行政处罚决定书。原告浏阳市某水电站仍不服,向法院提起行政诉讼,请求人民法院判决撤销浏阳市国土资源局作出的浏国土资字〔2017〕493号行政处罚决定书和浏阳市人民政府作出的浏行复决〔2018〕4号行政复议决定书。

裁判结果

一、撤销浏阳市国土资源局作出的浏国土资罚字〔2017〕493号行政处罚决定书，限浏阳市国土资源局于判决生效后六十日内重新作出行政行为。二、撤销浏阳市人民政府作出的浏行复决〔2018〕4号行政复议决定书。

 案件评析

本案的争执焦点是浏阳市国土资源局对浏阳市某水电站作出行政处罚决定书是否属于《中华人民共和国行政处罚法》第四十二条和《国土资源听证规定》第十九条规定的应当告知当事人有要求听证的权利的情形。

《中华人民共和国行政处罚法》第四十二条第一款规定："行政机关作出责令停产停业、吊销许可证或者执照、较大数额罚款等行政处罚决定之前，应当告知当事人有要求举行听证的权利；当事人要求听证的，行政机关应当组织听证。"《国土资源听证规定》第十九条第二款规定："有下列情形之一的，主管部门在作出决定之前，应当书面告知当事人有要求举行听证的权利：（一）较大数额罚款、责令停止违法勘查或者违法开采行为、吊销勘查许可证或者采矿许可证等行政处罚的；（二）国有土地使用权、探矿权、采矿权的许可直接涉及申请人与他人之间重大利益关系的；（三）法律、法规或者规章规定的其他情形。"本案涉及的行政处罚是拆除在非法占有的土地上新建的建筑物及其他设施，恢复土地原状并处罚款，对行政行为相对人的权利义务有重大影响，是比《中华人民共和国行政处罚法》第四十二条和《国土资源听证规定》第十九条规定中列举的应当进行听证的情形更为严重的处罚情形，故浏阳市国土资源局未告知浏阳市某水电站有听证的权利，系程序违法，应当依法予以撤销。浏阳市人民政府复议程序合法，但复议结果错误。

综上，法院法院作出上述判决。

 法条链接

《中华人民共和国行政处罚法》

第四十二条（2021年7月15日施行后为第六十三条、第六十四条）

行政机关作出责令停产停业、吊销许可证或者执照、较大数额罚款等行政处罚决定之前，应当告知当事人有要求举行听证的权利；当事人要求听证的，行政机关应当组织听证。当事人不承担行政机关组织听证的费用。听证依照以下程序组织：

（一）当事人要求听证的，应当在行政机关告知后三日内提出；

（二）行政机关应当在听证的七日前，通知当事人举行听证的时间、地点；

（三）除涉及国家秘密、商业秘密或者个人隐私外，听证公开举行；

（四）听证由行政机关指定的非本案调查人员主持；当事人认为主持人与本案有直接利害关系的，有权申请回避；

（五）当事人可以亲自参加听证，也可以委托一至二人代理；

（六）举行听证时，调查人员提出当事人违法的事实、证据和行政处罚建议；当事人进行申辩和质证；

（七）听证应当制作笔录；笔录应当交当事人审核无误后签字或者盖章。

当事人对限制人身自由的行政处罚有异议的，依照治安管理处罚法有关规定执行。

第六十三条（2021年版）

行政机关拟作出下列行政处罚决定，应当告知当事人有要求听证的权利，当事人要求听证的，行政机关应当组织听证：

（一）较大数额罚款；

（二）没收较大数额违法所得、没收较大价值非法财物；

（三）降低资质等级、吊销许可证件；

（四）责令停产停业、责令关闭、限制从业；

（五）其他较重的行政处罚；

（六）法律、法规、规章规定的其他情形。

当事人不承担行政机关组织听证的费用。

第六十四条（2021年版）

听证应当依照以下程序组织：

（一）当事人要求听证的，应当在行政机关告知后五日内提出；

（二）行政机关应当在举行听证的七日前，通知当事人及有关人员听证的时间、地点；

（三）除涉及国家秘密、商业秘密或者个人隐私依法予以保密外，听证公开举行；

（四）听证由行政机关指定的非本案调查人员主持；当事人认为主持人与本案有直接利害关系的，有权申请回避；

（五）当事人可以亲自参加听证，也可以委托一至二人代理；

（六）当事人及其代理人无正当理由拒不出席听证或者未经许可中途退出听证的，视为放弃听证权利，行政机关终止听证；

（七）举行听证时，调查人员提出当事人违法的事实、证据和行政处罚建议，当事人进行申辩和质证；

（八）听证应当制作笔录。笔录应当交当事人或者其代理人核对无误后签字或者盖章。当事人或者其代理人拒绝签字或者盖章的，由听证主持人在笔录中注明。

第九节 行政拘留的天数折抵刑期

行政拘留系行政处罚的种类之一。当事人违法行为构成犯罪,人民法院判处拘役或者有期徒刑时,行政机关已经给予当事人行政拘留的,应当折抵相应的刑期。应当注意的是,被告人被判处刑罚的犯罪行为和以前受行政拘留处分的行为系同一行为,其拘留的日期才应予折抵刑期。同理,行政处罚的罚金可以折抵刑罚的罚金。

案例 39

被告人贺某寻衅滋事罪案

案号:〔2018〕冀 0728 刑初 10 号

 案件简介

2016 年,张家口市桥东区红旗楼社区征收拆迁纬一路装甲旅地块外围自建房,在征收拆迁范围内,被告人贺某亲家魏某的两间半自建房被拆。被告人贺某因其亲家魏某被拆迁房屋补偿款达不到她的要求,从 2016 年 7 月 19 日至 2017 年 9 月 8 日先后多次非正常上访。

2016 年 7 月 19 日 9 时许,被告人贺某因其亲家魏某被拆迁房屋补偿款达不到她的要求,乘坐火车在北京西站下车,后到中南海周边非正常上访,被北京市公安局西城分局府右街派出所民警查获并训诫,被怀安县公安局行政拘留十日。

2017 年 1 月 26 日 12 时许,被告人贺某因其亲家魏某被拆迁房屋补偿款达不到她的要求,到北京市天安门附近拉横幅非正常上访,被天安门地区分局治安大队民警查获并训诫,被怀安县公安局行政拘留十日。

2017 年 3 月 14 日晚上,被告人贺某因其亲家魏某被拆迁房屋补偿款达不到她的要求,携带传单到北京天安门地区非正常上访,被天安门地区分局治安大队民警当场查获并训诫,被怀安县公安局行政拘留十日。

2017 年 9 月 8 日下午 3 时许,被告人贺某乘坐火车到了北京,居住在其妹妹家,于次日上午到北京中山公园,在进中山公园时,因被告人贺某曾经被北京公安机关训诫过,身边又有其他曾经被北京公安机关训诫的人相随,所以在中山公园门口便被北京公安扣留。

另查明,被告人贺某的多次上访行为已构成寻衅滋事罪。

裁判结果

一、被告人贺某犯寻衅滋事罪,判处有期徒刑一年六个月(刑期从判决执行之日起计算。判决执行以前先行羁押的羁押一日折抵刑期一日。行政拘留三十日折抵刑期三十日,即自 2017 年 9 月 10 日起至 2019 年 2 月 9 日止)。二、对被告人贺某犯罪使用的横幅、传单予以没收。

 案件评析

本案中,法院为何作出将被告人贺某已被行政拘留的三十日,在刑罚执行中予以折抵刑期的判决?

被告人贺某在其亲家魏某的房屋被拆迁后,因对补偿标准不满意,便违反信访条例的规定,到北京市天安门、中南海周边上访,被公安机关训诫和行政拘留后,其明知北京天安门广场、中南海周边系重点和敏感地区,不是信访接待场所,但为实现其不合理诉求,仍然多次利用国家重大节日、重要会议期间到北京中南海周边、天安门广场等重点和敏感地区非法上访,并采用在北京天安门广场、中南海周边打横幅、散传单的过激方式起哄闹事,制造影响,给有关政府部门施加压力,造成公共场所秩序严重混乱,被公安机关行政拘留三次,已执行行政拘留三次,拘留共计三十日,其行为也构成寻衅滋事罪。综上可知,被告人贺某曾因非法上访、扰乱公共场所秩序被公安机关行政拘留三次,拘留共计三十日。另外被告人贺某的多次上访行为,已构成寻衅滋事罪,贺某被判处有期徒刑一年六个月。根据《中华人民共和国行政处罚法》第二十八条第一款的规定,其违法行为构成犯罪,人民法院判处拘役或者有期徒刑时,行政机关已经给予当事人行政拘留的,应当依法折抵相应刑期,故法院作出将被告人贺某已被行政拘留的三十日在刑罚执行中予以折抵刑期的判决。

 法条链接

《中华人民共和国行政处罚法》

第二十八条(2021 年 7 月 15 日施行后为第三十五条)
违法行为构成犯罪,人民法院判处拘役或者有期徒刑时,行政机关已经给予当事人行政拘留的,应当依法折抵相应刑期。
违法行为构成犯罪,人民法院判处罚金时,行政机关已经给予当事人罚款的,应当折抵相应罚金。

第三十五条(2021 年版)
违法行为构成犯罪,人民法院判处拘役或者有期徒刑时,行政机关已经给予当事人行政拘留的,应当依法折抵相应刑期。

> 违法行为构成犯罪,人民法院判处罚金时,行政机关已经给予当事人罚款的,应当折抵相应罚金;行政机关尚未给予当事人罚款的,不再给予罚款。

《中华人民共和国刑法》

第二百九十三条
【寻衅滋事罪】有下列寻衅滋事行为之一,破坏社会秩序的,处五年以下有期徒刑、拘役或者管制:
(一)随意殴打他人,情节恶劣的;
(二)追逐、拦截、辱骂、恐吓他人,情节恶劣的;
(三)强拿硬要或者任意损毁、占用公私财物,情节严重的;
(四)在公共场所起哄闹事,造成公共场所秩序严重混乱的。
纠集他人多次实施前款行为,严重破坏社会秩序的,处五年以上十年以下有期徒刑,可以并处罚金。

第十节 行政处罚的时效

行政处罚的时效,指行政机关追究当事人违法责任给予行政处罚的有效期限。原则上行政违法行为在两年内未被发现的,不再给予行政处罚;涉及公民生命健康安全、金融安全且有危害后果的,行政处罚时效为五年;法律另有规定的除外。

案例 40

原告驻马店市某石材厂诉被告驻马店市国土资源局、驻马店市驿城区国土资源局行政处罚案

案号:〔2017〕豫 1725 行初 51 号

案件简介

> 原告驻马店市某石材厂成立于 2012 年 11 月 8 日,住所地位于驻马店市驿城区板桥镇马冲村委某村民组。该厂在成立时租赁某村民组荒地用于建设厂房和堆放石材。2014 年,驻马店市驿城区国土资源局对原告的厂房及土地硬化部分用地进行了处理。2016 年 9 月 30 日,驻马店市驿城区国土资源局向驻马店市某

石材厂送达行政处罚听证告知书,2016年10月24日,驻马店市驿城区国土资源局作出〔2016〕第107号国土资源行政处罚决定书,认为原告驻马店市某石材厂违反《中华人民共和国土地管理法》第七十六条、《中华人民共和国土地管理法实施条例》第四十二条和《河南省实施〈土地管理法〉办法》第六十六条之规定,对原告驻马店市某石材厂作出如下处罚:①责令退还非法占用的土地;②对非法占用的土地处以每平方米10元,共计人民币205200元的罚款。驻马店市某石材厂不服该决定,向驻马店市国土资源局提出复议申请,驻马店市国土资源局于2017年3月13日作出驻国土资复决字〔2016〕5号行政复议决定书,维持驻马店市驿城区国土资源局作出的〔2016〕第107号国土资源行政处罚决定书。

原告以被告驻马店市驿城区国土资源局作出上述处罚决定超过处罚时效等为由,向法院提起行政诉讼,请求:①依法撤销被告驻马店市国土资源局作出的驻国土资复决字〔2016〕5号行政复议决定书;②依法撤销被告驻马店市驿城区国土资源局作出的〔2016〕第107号国土资源行政处罚决定书。

裁判结果

驳回原告驻马店市某石材厂的诉讼请求。

案件评析

被告驻马店市驿城区国土资源局对原告作出上述处罚决定是否超过处罚时效?

我国对土地的使用采取规划许可制度,任何单位和个人使用土地均应依法得到批准。原告驻马店市某石材厂在未取得合法用地手续的情况下,擅自租用大面积土地堆放石材并加工生产,属于非法占地行为,违法占用土地事实清楚。原告驻马店市某石材厂自2012年成立时开始违法占地堆放石材,其后果一直处于持续状态,属于《中华人民共和国行政处罚法》第二十九条第二款规定的违法行为有连续或者继续状态,违法占地行为至案件审理时尚未终了。被告驻马店市驿城区国土资源局对原告某石材厂作出该行政处罚,并未超过处罚时效。原告未取得相关用地许可的审批证书,意味着其违法占用土地行为呈持续状态,原告以被告驻马店市驿城区国土资源局作出上述处罚决定超过处罚时效的理由不能成立。被告驻马店市驿城区国土资源局于2016年10月24日作出的〔2016〕第107号国土资源行政处罚决定书,证据确凿,适用法律正确,程序合法。被告驻马店市国土资源局2017年3月13日作出的驻国土资复决字〔2016〕5号行政复议决定书亦符合法定程序,故法院判决驳回原告驻马店市某石材厂的诉讼请求。

法条链接

《中华人民共和国行政处罚法》

第二十九条（2021年7月15日施行后为第三十六条）

违法行为在二年内未被发现的，不再给予行政处罚。法律另有规定的除外。

前款规定的期限，从违法行为发生之日起计算；违法行为有连续或者继续状态的，从行为终了之日起计算。

第三十六条（2021年版）

违法行为在二年内未被发现的，不再给予行政处罚；涉及公民生命健康安全、金融安全且有危害后果的，上述期限延长至五年。法律另有规定的除外。

前款规定的期限，从违法行为发生之日起计算；违法行为有连续或者继续状态的，从行为终了之日起计算。

《中华人民共和国土地管理法》

第七十六条（2020年1月1日施行后为第七十七条）

未经批准或者采取欺骗手段骗取批准，非法占用土地的，由县级以上人民政府土地行政主管部门责令退还非法占用的土地，对违反土地利用总体规划擅自将农用地改为建设用地的，限期拆除在非法占用的土地上新建的建筑物和其他设施，恢复土地原状，对符合土地利用总体规划的，没收在非法占用的土地上新建的建筑物和其他设施，可以并处罚款；对非法占用土地单位的直接负责的主管人员和其他直接责任人员，依法给予行政处分；构成犯罪的，依法追究刑事责任。

超过批准的数量占用土地，多占的土地以非法占用土地论处。

《中华人民共和国土地管理法实施条例》（2021年修订后为第五十七条）

第四十二条

依照《土地管理法》第七十六条的规定处以罚款的，罚款额为非法占用土地每平方米30元以下。

第五十七条（2021年版）

依照《土地管理法》第七十七条的规定处以罚款的，罚款额为非法占用土地每平方米100元以上1000元以下。

违反本条例规定，在国土空间规划确定的禁止开垦的范围内从事土地开发活动的，由县级以上人民政府自然资源主管部门责令限期改正，并依照《土地管理法》第七十七条的规定处罚。

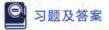 习题及答案

第五讲

行政强制篇

　　行政强制,是指行政机关为了预防或制止正在发生或可能发生的违法行为、危险状态以及不利后果,或者为了保全证据、确保案件查处工作的顺利进行而对相对人的人身、财产予以强行强制的一种具体行政行为。《中华人民共和国行政强制法(草案)》是继《中华人民共和国行政处罚法》《中华人民共和国行政许可法》后,又一部旨在约束行政权力的法律。经过五次审议,全国人大常委会于2011年6月30日表决通过了《中华人民共和国行政强制法》,进一步规范行政强制的设定和实施。以草案的基本精神而言,其在正式发布时不会被消解。真正令人担心的,是草案发布实施后,具体执行者可能会有一段时间的适应过程,毕竟"我管你听"式的居高临下心态成了行政执法者很强的心理定式,但以人为本的行政文明是不可逆转的潮流。行政强制包括两个类型,一类是行政强制措施,一类是行政强制执行。

第一节 对行政强制不服的救济途径

公民、法人或者其他组织不服行政机关实施行政强制,有权依法申请行政复议或者提起行政诉讼,即行政强制相对人对行政机关实施行政强制措施或行政强制执行不服,有权依法申请行政复议或者提起行政诉讼。

案例 41

原告韦某诉被告钦州市人民政府行政复议案

案号:〔2015〕钦行初字第 1 号

案件简介

原告韦某于 2014 年 12 月 8 日向被告钦州市人民政府提交了行政复议申请书,认为钦南区人民政府于 2014 年 10 月 17 日组织人员对韦某承包的林地、林木及鸡舍进行强行拆除,并动手殴打其家人。钦南区人民政府在强行拆除前并未向韦某进行过任何形式的通知,也未出示过征地批文,韦某至今未与政府签订过任何协议,也未得到过任何征地补偿。原告认为钦南区人民政府的这一强拆行为是违法的。韦某请求被告依法确认钦南区人民政府的强拆行为违法,并责令钦南区人民政府停止违法占地的行为,恢复韦某的鸡舍及土地原状,赔偿韦某的林木损失 50000 元,并向其赔偿道歉。被告认为原告所提交的证据不足以证明强拆行为是钦南区人民政府实施的,且拆除行为是执行行为,不属于行为复议受案范围,原告如不服应直接对拆迁决定申请行为复议或直接向人民法院起诉。被告钦州市人民政府于当天作出钦政复告字〔2014〕2 号行政复议告知书。原告不服,于 2015 年 1 月 19 日向法院提起行政诉讼,请求法院撤销被告作出的钦政复告字〔2014〕2 号行政复议告知书,并判令被告限期依法受理原告提起的行政复议,并由被告承担本案的一切诉讼费用。

裁判结果

一、撤销被告钦州市人民政府作出的钦政复告字〔2014〕2 号行政复议告知书。

二、责令被告钦州市人民政府依法受理原告的行政复议申请。

案件评析

本案被告钦州市人民政府认为钦南区人民政府的拆除行为是执行行为,不属于行为复议受案范围而不给予原告行政复议的理由是否成立?

《中华人民共和国行政强制法》第二条第一款规定:"本法所称行政强制,包括行政强制措施和行政强制执行。"第二条第三款规定:"行政强制执行,是指行政机关或者行政机关申请人民法院,对不履行行政决定的公民、法人或者其他组织,依法强制履行义务的行为。"第八条规定:"公民、法人或者其他组织对行政机关实施行政强制,享有陈述权、申辩权;有权依法申请行政复议或者提起行政诉讼;因行政机关违法实施行政强制受到损害的,有权依法要求赔偿。"这里规定得很清楚,行政机关对不履行行政决定的公民、法人或者其他组织,依法强制履行义务的行为就是行政强制执行。钦南区人民政府的强制拆除行为就是一种行政强制执行行为,根据《中华人民共和国行政强制法》第八条的规定,原告韦某有权申请行政复议或者提起行政诉讼。被告钦州市人民政府认为钦南区人民政府的拆除行为是执行行为,不属于行为复议受案范围而不给予原告行政复议的理由不能成立。根据《中华人民共和国行政强制法》第八条的规定,原告申请行政复议的理由成立,应当得到支持。被告钦州市人民政府作出的钦政复告字〔2014〕2号行政复议告知错误,应予撤销。

法条链接

《中华人民共和国行政强制法》

第二条

本法所称行政强制,包括行政强制措施和行政强制执行。

行政强制措施,是指行政机关在行政管理过程中,为制止违法行为、防止证据损毁、避免危害发生、控制危险扩大等情形,依法对公民的人身自由实施暂时性限制,或者对公民、法人或者其他组织的财物实施暂时性控制的行为。

行政强制执行,是指行政机关或者行政机关申请人民法院,对不履行行政决定的公民、法人或者其他组织,依法强制履行义务的行为。

第八条

公民、法人或者其他组织对行政机关实施行政强制,享有陈述权、申辩权;有权依法申请行政复议或者提起行政诉讼;因行政机关违法实施行政强制受到损害的,有权依法要求赔偿。

公民、法人或者其他组织因人民法院在强制执行中有违法行为或者扩大强制执行范围受到损害的,有权依法要求赔偿。

第二节 查封、扣押期限

一般情况下,查封、扣押的期限不得超过三十日;情况复杂的,经行政机关负责人批准可以延长,但是延长期限不得超过三十日。法律、行政法规另有规定的除外。延长查封、扣押期限应当有充足的理由,不能任意延长。实践中,有的行政执法人员作风散漫,效率低下,不在最短的时间内办结案件,总是习惯于延长查封、扣押期限。行政机关负责人应严格把关,严格将期限的延长限制在情况复杂的特殊情况,而不能不管情况是否复杂,一概批准延长,导致所有案件都适用最长期限,给当事人造成不必要的损失。

案例 42

原告桐乡市某副食品配送中心诉被告桐乡市场监督管理局行政强制案

案号:〔2020〕浙 0402 行初 37 号

 案件简介

2020 年 3 月 20 日,被告桐乡市市场监督管理局(以下简称桐乡市市监局)在对原告进行现场检查时,发现原告涉嫌销售可能不符合食品安全标准的食盐,当日予以立案,并于同日作出桐市监强字〔2020〕33 号实施行政强制措施决定书,依法对现场发现的食盐予以查封,查封物品包括:①鲁晶低钠盐(规格:400g)50 袋;②雪涛日晒自然盐(规格:300g)10080 袋;③雪涛深井海藻加碘盐(规格:350g)8400 袋。查封日期自 2020 年 3 月 20 日至 2020 年 4 月 19 日,该决定书于当日送达原告,并告知原告有进行陈述和申辩的权利及救济途径。同时,被告从查封的 50 袋鲁晶低钠盐中随机抽样 6 袋,3 袋送样,3 袋备样,委托浙江某检测技术有限公司进行检测,该机构于 2020 年 3 月 27 日出具编号为 FWB2000152 的检验检测报告,报告载明,经抽样检验,所检项目(除实测值外)符合《食品安全国家标准食用盐》(GB2721—2015)、《食品安全国家标准食品中污染物限量》(GB2762—2017)等要求。2020 年 4 月 17 日,被告作出(浙桐)市监期告字〔2020〕JE2 号检验期间告知书,告知原告检验期为 2020 年 3 月 20 日至 2020 年 3 月 27 日,并于当日送达原告。同日,因情况复杂,被告作出桐市监封强延字〔2020〕33 号延长行政强制措施期限决定书,决定将行政强制措施的期限延长至2020年5月26日,并于当日送达原告。2020年5月26日,被告作出桐市监强解字〔2020〕33号解除行政强制措施决定书,解除行政强制措施,退还查封物品,并告知原告领取物品的时间和地点,原告于当日签收该决定书。后原告不服桐市监强字〔2020〕33号实施行政强制措施决定书,提起行政诉讼,请求确认被告桐乡市市监局作出的桐市监强字〔2020〕33号行政强制措施行为违法。

裁判结果

驳回原告的诉讼请求。

案件评析

《中华人民共和国食品安全法》第一百一十条规定:"县级以上人民政府食品药品监督管理、质量监督部门履行各自食品安全监督管理职责,有权采取下列措施,对生产经营者遵守本法的情况进行监督检查:……(四)查封、扣押有证据证明不符合食品安全标准或者有证据证明存在安全隐患以及用于违法生产经营的食品、食品添加剂、食品相关产品……"《中华人民共和国行政强制法》第二十五条规定:"查封、扣押的期限不得超过三十日;情况复杂的,经行政机关负责人批准,可以延长,但是延长期限不得超过三十日。法律、行政法规另有规定的除外。延长查封、扣押的决定应当及时书面告知当事人,并说明理由。对物品需要进行检测、检验、检疫或者技术鉴定的,查封、扣押的期间不包括检测、检验、检疫或者技术鉴定的期间。检测、检验、检疫或者技术鉴定的期间应当明确,并书面告知当事人。"第二十七条规定:"行政机关采取查封、扣押措施后,应当及时查清事实,在本法第二十五条规定的期限内作出处理决定。……应当解除查封、扣押的,作出解除查封、扣押的决定。"第二十八条规定:"有下列情形之一的,行政机关应当及时作出解除查封、扣押决定:……(四)查封、扣押期限已经届满;……。解除查封、扣押应当立即退还财物……"本案中,被告桐乡市市监局在进行现场检查时发现原告涉嫌销售可能存在不符合食品安全标准的食盐,对案涉物品采取了行政强制措施,后因案情复杂,对行政强制措施期限进行了延长,并在法定期间内解除了行政强制措施。被告在作出解除行政强制措施时即通知原告取回查封物,其所实施的行政强制措施事实清楚,适用法律、法规正确,符合法定程序,故法院驳回原告的诉讼请求。

法条链接

《中华人民共和国行政强制法》

第二十五条

查封、扣押的期限不得超过三十日；情况复杂的，经行政机关负责人批准，可以延长，但是延长期限不得超过三十日。法律、行政法规另有规定的除外。

延长查封、扣押的决定应当及时书面告知当事人，并说明理由。

对物品需要进行检测、检验、检疫或者技术鉴定的，查封、扣押的期间不包括检测、检验、检疫或者技术鉴定的期间。检测、检验、检疫或者技术鉴定的期间应当明确，并书面告知当事人。检测、检验、检疫或者技术鉴定的费用由行政机关承担。

第三节　保管费用

该保管费用是指因行政机关采取查封、扣押措施产生的费用，同时为避免行政机关通过收取高额保管费谋取不正当利益，法律规定保管费用由行政机关承担。行政机关不得以任何形式变相向当事人收取保管费用。

案例 43

原告谢某诉被告玉林市公安局交通警察支队直属一大队行政强制案

案号：〔2017〕桂 0902 行初 11 号

 案件简介

2016 年 12 月 5 日，谢某驾驶桂 D×××××号小型轿车由玉林广播电视局方向沿广场东路经人民路右转往丽晶酒店方向行驶至事故地点时，其车左前角与从玉林财政局沿广场东路经人民路左转往丽晶方向行驶、由辛某驾驶的玉林 60360 号电动车右后侧发生碰撞，造成辛某受伤、两车不同程度损坏的交通事故。事故发生后，交警直属一大队派民警到现场调查、收集证据，决定扣留桂 D×××××号小型轿车，拖移该车至新发兆丰停车场，同时出具《玉林市公安局交通警察支队公安交通管理行政强制措施凭证》,并送达给谢某。12月26日,交警直属一大队作出第1601401号道路交通事故认定书(简易程序),对该交通事故作出事故责任认定:谢某承担事故全部责任,辛某不承担事故责任。同时组织谢某、辛某就交通事故损害赔偿事宜进行调解。12月28日,辛某提出财产保全申请,请求依法对桂D×××××号小型轿车进行查封,查封价值为20000元。12月29日,交警直属一大队作出第1607421号道路交通事故处理通知书,通知谢某五日内办理领车事宜。当天,谢某到第三人玉林市兆丰汽车交通拯救服务部办理领车事宜,该服务部收取其停车费350元、道路清障费(拖车费)180元。原告不服,起诉被告至法院,请求判令被告支付原告停车费350元、道路清障费(拖车费)180元,共计530元。

裁判结果

被告玉林市公安局交通警察支队直属一大队代替第三人玉林市兆丰汽车交通拯救服务部退回停车费350元、道路清障费(拖车费)180元,合计530元给原告谢某。

案件评析

关于被告扣留原告车辆的行为合法性问题,根据《中华人民共和国道路交通安全法》第七十二条第二款"交通警察应当对交通事故现场进行勘验、检查,收集证据;因收集证据的需要,可以扣留事故车辆,但是应当妥善保管,以备核查"的规定,被告作为道路交通安全的执法机关,其在交通事故处理过程中为了收集证据有权对原告发生事故的车辆采取扣留措施,被告对原告发生的交通事故处理完毕后通知原告办理领回被扣留的车辆,在程序上并没有违反相关法律的规定,因此被告扣留原告车辆的行为事实清楚,主要证据确实充分,适用法律正确,程序合法,具备合法性。

关于原告应否承担车辆被扣留发生的保管费用问题,根据《中华人民共和国行政强制法》第二十六条第三款"因查封、扣押发生的保管费用由行政机关承担"之规定,被告扣留原告的车辆并拖移至兆丰停车场保管,期间所发生的保管费用应由被告承担,原告在办理领车事宜时支付了停车费350元和道路清障费(拖车费)180元,应由被告代替第三人退回给原告,故法院判决:被告玉林市公安局交通警察支队直属一大队代替第三人玉林市兆丰汽车交通拯救服务部退回停车费350元、道路清障费(拖车费)180元,合计530元给原告谢某。

法条链接

《中华人民共和国行政强制法》

第二十六条

对查封、扣押的场所、设施或者财物,行政机关应当妥善保管,不得使用或者损毁;造成损失的,应当承担赔偿责任。

对查封的场所、设施或者财物,行政机关可以委托第三人保管,第三人不得损毁或者擅自转移、处置。因第三人的原因造成的损失,行政机关先行赔付后,有权向第三人追偿。

因查封、扣押发生的保管费用由行政机关承担。

《中华人民共和国道路交通安全法》

第七十二条

公安机关交通管理部门接到交通事故报警后,应当立即派交通警察赶赴现场,先组织抢救受伤人员,并采取措施,尽快恢复交通。

交通警察应当对交通事故现场进行勘验、检查,收集证据;因收集证据的需要,可以扣留事故车辆,但是应当妥善保管,以备核查。

对当事人的生理、精神状况等专业性较强的检验,公安机关交通管理部门应当委托专门机构进行鉴定。鉴定结论应当由鉴定人签名。

第四节 行政强制执行应遵循法定的程序

行政机关依法作出行政决定后,当事人在行政机关决定的期限内不履行义务的,具有行政强制执行权的行政机关可以强制执行,但应遵守法定程序。

案例 44

汤某诉被告海盐县人民政府西塘桥街道办事处行政确认案

案号:〔2017〕浙 0424 行初 21 号

案件简介

2011年3月，原告汤某分别租用了汤某1、汤某2位于海盐县西塘桥街道某村某组的农村承包田，并在该处搭建鸡棚进行养殖。2017年5月8日，被告下属执法局对原告的上述搭建行为立案调查，并于同年6月30日向原告发出责令（限期）改正违法行为通知书，认为原告系违法搭建，要求原告在2017年7月4日前自行拆除。后因原告未拆除，被告于2017年7月21日组织人员将原告搭建的上述鸡棚予以拆除。原告不服，向法院提出行政诉讼，请求确认被告强制拆除原告鸡棚的行为违法。

裁判结果

确认被告海盐县人民政府西塘桥街道办事处于2017年7月21日对原告汤某位于海盐县西塘桥街道某村某组的鸡棚实施强制拆除的行为违法。

案件评析

《中华人民共和国行政强制法》第三十四条规定："行政机关依法作出行政决定后，当事人在行政机关决定的期限内不履行义务的，具有行政强制执行权的行政机关依照本章规定强制执行。"第三十五条规定："行政机关作出强制执行决定前，应当事先催告当事人履行义务。催告应当以书面形式作出，并载明下列事项：……"第三十六条规定："当事人收到催告书后有权进行陈述和申辩。行政机关应当充分听取当事人的意见，对当事人提出的事实、理由和证据，应当进行记录、复核。当事人提出的事实、理由或者证据成立的，行政机关应当采纳。"第三十七条规定："经催告，当事人逾期仍不履行行政决定，且无正当理由的，行政机关可以作出强制执行决定。"第四十四条规定："对违法的建筑物、构筑物、设施等需要强制拆除的，应当由行政机关予以公告，限期当事人自行拆除。当事人在法定期限内不申请行政复议或者提起行政诉讼，又不拆除的，行政机关可以依法强制拆除。"本案中，被告认为原告在海盐县西塘桥街道某村某组搭建的鸡棚属于违法构筑物，并向原告发出责令（限期）改正违法行为通知书，但被告在组织实施强制拆除前并未履行上述法律规定的催告、公告等法定程序，也无证据证明被告已给予当事人陈述申辩的权利和告知相应的救济途径，严重违反了法定程序。综上，被诉行政行为违反法定程序，应当予以撤销，但因不具有可撤销的内容，应确认违法。

法条链接

《中华人民共和国行政强制法》

第三十五条

行政机关作出强制执行决定前,应当事先催告当事人履行义务。催告应当以书面形式作出,并载明下列事项:

(一)履行义务的期限;

(二)履行义务的方式;

(三)涉及金钱给付的,应当有明确的金额和给付方式;

(四)当事人依法享有的陈述权和申辩权。

第三十六条

当事人收到催告书后有权进行陈述和申辩。行政机关应当充分听取当事人的意见,对当事人提出的事实、理由和证据,应当进行记录、复核。当事人提出的事实、理由或者证据成立的,行政机关应当采纳。

第三十七条

经催告,当事人逾期仍不履行行政决定,且无正当理由的,行政机关可以作出强制执行决定。

强制执行决定应当以书面形式作出,并载明下列事项:

(一)当事人的姓名或者名称、地址;

(二)强制执行的理由和依据;

(三)强制执行的方式和时间;

(四)申请行政复议或者提起行政诉讼的途径和期限;

(五)行政机关的名称、印章和日期。

在催告期间,对有证据证明有转移或者隐匿财物迹象的,行政机关可以作出立即强制执行决定。

第三十八条

催告书、行政强制执行决定书应当直接送达当事人。当事人拒绝接收或者无法直接送达当事人的,应当依照《中华人民共和国民事诉讼法》的有关规定送达。

《中华人民共和国行政诉讼法》

第七十四条

行政行为有下列情形之一的,人民法院判决确认违法,但不撤销行政行为:

(一)行政行为依法应当撤销,但撤销会给国家利益、社会公共利益造成重大损害的;

(二)行政行为程序轻微违法,但对原告权利不产生实际影响的。

行政行为有下列情形之一,不需要撤销或者判决履行的,人民法院判决确认违法:
(一)行政行为违法,但不具有可撤销内容的;
(二)被告改变原违法行政行为,原告仍要求确认原行政行为违法的;
(三)被告不履行或者拖延履行法定职责,判决履行没有意义的。

第五节 加处罚款

加处罚款属于执行罚,是间接强制的一种。行政机关作出罚款或者征收税费等金钱给付义务的行政决定后,当事人在行政决定确定的期限内不履行的,行政机关可以依法加处罚款或者滞纳金,以促使当事人尽快缴纳罚款或者税、费,履行金钱给付义务。为了防止加处罚款或者滞纳金被滥用,法律明确规定了适用加处罚款或者滞纳金的条件,行政机关在适用加处罚款或者滞纳金时必须遵循这些条件。同时法律明确了加处罚款或者滞纳金不得超过本金原则。

案例 45

申请执行人卫辉市公安局交通警察大队与被执行人徐某非诉执行审查案

案号:〔2018〕豫 0781 行审 290 号

 案件简介

卫辉市公安局交通警察大队认定徐某于 2016 年 7 月 6 日 6 时 8 分在牧野大道与建设路实施驾驶机动车违反道路交通信号灯通行的违法行为,该违法行为违反了《中华人民共和国道路交通安全法》第三十八条,依据《中华人民共和国道路交通安全法》第三十八条、四十条、四十一条、四十二条、四十三条、九十条、一百一十四条以及《河南省道路交通安全条例》第五十七条第(三)项规定,对徐某作出了编号 410781-1902840096 处罚决定,罚款 200 元,限其十五日内缴纳,逾期每日按罚款数额的 3% 加处罚款。徐某于当日签收该处罚决定书后,在法定期限内既未申请行政复议,亦未提起行政诉讼。2018 年 1 月 5 日,卫辉市公安局交通警察大队向徐某送达了催告书,催告其缴纳罚款 200 元及加处罚款 200 元,合计 400 元。因徐某逾期未缴纳,现卫辉市公安局交通警察大队向法院申请强制执行,要求徐某缴纳罚款 200 元及加处罚款 200 元。法院于同日受理后,依法组成合议庭对本案进行了合法性审查。本案现已审查终结。

裁判结果

对卫辉市公安局交通警察大队作出的编号 410781-1902840096 处罚决定准予执行。

 案件评析

本案申请执行人卫辉市公安局于 2016 年 7 月 6 日对被执行人徐某作出了罚款 200 元(即金钱给付义务 200 元)的行政处罚,限其十五日内缴纳,逾期每日按罚款数额的 3‰ 加处罚款。被执行人徐某于当日签收该处罚决定书后未履行。至 2018 年 1 月 5 日,申请执行人卫辉市公安局交通警察大队向被执行人徐某送达了催告书,催告其履行罚款 200 元及加处罚款 200 元,合计 400 元。综上可知,加处罚款 200 元没有超出金钱给付义务 200 元的数额,该行政处罚决定认定事实清楚,证据充分,适用法律、法规正确,程序合法,申请执行人卫辉市公安局交通警察大队申请法院强制执行申请前已催告被执行人徐某履行义务,该处罚决定已生效并具有可执行内容,符合申请执行条件,不存在影响准予强制执行的法定情形,法院对卫辉市公安局交通警察大队提出的强制执行申请予以准许。根据《中华人民共和国行政强制法》第四十五条"行政机关依法作出金钱给付义务的行政决定,当事人逾期不履行的,行政机关可以依法加处罚款或者滞纳金。加处罚款或者滞纳金的标准应当告知当事人。加处罚款或者滞纳金的数额不得超出金钱给付义务的数额"的规定,法院对申请执行人卫辉市公安局交通警察大队申请执行被执行人徐某履行加处罚款 200 元的申请一并予以准许,故法院裁定对申请执行人卫辉市公安局交通警察大队作出的编号 410781-1902840096 处罚决定准予执行。

 法条链接

《中华人民共和国行政强制法》

第四十五条
行政机关依法作出金钱给付义务的行政决定,当事人逾期不履行的,行政机关可以依法加处罚款或者滞纳金。加处罚款或者滞纳金的标准应当告知当事人。
加处罚款或者滞纳金的数额不得超出金钱给付义务的数额。

《中华人民共和国道路交通安全法》

第九十条
机动车驾驶人违反道路交通安全法律、法规关于道路通行规定的,处警告或者二十元以上二百元以下罚款。本法另有规定的,依照规定处罚。

第一百一十四条

公安机关交通管理部门根据交通技术监控记录资料,可以对违法的机动车所有人或者管理人依法予以处罚。对能够确定驾驶人的,可以依照本法的规定依法予以处罚。

第六节 无强制执行权的行政机关非诉行政执行期限

非诉行政执行是指行政行为的相对人对行政行为在法定期限内没有提起行政复议或者行政诉讼,行政机关可以申请人民法院强制执行。申请执行的期限为行政行为的相对人自申请行政复议或者行政诉讼期限届满之日起三个月内。其他行政诉讼案件申请执行期限为二年。

案例 46

申请执行人双城区国土资源局与被执行人白某非诉执行审查案

案号:〔2018〕黑 0113 行审 34 号

 案件简介

> 申请执行人双城区国土资源局于 2018 年 9 月 10 日向法院申请强制执行双国土行处罚字〔2017〕34 号行政处罚决定,法院于 2018 年 9 月 13 日立案,依法组成合议庭进行了审查,本案现已审查终结。
> 被执行人白某在未依法办理用地手续的情况下,于 2016 年 5 月擅自在双城区庆北村占地建设厂房一栋,占用规划用途为村镇允许建设区的土地 1427.8 平方米,房屋建筑面积为 692.36 平方米,现主体完工已投入使用。经调查取证,申请执行人对白某进行了询问,并对现场进行了勘测和拍照,确定白某非法占地行为事实成立。以上事实违反了《中华人民共和国土地管理法》第四十三条、第四十四条之规定,依据《中华人民共和国土地管理法》第七十六条、《中华人民共和国土地管理法实施条例》第四十二条之规定,申请执行人于 2017 年 6 月 14 日下达双国

土行处罚字〔2017〕34号行政处罚决定,对被执行人白某处罚如下:①责令退还非法占用的1427.8平方米土地;②没收在非法占用规划用途为村镇允许建设区1427.8平方米土地上新建设的厂房,建筑面积为692.36平方米;③对非法占用的1427.8平方米土地处以每平方米10元罚款,合计人民币14278元。

裁判结果

对双国土行处罚字〔2017〕34号行政处罚决定不准予执行。

案件评析

本案申请执行人申请执行超过了非诉行政执行的期限。

本案涉及非诉行政执行期限的问题,《中华人民共和国行政强制法》第五十三条规定:"当事人在法定期限内不申请行政复议或者提起行政诉讼,又不履行行政决定的,没有行政强制执行权的行政机关可以自期限届满之日起三个月内,依照本章规定申请人民法院强制执行。"本案中,申请执行人于2017年6月14日向被执行人送达行政处罚决定书,并于2018年9月10日向人民法院申请执行。该行政处罚决定时,已经超过《中华人民共和国行政强制法》第五十三条规定的申请执行的期限。依据《中华人民共和国行政强制法》第五十三条、《最高人民法院关于适用〈中华人民共和国行政诉讼法〉的解释》第一百六十一条第一款第(四)项之规定,法院裁定对双国土行处罚字〔2017〕34号行政处罚决定不准予执行。

法条链接

《中华人民共和国行政强制法》

第五十三条

当事人在法定期限内不申请行政复议或者提起行政诉讼,又不履行行政决定的,没有行政强制执行权的行政机关可以自期限届满之日起三个月内,依照本章规定申请人民法院强制执行。

《最高人民法院关于适用〈中华人民共和国行政诉讼法〉的解释》

第一百五十三条

申请执行的期限为二年。申请执行时效的中止、中断,适用法律有关规定。

申请执行的期限从法律文书规定的履行期间最后一日起计算;法律文书规定分期履行的,从规定的每次履行期间的最后一日起计算;法律文书中没有规定履行期限的,从该法律文书送达当事人之日起计算。

逾期申请的,除有正当理由外,人民法院不予受理。

第一百五十六条

没有强制执行权的行政机关申请人民法院强制执行其行政行为,应当自被执行人的法定起诉期限届满之日起三个月内提出。逾期申请的,除有正当理由外,人民法院不予受理。

第七节 行政强制适当原则

行政强制包括行政强制措施和行政强制执行。行政强制适当原则是行政法领域中的一项普遍原则,在行政强制领域中,也称比例原则。所谓比例原则,是指行政机关在可以采用多种方式实现某一行政目的的情况下,应当采用对当事人权益损害最小的方式,这样做才是适当和合理的。采用非强制手段可以达到行政管理目的的,不得设定和实施行政强制。

案例 47

申请执行人建德市国土资源局与被执行人董某非诉执行审查案

案号:〔2015〕杭建行审字第 254 号

案件简介

> 申请执行人建德市国土资源局于 2014 年 3 月 24 日作出建土政罚决字〔2014〕13 号行政处罚决定书,认定:2012 年 10 月,建德市某街道某村村民董某未经批准,擅自在建德市某街道某村占用 352 平方米土地建造住宅,建筑占地 153 平方米,建筑面积为 641 平方米。所占土地中,332 平方米为园地(建筑面积为 627

平方米),属于限制建设区,不符合某街道土地利用总体规划;20平方米为建设用地(建筑面积为14平方米),属于允许建设区,符合某街道土地利用总体规划。被执行人的行为违反了《中华人民共和国土地管理法》第六十二条的规定,属非法占地行为。申请执行人根据《中华人民共和国土地管理法》第七十七条之规定,作出如下行政处罚:责令董某退还非法占用的352平方米土地,限其自收到行政处罚决定书之日起15日内自行拆除在不符合土地利用总体规划的土地上建造的641平方米的房屋。该处罚决定书于2014年3月26日送达,在法定期限内,被执行人未申请行政复议和提起诉讼,亦未履行处罚决定确定的义务。2014年7月16日,申请执行人送达建土催字〔2014〕第171号履行行政处罚决定催告书,被执行人仍未履行。申请执行人向法院申请强制执行。

另查明,被执行人所建的房屋目前系其唯一住房

裁判结果

裁定对申请执行人建德市国土资源局作出的建土政罚决字〔2014〕13号行政处罚决定不准予强制执行。

案件评析

本案中,法院为何裁定对申请执行人建德市国土资源局作出的建土政罚决字〔2014〕13号行政处罚决定不准予强制执行?

虽然本案被执行人董某2012年所建房屋违法,申请执行人建德市国土资源局所作行政处罚决定依据充分,适用法律、法规正确,程序合法,但被执行人所建房屋目前系其唯一住房,如拆除,被执行人将无处居住,其居住权无法保障,不利于社会稳定。此外,行政强制的设定和实施,应当适当,采用非强制手段可以达到行政管理目的的,不得设定和实施行政强制。根据《中华人民共和国行政强制法》第五条规定的行政强制适当原则,申请执行人可以依法通过采用其他适当行政强制手段,以对被执行人权益损害最小的方式达到行政管理目的,而申请执行人建德市国土资源局于2014年申请法院行政强制执行,其中拆除案涉房屋将对被执行人董某造成巨大损害,不符合行政强制适当原则。依照《中华人民共和国行政强制法》第五条、第五十八条之规定,法院裁定对申请执行人建德市国土资源局作出的建土政罚决字〔2014〕13号行政处罚决定不准予强制执行。

法条链接

《中华人民共和国行政强制法》

第五条

行政强制的设定和实施,应当适当。采用非强制手段可以达到行政管理目的的,不得设定和实施行政强制。

第五十八条

人民法院发现有下列情形之一的,在作出裁定前可以听取被执行人和行政机关的意见:

(一)明显缺乏事实根据的;

(二)明显缺乏法律、法规依据的;

(三)其他明显违法并损害被执行人合法权益的。

人民法院应当自受理之日起三十日内作出是否执行的裁定。裁定不予执行的,应当说明理由,并在五日内将不予执行的裁定送达行政机关。

行政机关对人民法院不予执行的裁定有异议的,可以自收到裁定之日起十五日内向上一级人民法院申请复议,上一级人民法院应当自收到复议申请之日起三十日内作出是否执行的裁定。

第八节 停止执行

《中华人民共和国行政强制法》规定,行政机关实施强制拆除,须当事人在法定期限内不申请行政复议或者提起行政诉讼。这个规定是对行政机关强制执行一般规定的例外,体现了公平、公正要求。这也是根据实际情况和需求,对行政复议、行政诉讼不停止执行原则的突破。

案例 48

原告张某诉被告宜昌市城市管理执法局、宜昌市伍家岗区城市管理执法局行政强制案

案号:〔2015〕鄂伍家岗行初字第 00016 号

案件简介

原告张某系宜昌市伍家岗区忠旺炉灶制造厂业主。2005年7月,原告张某在未取得建设工程规划许可证的情况下,在位于宜昌市城市规划区内的伍家岗区伍家乡共强村七组建设房屋作为忠旺炉灶制造厂的厂房使用,共建设成房屋:一层砖瓦面积2195.36平方米,一层钢架面积975.89平方米,三层砖混面积334.8平方米,合计3506.05平方米。

2006年3月6日,宜昌市规划局向伍家岗区伍家乡共强村村民委员会下发了宜规建定临〔2006〕0010号《宜昌市规划局建筑工程建筑定位图》,定位图中载明:"经研究,同意你单位在共强村六组地段兴建临时搭住房工程。位置及相关尺寸如图红线所示。本图与其对应的建筑工程规划许可证联用方具法律效力。"2006年7月20日,原告张某与宜昌市伍家岗区伍家乡共强村村民委员会签订场地租赁合同一份,约定由原告张某租赁共强村七组3210平方米的场地,原告张某按合同约定交付租金。

2012年8月10日,被告宜昌市城市管理执法局就原告张某无证建房一案予以立案,于当日委派其工作人员谢某、郑某对原告张某位于宜昌市伍家岗区共强村七组忠旺炉灶制造厂无证建设的房屋进行了现场检查,制作了现场检查记录,查明原告张某未取得建设工程规划许可证建房面积为3506.05平方米,并对共强村村民委员会副主任彭某作了调查询问。同年8月13日,被告宜昌市城市管理执法局作出当事人权利告知书(编号〔2012〕35203)及提供相关证据及资料通知书,拟对忠旺炉灶制造厂给予相应的行政处罚,并告知其有权进行陈述和申辩;同时要求忠旺炉灶制造厂于2012年8月14日前将建设工程规划许可证(或村民建房许可文书)、施工许可证、使用土地的有关证明文件、红线图(或地形图)、组织机构代码、房屋权属资料、企业法人营业执照或营业执照、身份证或户口簿、结婚证或相关证明提交至宜昌市伍家岗区城市管理监察大队伍家乡中队。同日被告宜昌市城市管理执法局将告知书及通知书送达原告张某,因张某拒绝签收,后以留置方式送达。原告张某未在规定期限内向宜昌市伍家岗区城市管理监察大队伍家乡中队提交上述资料。2013年4月18日,被告宜昌市城市管理执法局作出宜城执拆字〔2013〕第35026号责令限期拆除决定书,认定:忠旺炉灶制造厂于2005年7月,在未取得建设工程规划许可证的情况下于宜昌市伍家岗区伍家乡共强村七组建设房屋,违建面积共计3506.05平方米,以上行为违反《中华人民共和国城乡规划法》第三十二条的规定,依据《中华人民共和国城乡规划法》第四十条的规定,责令忠旺炉灶制造厂自接到本决定书之日起三日内自行拆除违法建设的房屋。

2013年5月3日,被告宜昌市城市管理执法局向原告张某送达了责令限期拆除决定书。原告张某收到决定书后,于2013年7月9日向宜昌市人民政府申请了行政复议。宜昌市人民政府于2013年9月9日作出宜复决字〔2013〕13号行政复议决定书,维持了被告宜昌市城市管理执法局作出的宜城执拆字〔2013〕第35026号责令限期拆除决定书。

2013年8月1日,被告宜昌市伍家岗区城市管理执法局作出宜伍城执公〔2013〕3031号公告,要求忠旺炉灶制造厂自公告发布之日起三日内自行拆除位于宜昌市伍家岗区伍家乡共强村七组的建筑物,逾期不履行,将依法强制拆除。同年8月9日,被告宜昌市伍家岗区城市管理执法局作出宜伍城执催〔2013〕3003号履行行政决定催告书,要求忠旺炉灶制造厂自收到催告书次日起三日内自行拆除违法建设的房屋,面积为3506.05平方米,逾期不履行的,将依法强制拆除,并告知其有权进行陈述、申辩。同年8月12日,被告宜昌市伍家岗区城市管理执法局将催告书向原告张某送达,张某拒绝签收,以留置方式送达。同年8月29日,原告逾期未自行拆除上述违章建筑,被告宜昌市伍家岗区城市管理执法局作出宜伍城执强拆〔2013〕第3004号强制拆除违法建(构)筑物通知书,决定于2013年8月30日对忠旺炉灶制造厂位于宜昌市伍家岗区伍家乡共强村七组的违法建(构)筑物予以强制拆除,并告知了复议权及起诉权。同日,被告宜昌市伍家岗区城市管理执法局将强制拆除违法建(构)筑物通知书送达原告张某,张某拒绝签收,以留置方式送达。2013年8月30日,被告宜昌市伍家岗区城市管理执法局组织人员对原告张某经营的忠旺炉灶制造厂内3506.05平方米的违章建筑进行了强制拆除。张某不服,向法院起诉,请求:①判令撤销被告宜昌市城市管理执法局所作宜城执拆字〔2013〕第35026号责令限期拆除决定书;②判令被告宜昌市伍家岗区城市管理执法局2013年8月30日所作强制拆除行为违法,赔偿原告财产损失共计500万元人民币;③由被告承担全部诉讼费用。

同时查明,2006年2月26日,宜昌市人民政府颁布政府令第125号,决定施行《宜昌市城区城市管理行政执法实施办法》,该办法第五条规定:"市城市管理行政执法局依法对公民、法人或其他组织是否遵守城市管理法律、法规、规章实施检查监督,并集中行使下列行政处罚权和行政强制权:……(二)城市规划管理方面法律、法规、规章规定的行政处罚权;强制拆除责令停止建设后继续建设部分的建筑物或设施……"2013年10月18日,宜昌市人民政府颁布政府令第160号,决定修改《宜昌市城区城市管理行政执法实施办法》,修改后的实施办法第四条为"市、区人民政府设立城市管理行政执法机关(以下简称城市管理执法机关)依法履行省、市人民政府规定集中履行的行政执法职责。……区城市管理执法机关负责本辖区内的城市管理行政执法工作。"第六条为"区城市管理执法机关在本辖区内依法对公民、法人或其他组织是否遵守城市管理法律、法规、规章实施检查监督,并集中行使下列行政处罚和行政强制权……"

2015年11月16日,经法院组织,原告、被告双方一致确认,原告张某经营的忠旺炉灶制造厂拆除前,除建筑物(房屋及构筑物)以外的财产价值共计40万元。

裁判结果

一、维持被告宜昌市城市管理执法局于 2013 年 4 月 18 日作出的宜城执拆字〔2013〕第 35026 号责令限期拆除决定书。二、确认被告宜昌市伍家岗区城市管理执法局于 2013 年 8 月 29 日作出的宜伍城执强拆〔2013〕第 3004 号强制拆除违法建(构)筑物通知书违法。三、被告宜昌市伍家岗区城市管理执法局于本判决生效之日起十日内赔偿原告张某财产损失 40 万元。四、驳回原告张某的其他诉讼请求。

 案件评析

对于强制拆除违法建筑,只有当事人在法定期限内不申请行政复议或者提起行政诉讼,又不拆除的,行政机关才可以依法强制拆除。

本案中,张某于 2013 年 7 月 9 日申请行政复议,宜昌市人民政府予以受理,并于 2013 年 9 月 9 日作出行政复议决定书对责令限期拆除决定书予以维持。而宜昌市伍家岗区城市管理执法局于 2013 年 8 月 29 日向张某发放强制拆除违法建(构)筑物通知书,并于 2013 年 8 月 30 日对张某违建的厂房进行了强制拆除,该强制拆除行为发生在行政复议期间。《中华人民共和国行政强制法》第四十四条规定:"对违法的建筑物、构筑物、设施等需要强制拆除的,应当由行政机关予以公告,限期当事人自行拆除。当事人在法定期限内不申请行政复议或者提起行政诉讼,又不拆除的,行政机关可以依法强制拆除。"依据该规定,对于强制拆除违法建筑,当事人在法定期限内不申请行政复议或者提起行政诉讼,又不拆除的,行政机关才可以依法强制拆除。张某提起行政复议虽然超出了法定期限,但宜昌市人民政府仍然予以受理,该行政复议程序已经启动。《中华人民共和国行政复议法》第二十一条规定:"行政复议期间具体行政行为不停止执行;但是,有下列情形之一的,可以停止执行:(一)被申请人认为需要停止执行的;(二)行政复议机关认为需要停止执行的;(三)申请人申请停止执行,行政复议机关认为其要求合理,决定停止执行的;(四)法律规定停止执行的。"《中华人民共和国行政强制法》属于法律,其第四十四条规定了对违法建筑物进行强制拆除只有在当事人不提起行政复议或行政诉讼又不自行拆除的情况下才能实施,因此,在张某已经提起行政复议且进入行政复议程序的情况下,宜昌市伍家岗区城管局拆除违法建筑物应属于违法。

 法条链接

《中华人民共和国行政强制法》

第四十四条
对违法的建筑物、构筑物、设施等需要强制拆除的,应当由行政机关予以公告,限

期当事人自行拆除。当事人在法定期限内不申请行政复议或者提起行政诉讼,又不拆除的,行政机关可以依法强制拆除。

《中华人民共和国行政复议法》

第二十一条

行政复议期间具体行政行为不停止执行;但是,有下列情形之一的,可以停止执行:

(一)被申请人认为需要停止执行的;
(二)行政复议机关认为需要停止执行的;
(三)申请人申请停止执行,行政复议机关认为其要求合理,决定停止执行的;
(四)法律规定停止执行的。

第九节 停止供水、供电、供热、供燃气等违法行为

行政机关对居民生活采取停止供水、供电、供热、供燃气等方式迫使当事人履行相关行政决定,是违法行为。

案例 49

原告郭某与被告新安县人民政府电力行政强制案

案号:〔2020〕豫 03 行初 487 号

 案件简介

> 原告郭某系新安县磁涧镇尤彰村村民,2013 年 7 月其在磁涧二中对面建造了一座两层房屋。2020 年 12 月 7 日,被告新安县人民政府(以下简称新安县政府)向第三人国家电网河南省电力公司新安县供电公司(以下简称新安供电公司)下发《关于对磁涧镇尤彰村部分拆迁用户进行断电的通知》:"为确保我县洛新快速通道(廊道绿化)建设、引热入洛管线施工等省市重点工程顺利推进,将对磁涧镇尤彰村部分建筑物进行拆除。请你单位于 2020 年 12 月 12 日 8:00 前安排专人到现场配合,做好停电拆除工作,确保工程顺利推进,停电范围涉及磁涧镇尤彰村部分用户(详见附表)。"在附表《磁涧镇尤彰村限电用户明细表》中显示有原告

郭某的名字。2020年12月21日,新安供电公司磁涧供电所工作人员对原告案涉房屋实施断电行为。原告不服,提起诉讼,请求法院:①依法撤销被告向第三人签发的《关于对磁涧镇尤彰村部分拆迁用户进行断电的通知》,并确认被告和第三人的断电行为违法;②责令被告和第三人在三日内恢复供电;③案件诉讼费由被告承担。

另查明,截至法院开庭审理,案涉房屋仍没有被拆除。

裁判结果

一、确认被告新安县政府对原告郭某案涉房屋实施断电的行为违法。二、责令被告新安县政府在本判决生效之日起十五日内采取相应的补救措施,协调第三人新安供电公司恢复对原告郭某案涉房屋的电力供电。三、驳回原告郭某的其他诉讼请求。

案件评析

新安县政府作为一级行政机关,具有相应行政管理职权。在拆迁中,停电、停水、停气等行为,属于拆迁工作的一部分,供电、供水、供气的企业作出终止相关服务的行为就是辅助和配合行政机关完成拆迁工作,其实施该行为不属于真实意思表示,造成的法律后果也不应当由其承担,而应由作出指示命令的行政机关来承担。在本案中,新安县政府向新安供电公司下发的《关于对磁涧镇尤彰村部分拆迁用户进行断电的通知》系该政府要求第三人对原告房屋实施断电行为而作出的过程性行为,对原告权利义务造成实际影响的是第三人对郭某案涉房屋实施的断电行为,故原告要求撤销该通知并无实际意义,被告签发的该通知已被强制断电的事实行为所吸收。第三人对原告实施的断电行为系受新安县政府要求,该行为的法律后果应由新安县政府承担。《中华人民共和国行政强制法》第四十三条第二款规定:"行政机关不得对居民生活采取停止供水、供电、供热、供燃气等方式迫使当事人履行相关行政决定。"《国有土地上房屋征收与补偿条例》第二十七条第三款规定:"任何单位和个人不得采取暴力、威胁或者违反规定中断供水、供热、供气、供电和道路通行等非法方式迫使被征收人搬迁。"为了促使原告拆迁,新安县政府要求供电企业对被拆迁对象房屋实施断电行为没有法律依据,因断电行为已实施终了,不具有可撤销性,依法应确认违法,故原告要求确认被告新安县政府断电行为违法的诉讼请求,应予支持。断电行为客观上对原告的日常生活造成不利影响,原告关于责令新安县政府恢复供电的请求,符合法律规定,应予支持。被告新安县政府应当根据实际情况,采取补救措施,及时协调第三人恢复原告案涉房屋的电力供应。综上,法院作出上述判决。

法条链接

《中华人民共和国行政强制法》

第四十三条

行政机关不得在夜间或者法定节假日实施行政强制执行。但是,情况紧急的除外。

行政机关不得对居民生活采取停止供水、供电、供热、供燃气等方式迫使当事人履行相关行政决定。

第十节 行政强制措施实施应遵守法定程序

行政强制措施,是指行政机关在行政管理过程中,为制止违法行为、防止证据损毁、避免危害发生、控制危险扩大等,依法对公民的人身自由实施暂时性限制,或者对公民、法人或者其他组织的财物实施暂时性控制的行为。行政机关履行行政管理职责,应依照法律、法规的规定,实施行政强制措施。

案例 50

原告王某诉被告金华市公安局交通警察支队直属一大队、金华市公安局行政强制案

案号:〔2015〕金婺行初字第 168 号

 案件简介

2015 年 6 月 19 日 2 时 30 分许,原告王某驾驶浙 G×××××号小型轿车,途经金华市婺城区八一南街与金磐路交叉路口处时,与前方行驶的浙 G×××××号小型轿车发生追尾事故。被告金华市公安局交通警察支队直属一大队(以下简称金华交警一大队)接警后,指派民警王某 1 及协警出警。在处警过程中,王某 1 发现原告有饮酒后驾驶机动车的嫌疑,遂对其进行酒精含量呼气测试。经测试,

原告酒精含量呼气测试达87毫克/100毫升,已超过醉酒驾驶机动车酒精含量阈值,涉嫌醉酒后驾驶机动车。随后,王某1及协警带原告到金华市文荣医院抽取血液。当日3时42分,该院护士对原告王某抽取血样,并由民警王某1、抽血护士现场填写涉嫌酒后驾车驾驶人血样提取登记表,对抽血情况进行记录,原告及其在场家属分别在该登记表当事人栏、通知被血检驾驶人家属情况记录栏签名。该表的医务人员填写栏记载:样本盛装容器名称为"医用抗凝血试管",消毒液名称为"碘伏",密封方式为"橡皮塞"。处警民警通过执法记录仪,对上述酒精呼气检测过程及抽血过程进行了全程录音录像。之后,原告王某经民警口头传唤到金华交警一大队接受调查。被告向原告王某送达编号为330701300303512的行政强制措施凭证,该强制措施凭证载明:"当事人于2015年6月19日2时30分,在金华市婺城区八一南街金磐路路口处,实施醉酒后驾驶机动车的违法行为(代码6032),实施醉酒后驾驶机动车的违法行为(代码6031),根据《中华人民共和国道路交通安全法》第91条第2款、第110条第1款,《中华人民共和国道路交通安全法实施条例》第105条,决定给予扣留驾驶证,检查血液/尿样。"该强制措施凭证存档联上印有:交通警察郑某。民警范某在其上签名,并有大队领导郭某"同意"的审批意见及签名。同月19日上午,被告金华交警一大队民警将上述血样送金华市公安司法鉴定中心鉴定。原告不服,于同年7月6日向被告金华市公安局申请行政复议,要求确认被告金华交警一大队2015年6月19日对原告作出的扣留驾驶证、检验血液/尿样的行政强制措施违法,同时撤销该行政强制措施。金华市公安局复议后认为,被告金华交警一大队作出扣留机动车辆驾驶证和检验血液的行政强制措施决定合法,但带领原告抽取血样和血样提取登记表记录存在违反《中华人民共和国行政强制法》第十八条第(二)项、第(八)项规定的法定程序情形,根据《中华人民共和国行政复议法》第二十八条第一款第(三)项第3目之规定,于同年9月29日作出金公复决字〔2015〕第49号行政复议决定,确认被告金华交警一大队2015年6月19日对原告王某作出检验血液的公安交通管理行政强制措施违法。9月29日,金华市公安局将行政复议决定书邮寄送达原告。原告不服,请求法院:①确认被告金华交警一大队2015年6月19日对原告作出的扣留驾驶证、检验血液/尿样的行政强制措施违法;②撤销被告金华交警一大队2015年6月19日对原告作出的扣留驾驶证、检验血液/尿样的行政强制措施;③撤销被告金华市公安局金公复决字〔2015〕第49号行政复议决定;④本案诉讼费由两被告承担。

另查明,执勤民警王某1于2014年9月11日经金华市人力资源和社会保障局批准录用为公务员,分配至金华市公安局交通警察支队工作,当日出警时着警服。

民警郑某、范某曾在血样提取登记表办案人签名栏签字,但当日均未在抽取血样现场。

裁判结果

一、确认金华交警一大队 2015 年 6 月 19 日对原告王某作出检验血液的公安交通管理行政强制措施违法。二、驳回原告王某的其他诉讼请求。

 案件评析

《中华人民共和国道路交通安全法实施条例》第一百零五条规定:"机动车驾驶人有饮酒、醉酒、服用国家管制的精神药品或者麻醉药品嫌疑的,应当接受测试、检验。"公安部《道路交通安全违法行为处理程序规定》第三十三条第一款第(二)项以及《公安机关办理行政案件程序规定》第七十九条第一款第(四)项均规定,对涉嫌饮酒后驾驶机动车发生交通事故的人,应当提取血样,检验血液酒精含量。被告金华交警一大队发现王某涉嫌酒后驾驶机动车发生交通事故,对其作出检验血液行政强制措施决定,依据充分。《中华人民共和国行政强制法》第十九条规定:"情况紧急,需要当场实施行政强制措施的,行政执法人员应当在二十四小时内向行政机关负责人报告,并补办批准手续。"人体血液中的酒精含量会随着时间的推移发生变化,因此,被告发现原告涉嫌酒后驾驶机动车,对原告当场实施强制检验血液,并于补办审批手续后,向原告作出行政强制措施决定,符合法律规定。但是,依照《中华人民共和国行政强制法》第十八条第(二)、(八)项规定,行政机关实施行政强制措施应当由两名以上行政执法人员实施,制作的现场笔录由当事人和行政执法人员签名或者盖章,当事人拒绝的,在笔录中予以注明。本案仅由 1 名执法人员、1 名协警带领原告到医院抽取血样,违反法律规定。被告制作的涉嫌酒后驾车驾驶人血样提取登记表,属于提取血样过程的现场调查记录,应当由医务人员、在场执法人员、驾驶人等签名或盖章。但是,被告金华交警一大队提供的血样提取登记表上除医务人员与在场民警王某 1 外,还有未在现场的民警范某、郑某的签名,这不符合《中华人民共和国行政强制法》第十八条第(八)项的规定,因此应当确认被告金华交警一大队对原告作出的检验血液行政强制措施违法。鉴于被诉具体行政行为已实际执行,不具有可撤销内容,法院依法不予撤销。被告金华市公安局受理原告复议申请后,根据上述事实,依法作出确认金华交警一大队 2015 年 6 月 19 日对原告王某作出检验血液的公安交通管理行政强制措施违法的复议决定,基本事实清楚,基本证据确凿,适用法律正确,符合法定程序,并无不当。综上,法院作出上述判决。

法条链接

《中华人民共和国行政强制法》

第十八条

行政机关实施行政强制措施应当遵守下列规定：

（一）实施前须向行政机关负责人报告并经批准；

（二）由两名以上行政执法人员实施；

（三）出示执法身份证件；

（四）通知当事人到场；

（五）当场告知当事人采取行政强制措施的理由、依据以及当事人依法享有的权利、救济途径；

（六）听取当事人的陈述和申辩；

（七）制作现场笔录；

（八）现场笔录由当事人和行政执法人员签名或者盖章，当事人拒绝的，在笔录中予以注明；

（九）当事人不到场的，邀请见证人到场，由见证人和行政执法人员在现场笔录上签名或者盖章；

（十）法律、法规规定的其他程序。

 习题及答案

第六讲

行政许可篇

　　行政许可,指国家行政机关对不特定的一般人依法负有不作为义务的事项,在特定条件下,对特定对象解除禁令,允许他作为的行政活动。行政许可法对行政许可的立法界定是"行政机关根据公民、法人或者其他组织的申请,经依法审查,准予其从事特定活动的行为"。由此可见,行政审批是按审批主体所作的界定,即由行政机关做出的审批行为,范围比较大。而行政许可的主体是行政机关,对象是公民、法人或者其他组织,内容是准予申请人从事特定活动。行政许可具有以下特征:行政许可是依申请的具体行政行为;行政许可是一种授益性行政行为;行政许可存在的前提是法律的一般禁止;行政许可一般为要式行政行为;行政许可一般为外部行政行为。设定行政许可,应当遵循经济和社会发展规律,发挥公民、法人或者其他组织的积极性、主动性,维护公共利益和社会秩序,促进经济社会和生态环境协调发展。

第一节　行政许可的审查

行政机关受理申请以后,行政程序进入审查阶段。根据法律、法规的规定,行政机关对申请材料的审查,包括形式审查和实质审查。形式审查,是指行政机关仅对申请材料的形式要件是否具备进行的审查,即审查其申请材料是否齐全,是否符合法定形式。对于申请材料的真实性、合法性不作审查。对于能够当场作出决定的,行政机关应当当场作出决定,以方便申请人,提高行政效率。实质审查,是指行政机关不仅要对申请材料的要件是否具备进行审查,而且要对申请材料的实质内容是否符合条件进行审查。对于申请的实质审查,有的可以采取书面审查的方式,即通过申请材料的陈述了解有关情况,进行审查,但有的实质审查还需要进行实地核查,以确认真实情况。

案例 51

原告中国某著作权集体管理协会诉被告楚雄市行政审批局行政许可案

案号:〔2020〕云 2301 行初 22 号

 案件简介

2017 年 6 月 5 日,经云南省人民政府批准,楚雄彝族自治州人民政府在楚雄市、永仁县、元谋县、楚雄经济开发区开展相对集中行政许可权改革试点工作,以及施行有关相对集中行使行政许可权的具体事项。2017 年 7 月 4 日,楚雄市市场监督管理局将其实施的公司(分公司)设立、变更、注销、备案登记事项划转由被告实施。2018 年 11 月 21 日,第三人鼎畅文化传播有限公司通过国家企业信用信息公示系统(云南)简易注销公告专栏向社会公告拟申请简易注销,公告期为 45 日。2019 年 1 月 15 日,第三人鼎畅文化传播有限公司向被告提出简易注销申请,并提交了公司注销登记申请书、指定代表或者共同委托代理人授权委托书、全体投资人承诺书及公司营业执照正副本。经审查,被告于当日受理了该简易注销申请,并作出了(楚楚)登记内简注核字〔2019〕第 105 号准予简易注销登记通知书。

另查明,原告与歌畅公司、第三人鼎畅文化传播有限公司之间存在侵害作品放映权纠纷,楚雄彝族自治州中级人民法院于 2018 年 11 月 9 日作出〔2018〕云

23 民初 12 号民事判决书,判决歌畅公司、第三人鼎畅文化传播有限公司停止侵权行为并删除涉诉的 268 首音乐电视作品,并分别赔偿原告经济损失 20100 元及维权合理费用 2619 元。原告不服判决,提起上诉,云南省高级人民法院受理该案后认为,第三人鼎畅文化传播有限公司的主体资格是否恢复,事关该案侵权责任如何承担的问题,2019 年 4 月 15 日,云南省高级人民法院作出〔2019〕云民终 180 号民事裁定书,中止诉讼。

 ### 裁判结果

撤销被告楚雄市行政审批局于 2019 年 1 月 15 日作出的(楚楚)登记内简注核字〔2019〕第 105 号准予简易注销登记通知书。

 ### 案件评析

本案争议的焦点有二:其一,原告是否具备提起本案诉讼的主体资格;其二,被诉简易注销登记行为事实是否清楚,证据是否充分。

针对争议焦点一,法院认为,《中华人民共和国行政诉讼法》第四十九条规定:"提起诉讼应当符合下列条件:(一)原告是符合本法第二十五条规定的公民、法人或者其他组织……"第二十五条第一款规定:"行政行为的相对人以及其他与行政行为有利害关系的公民、法人或者其他组织,有权提起诉讼。"本案中,在原告与歌畅公司、第三人鼎畅文化传播有限公司之间的侵害作品放映权纠纷案件已进入二审程序,第三人鼎畅文化传播有限公司申请简易注销登记并获得被告的行政许可,被告核准第三人鼎畅文化传播有限公司简易注销登记的行为已经对原告的权利义务产生了实际影响,故原告与该行政许可行为之间存在利害关系,其具备提起本案诉讼的主体资格。

针对争议焦点二,法院认为,《中华人民共和国行政许可法》第二条规定:"本法所称行政许可,是指行政机关根据公民、法人或者其他组织的申请,经依法审查,准予其从事特定活动的行为。"《中华人民共和国公司登记管理条例》第一条规定,为了确认公司的企业法人资格,规范公司登记行为,依据《中华人民共和国公司法》,制定本条例。第四十四条规定:"经公司登记机关注销登记,公司终止。"根据《云南省人民政府办公厅关于开展行政审批制度改革试点工作的通知》(云政办发〔2016〕72 号)和《云南省人民政府关于同意楚雄州开展相对集中行政许可权改革试点的批复》(云政复〔2017〕32 号)的规定,楚雄市市场监督管理局将其实施的公司(分公司)设立、变更、注销、备案登记事项划转由被告实施,因此,被告具有作出被诉简易注销登记行为的法定职责。《云南省企业简易注销登记暂行规定》第四条第(四)项规定,有正在被立案调查或采取行政强制、司法协助、被予以行政处罚等情形的企业,不适用简易注销登记。第七条规定:"企业申请简易注销登记,应当先通过国家企业信用信息公示系统(云南)《简易注销公告》专栏,主动向社会公告拟申请简易注销登记及全体投资人承诺等信息(以下简称注销公告),强制清算终结和破产程序终结的企业除外。注销公告期为45日,公告期满企业方可向登记机关提出简易注销登记申请。"第十二条规定:"企业申请办理简易注销登记应当向登记机关提交以下材料:(一)申请书;(二)《指定代表或者共同委托代理人授权委托书》;(三)《全体投资人承诺书》(强制清算终结的企业提交人民法院终结强制清算程序裁定,破产程序终结的企业提交人民法院终结破产程序裁定);(四)营业执照正、副本。"第十三条规定:"企业应当对其简易注销公告和全体投资人承诺书、向登记机关提交材料的真实性、合法性负责。"在本案中,2018年11月21日,第三人鼎畅文化传播有限公司通过国家企业信用信息公示系统(云南)简易注销公告专栏向社会公告拟申请简易注销,在公告期限届满后,第三人鼎畅文化传播有限公司于2019年1月15日向被告提出简易注销申请并提交全体投资人承诺书、指定代表或者共同委托代理人授权委托书和营业执照正、副本。根据第三人鼎畅文化传播有限公司的该申请,被告对第三人鼎畅文化传播有限公司作出了准予简易注销登记通知书。因涉及民事诉讼案件,在人民法院判决第三人鼎畅文化传播有限公司承担民事责任,且该民事诉讼案件已经进入二审程序的情况下,第三人鼎畅文化传播有限公司提交虚假的全体投资人承诺书后申请简易注销登记,导致被告对第三人鼎畅文化传播有限公司核准的注销登记行为失去了相应的事实根据,故被诉简易注销登记行为依法应当予以撤销。

 法条链接

《中华人民共和国行政许可法》

第二条

本法所称行政许可,是指行政机关根据公民、法人或者其他组织的申请,经依法审查,准予其从事特定活动的行为。

第二节 作出行政许可决定的期限

在行政许可程序中规定期限,具有重要意义。首先,设定期限是提高行政效率的基本途径之一。检验行政程序的基本标准,一是公正性,二是及时性。如果没有期限的约束,及时性就难以保证。其次,设定期限是行政程序的基本手段,行政程序不仅包括行政机关或相对人一方的活动,在需要共同行为的活动中,期限是对活动进行统一的手段。最后,设定期限可以使行政程序的各方主体预知自己的行为及其后果。

案例 52

原告马某、罗某等诉被告南宁市良庆区自然资源局行政许可案

案号:〔2021〕桂 0102 行初 1 号

案件简介

　　2013 年 4 月 11 日,辛某 1、辛某 2 获得南宁市规划管理局颁发的建字第 450108201300101 号建设工程规划许可证,建设地址为南宁市良庆区,合法用地面积为 527.64 平方米,宅基地面积为 343.1 平方米,总建筑面积为 1772.44 平方米,层数为 4 层,栋数为 1 栋。2013 年 9 月 11 日,原告马某、罗某通过转让方式从辛某 1、辛某 2 处取得南宁市良庆区国有土地使用权;2013 年 12 月 6 日,南宁市规划管理局同意将南宁市良庆区规划许可登记中的建设单位变更为马某、罗某,并颁发地字第 450108201300664 号建设用地规划许可证。2020 年 5 月 13 日,原告通过邮寄方式向被告南宁市良庆区自然资源局申请办理南宁市良庆区案涉房屋第 5 至 7 层加建部分的建设工程规划许可证。2020 年 5 月 29 日,被告南宁市良庆区自然资源局根据《南宁市私有房屋建设规划管理办法》最高可建设 4 层私宅的规定,作出不同意扩建良庆区兴业一街某号私宅第 5 至 7 层的决定,并就原南宁市规划管理局处理原邕宁县私宅历史遗留问题的做法作出释明。2020 年 11 月 10 日,原告不服被告作出的《关于马某、罗某申报建设位于兴业一街某号私宅意见的函》向法院提起行政诉讼,请求法院依法判决:①撤销被告南宁市良庆区自然资源局作出的《关于马某、罗某申报建设位于兴业一街某号私宅意见的函》;②本案诉讼费用由被告南宁市良庆区自然资源局负担。

裁判结果

驳回原告马某、罗某的诉讼请求。

案件评析

　　首先,主体资格问题。根据《中华人民共和国行政诉讼法》第二十五条第一款的规定"行政行为的相对人以及其他与行政行为有利害关系的公民、法人或者其他组织,有权提起诉讼",本案原告马某、罗某作为行政许可的申请人,有权就被告是否予以行政

许可提起行政诉讼,原告主体适格。又根据《中华人民共和国行政诉讼法》第二十六条第一款的规定"公民、法人或者其他组织直接向人民法院提起诉讼的,作出行政行为的行政机关是被告",本案被告南宁市良庆区自然资源局作出不予行政许可的决定,属于可诉的具体行政行为,故南宁市良庆区自然资源局作为本案被告符合法律规定,被告主体适格。

再次,作出行政许可期限问题。《中华人民共和国行政许可法》第四十二条第一款规定:"除可以当场作出行政许可决定的外,行政机关应当自受理行政许可申请之日起二十日内作出行政许可决定。二十日内不能作出决定的,经本行政机关负责人批准,可以延长十日,并应当将延长期限的理由告知申请人。但是,法律、法规另有规定的,依照其规定。"本案原告马某、罗某于2020年5月13日通过邮寄方式向被告南宁市良庆区自然资源局申请办理南宁市良庆区案涉房屋加建部分的建设工程规划许可证,2020年5月29日,被告南宁市良庆区自然资源局作出《关于马某、罗某申报建设位于兴业一街某号私宅意见的函》,被告已在法定期限内,依法对原告所申请的行政许可事项作出不予行政许可的书面决定。

最后,作出不予行政许可的决定是否合法的问题。根据《中华人民共和国城乡规划法》第四十条第一款、《广西壮族自治区实施〈中华人民共和国城乡规划法〉办法》第三十一条的规定,在城市、镇规划区内进行建筑物、构筑物、道路、管线和其他工程建设的,建设单位或个人应当向城市、县人民政府城乡规划主管部门或者自治区人民政府确定的镇人民政府申请办理建设工程规划许可证。城乡规划主管部门或者自治区人民政府确定的镇人民政府审核建设单位或者个人是否符合法定资格,申请事项是否符合法定程序和法定形式,申请材料、图纸是否完备等;依据控制性详细规划、相关的法律法规以及其他具体要求,审核申请事项的内容。对符合条件的,核发建设工程规划许可证;对不符合条件的,不予核发,并书面说明理由。再根据《南宁市私有房屋建设规划管理办法》第六条、第八条的规定,关于南宁市城市规划区内私有房屋建设,由城市规划行政主管部门依法确定是否允许建设,并根据南宁市城市规划要求,私有房屋建设严格控制在4层以下(含4层),总高度不得超过14米。案涉房屋位于南宁市良庆区宁市城市规划区内,相关工程项目建设应严格适用《中华人民共和国城乡规划法》《广西壮族自治区实施〈中华人民共和国城乡规划法〉办法》和《南宁市私有房屋建设规划管理办法》有关规划行政许可的规定。故被告南宁市良庆区自然资源局作出不同意扩建南宁市良庆区案涉房屋第5至7层的行政许可决定符合法律、法规和规章的规定。

综上,被告南宁市良庆区自然资源局作出不同意扩建南宁市良庆区案涉房屋第5至7层的行政许可决定事实清楚、证据确凿、适用法律正确,故法院判决驳回原告马某、罗某的诉讼请求。

法条链接

《中华人民共和国行政许可法》

第四十二条第一款

除可以当场作出行政许可决定的外,行政机关应当自受理行政许可申请之日起二十日内作出行政许可决定。二十日内不能作出决定的,经本行政机关负责人批准,可以延长十日,并应当将延长期限的理由告知申请人。但是,法律、法规另有规定的,依照其规定。

第三节　委托实施行政许可

委托许可是行政许可机关依照法律、法规、规章的规定,将其行使的行政许可权委托给其他行政机关行使。受委托的行政机关在委托范围内,以该行政许可机关的名义行使行政许可权。由于行政权的范围越来越大,行政管理的复杂性、专业性、技术性增强,有时行政机关的设置不能完全满足行政管理发展的需要,有时为某项行政管理再设置相应的行政机关既没必要,也不经济。将一些行政许可权委托其他行政机关行使,充分利用行政机关现有的资源,既可以提高行政效率,实现对社会事务的有效管理,又可以防止机构膨胀,起到精简机构的效果。

案例 53

原告义乌市某广告有限公司诉被告诸暨市次坞镇人民政府、诸暨市城市管理行政执法局行政许可案

案号:〔2015〕绍柯行初字第 153 号

 案件简介

2014 年 11 月,原告向被告诸暨市次坞镇人民政府提交了关于在 G60 高速公路两侧吕家村等地段设置户外广告的申请表及相关资料。2014 年 11 月 10 日,被告诸暨市次坞镇人民政府工作人员收到上述申请并出具收条。被告次坞镇人民

政府之后未作出任何处理。原告不服,诉至法院,请求判令被告就原告申请的户外广告设置申请履行行政许可的法定职责。

另查明,诸暨市人民政府发布的诸政发〔2014〕14号文件确定由诸暨市城市管理行政执法局(以下简称"诸暨城管局")实施城区大型户外广告及在建筑物设施上张挂、张贴宣传品许可,并基于便民原则委托乡镇办理。

 裁判结果

一、驳回原告义乌市某广告有限公司对被告诸暨市城市管理行政执法局的起诉。二、责令被告诸暨市次坞镇人民政府在本判决生效后五日内依法对原告义乌市某广告有限公司的设置户外广告申请作出处理。

 案件评析

《中华人民共和国行政许可法》第二十四条第一款规定:"行政机关在其法定职权范围内,依照法律、法规、规章的规定,可以委托其他行政机关实施行政许可……"故行政许可之委托成立必须具备以下两个实质要件:一是委托行政机关必须具有法定职权;二是委托必须具有法定依据。诸暨市人民政府发布的诸政发〔2014〕14号文件虽确定由被告诸暨城管局实施城区大型户外广告及在建筑物、设施上张挂、张贴宣传品许可,并基于便民原则委托镇乡办理,但其只是规章以下的规范性文件,不是法律、法规、规章,故该委托因违反上述《中华人民共和国行政许可法》第二十四条规定而不成立,原告关于被告次坞镇人民政府已委托被告诸暨城管局办理案涉户外广告设置行政许可法定职责的主张,不符合法律规定,应不予支持。

《中华人民共和国行政许可法》第二十九条第一款规定:"公民、法人或者其他组织从事特定活动,依法需要取得行政许可的,应当向行政机关提出申请……"即行政许可前提条件之一是申请人向行政机关提出申请。《中华人民共和国行政诉讼法》第三十八条第一款规定:"在起诉被告不履行法定职责的案件中,原告应当提供其向被告提出申请的证据……"《最高人民法院关于行政诉讼证据若干问题的规定》第四条规定:"公民、法人或者其他组织向人民法院起诉时,应当提供其符合起诉条件的相应的证据材料。在起诉被告不作为的案件中,原告应当提供其在行政程序中曾经提出申请的证据材料……"本案原告义乌市某广告有限公司未向被告诸暨城管局提出案涉户外广告设置行政许可申请,其起诉尚不具备法定条件,应予以驳回。

《中华人民共和国行政许可法》第三十二条规定:"行政机关对申请人提出的行政许可申请,应当根据下列情况分别作出处理:(一)申请事项依法不需要取得行政许可的,应当即时告知申请人不受理;(二)申请事项依法不属于本行政机关职权范围的,应当即时作出不予受理的决定,并告知申请人向有关行政机关申请;(三)申请材料存在可以当场更正的错误的,应当允许申请人当场更正;(四)申请材料不齐全或者不符合法定形式的,应当当场或者在五日内一次告知申请人需要补正的全部内容,逾期不告知的,自收到申请材料之日起即为受理;(五)申请事项属于本行政机关职权范围,申请材料齐全、符合法定形式,或者申请人按照本行政机关的要求提交全部补正申请材料的,应当受理行政许可申请。行政机关受理或者不予受理行政许可申请,应当出具加盖本行政机关专用印章和注明日期的书面凭证。"由此可见,行政机关对于行政许可申请,负有依法向申请人作出相应决定或进行告知等职责。本案中,原告义乌市某广告有限公司向被告诸暨市次坞镇人民政府提出设置大型户外广告行政许可申请并由被告诸暨市次坞镇人民政府工作人员签收事实清楚,而被告次诸暨市坞镇人民政府未举证证明其履行了相应职责,因此可以确认被告诸暨市次坞镇人民政府未依照上述法律规定作出相应处理。

综上,法院作出上述判决。

 法条链接

《中华人民共和国行政许可法》

第二十四条

行政机关在其法定职权范围内,依照法律、法规、规章的规定,可以委托其他行政机关实施行政许可。委托机关应当将受委托行政机关和受委托实施行政许可的内容予以公告。

委托行政机关对受委托行政机关实施行政许可的行为应当负责监督,并对该行为的后果承担法律责任。

受委托行政机关在委托范围内,以委托行政机关名义实施行政许可;不得再委托其他组织或者个人实施行政许可。

第四节　行政许可的统一办理、联合办理、集中办理

由于之前我国的行政许可太多,尤其是在经济管理领域,一个项目往往需要几十个甚至上百个许可,抬高了进入市场的门槛,影响了投资者的积极性。针对目前行政许可存在的问题,各地在实施行政许可过程中,创造性地探索出一些方便申请人的措

施。如"一个窗口对外""一站式审批""并联审批""告知承诺制"等,取得良好的效果。对此,《中华人民共和国行政许可法》总结实践中好的做法,作出了相应的规定,为这些便民措施提供了法律依据。但当事人对统一办理行政许可的行政行为提起诉讼的,以对当事人作出具有实质影响的行政许可行为的机关为被告。

案例 54

原告马某诉被告西宁市人民政府行政许可案

案号:〔2020〕青 01 行初 21 号

 案件简介

> 2013年9月24日,原告马某与马某1、马某2签订西宁市房屋买卖契约,购得西宁市城西区园树村某号房屋。2019年4月12日,案涉房屋被强制拆除。2019年10月9日,马某向法院提起行政诉讼,请求确认西宁市城中区人民政府强制拆除行为违法。2019年11月8日,法院作出〔2019〕青01行初71号行政判决书,确认西宁市城中区人民政府对案涉房屋实施的强制拆除行为违法。
>
> 2019年6月20日,城辉公司作为西宁市砖厂路棚户区改造建设项目的建设单位,取得宁建管6301032201906210101号建筑工程施工许可证,加盖有西宁市人民政府行政审批专用章。2019年10月31日,西宁市城乡建设局就马某提交的政府信息公开申请书作出宁建公复〔2019〕1号答复,随文公开《西宁市砖厂路棚户区改造工程项目的建筑工程施工许可证》及附件附图。马某认为西宁市人民政府向城辉公司核发建筑工程施工许可证的行政行为违法,向法院提起行政诉讼,请求:①判令被告撤销宁建管6301032201906210101号建筑工程施工许可证及附件附图;②本案诉讼费用由被告承担。
>
> 另查明,2015年10月22日,西宁市机构编制委员会下发《关于西宁市行政审批服务局(市人民政府行政服务中心)组建有关工作的通知》(宁编委发〔2015〕28号),将市级行政审批事项和带有审批性质的行政服务事项,根据不同属性,分为市场主体监管审批、社会事务服务审批、建设项目集中审批三个板块,按照"应划尽划、集中审批、稳妥推进"的原则,采取不同模式,进入西宁市行政审批服务局(西宁市人民政府行政服务中心)进行审批。其中对市规划局负责的建设项目集中审批事项,划转至西宁市行政审批服务局(西宁市人民政府行政服务中心),在该局专门设立建设项目审批处负责审批,具体审批内容由市规划局按照流程审核后,西宁市行政审批服务局(西宁市人民政府行政服务中心)统一发证。建设用地

规划许可证属于集中审批建设类事项。2015年12月3日,西宁市人民政府办公厅下发《关于印发西宁市行政审批服务局主要职责内设机构和人员编制的通知》(宁政办〔2015〕219号),西宁市行政审批服务局为西宁市人民政府的派出机构,与西宁市人民政府行政服务中心合署办公,将83项行政审批职责和部分带有审批性质的行政服务事项划入西宁市行政审批服务局集中行使,其主要职责包括组织市级行政审批服务事项集中受理办理。

裁判结果

驳回原告马某的起诉。

案件评析

本案的争议焦点有两个:一是马某是否具有本案原告主体资格;二是西宁市人民政府是否为本案的适格被告。具体评析如下。

第一,马某不具有本案原告主体资格。根据《中华人民共和国行政诉讼法》第二十五条第一款的规定,行政诉讼的原告有两个判断:行政行为的相对人或与行政行为有利害关系的人,就本案而言,马某诉请撤销颁发给城辉公司的宁建管6301032019062101 01号建筑工程施工许可证及附件附图,其显然不是该行政许可行为的相对人,那么马某是否与该行政许可行为有法律上的利害关系,则需要审查马某的合法权益是否受到所诉行政许可行为法律意义上的不利影响或不法侵害。本案中,马某于2013年9月24日与马某1、马某2签订西宁市房屋买卖契约,购得西宁市城西区园树村某号的房屋。案涉房屋已因征收被西宁市城中区人民政府强制拆除,该行为被生效判决确认违法,且土地被规划许可给城辉公司使用并已经建设,恢复原状已无可能。故侵害马某权利的是西宁市城中区人民政府强制拆除行为,对案涉房屋享有的合法权利,马某可通过征收补偿或者行政赔偿得到保障,在此前提下,后续许可行为与其再无利害关系,马某对后续许可不具有诉的利益,不具备本案原告主体资格。

第二,西宁市人民政府不是本案适格被告。《中华人民共和国行政诉讼法》第二十六条第一款规定:"公民、法人或者其他组织直接向人民法院提起诉讼的,作出行政行为的行政机关是被告。"《最高人民法院关于审理行政许可案件若干问题的规定》第五条规定:"行政机关依据行政许可法第二十六条第二款规定统一办理行政许可的,当事人对行政许可行为不服提起诉讼,以对当事人作出具有实质影响的不利行为的机关为被告。"本案中,原告马某诉请撤销城辉公司取得的宁建管630103201906210101号建筑工程施工许可证及附件附图,该证上虽加盖了西宁市人民政府行政审批专用章,根据西宁市机构编制委员会下发《关于西宁市行政审批服务局(市人民政府行政服务中心)组建有关工作的通知》(宁编委发〔2015〕28号)的规定,其属于集中审批建设类事项,建设工程施工许可证的具体审批事项仍由市规划局履行并承担相应的法律责任。即使原告对建设工程施工许可证提起诉讼,也应当对作出具有实质影响行为的市规划局提起诉讼。故原告所诉被告不适格。

综上,法院驳回原告马某的起诉。

 法条链接

《中华人民共和国行政许可法》

第二十六条第二款

行政许可依法由地方人民政府两个以上部门分别实施的,本级人民政府可以确定一个部门受理行政许可申请并转告有关部门分别提出意见后统一办理,或者组织有关部门联合办理、集中办理。

《最高人民法院关于审理行政许可案件若干问题的规定》

第五条

行政机关依据行政许可法第二十六条第二款规定统一办理行政许可的,当事人对行政许可行为不服提起诉讼,以对当事人作出具有实质影响的不利行为的机关为被告。

第五节 信赖保护原则

信赖保护原则是指行政管理相对人对行政权力的正当合理信赖应当予以保护,行政机关不得擅自改变已生效的行政行为,确需改变行政行为的,对于由此给相对人造成的损失应当给予补偿。

案例 55

原告山东某建设集团有限公司诉被告济南市长清区城市管理行政执法局行政许可案

案号:〔2015〕长行初字第 8 号

案件简介

原告山东某建设集团有限公司于2011年购买鲁能打火机厂,投资300万元整修车间,有宏升木业、大金铝合金门窗两家企业入驻。2013年原鲁能工业园片区被规划为商住用地,区政府先后收购原鲁能工业园区内的五家企业的房地产。山东某建设集团有限公司的房地产正处于该片区的中心位置,如不搬迁势必影响整个片区的规划建设。为此,该公司购得峰山路原水泥厂地块,实施厂区整体搬迁,原厂区拆除与新厂区建设同步进行,同时加紧办理相关手续。长清区人民政府根据《济南市依法整治违法违章建设领导小组关于发布〈济南市依法整治违法违章建设绩效考核办法〉的通知》和《济南市依法整治违法违章建设领导小组办公室、济南市城市建设项目审批小组办公室〈关于上报区人民政府研究同意需提前开工工程书面材料的通知〉》文件精神,本着"土地权属明晰,属于建设用地,项目符合土地利用总体规划和城市规划,相关部门按照建筑安全生产及相关法律法规的规定进行监督管理,确保工程建设安全及文明施工"的原则,区政府研究后,同意原告山东某建设集团有限公司水泥厂车间办公及配套工程建设项目先期开工建设,并向市依法整治违法违章建设领导小组函请将原告所建工程不列入违法违章建设工程考核范围。2013年年底,原告在长清区峰山路南段路东、原城关水泥厂处开工建设新厂区。2014年3月20日,被告检查发现原告的建设行为,被告经调查和现场勘测后,向原告下达调取建设单位证件(调查询问)通知书。原告向被告提交了企业法人营业执照、组织机构代码证、税务登记证、法定代表人证、安全生产许可证、建筑业企业资质证书(副本)、房屋买卖合同、济长政函〔2014〕28号《济南市长清区人民政府关于部分工程不列入绩效考核范围的函》。同年9月16日,被告作出行政处罚权利告知书,原告未提出陈述、申辩及听证请求。同年11月17日,被告以原告未取得建设工程规划许可证和建筑工程施工许可证,擅自在峰山路南段路东、原城关水泥厂处建设厂房车间、办公楼工程,违反了《山东省城乡规划条例》第五十条、《济南市关于公布城市管理相对集中行政处罚规定的通告》(以下简称《济南市通告》)第七十二条的规定为由,依据《山东省城乡规划条例》第七十四条、《济南市通告》第七十二条之规定,作出济城执长清区综处字〔2014〕第035号行政处罚决定书,限原告三十日内到规划行政主管部门办理规划审批手续,并处罚款521550元。原告不服,诉至法院,望法院判决撤销济城执长清区综处字〔2014〕第035号行政处罚决定书。

裁判结果

撤销被告济南市长清区城市管理行政执法局2014年11月17日作出的济城执长清区综处字〔2014〕第035号行政处罚决定书。

 案件评析

本案被告的处罚决定认定事实不清,侵犯了原告的信赖保护利益。

(1)认定事实不清。《山东省城乡规划条例》第七十四条规定:"未取得建设工程规划许可证或者未按照建设工程规划许可证的规定进行建设,尚可采取改正措施消除对规划实施的影响的,由城乡规划主管部门责令停止建设,限期改正,处建设工程造价百分之五以上百分之十以下的罚款……"《济南市通告》第七十二条规定,建设单位未取得施工许可证或者开工报告未经批准,擅自施工的,限期改正,处工程合同价款百分之一以上百分之二以下的罚款。本案中原告未取得建设工程规划许可证和建筑工程施工许可证即进行厂区及办公楼的建设是事实,原告方对此也认可。但原告未取得上述两证即开工建设,是经过长清区人民政府同意许可的,且区政府上报给了市依法整治违法违章建设领导小组,济长政函〔2014〕28号《济南市长清区人民政府关于部分工程不列入绩效考核范围的函》已充分说明了这一点,被告对此也是知情的。现被告作为长清区人民政府的职能部门,认定原告在未取得建设工程规划许可证和建筑工程施工许可证的情况下,擅自开工建设,属认定事实不清。

(2)侵犯了原告的信赖保护利益。在行政程序方面,被告明知原告的先期开工建设行为是经长清区人民政府许可、同意的,在未给原告下达补办相关建设手续通知的情况下,迳行作出处罚决定,违背了信赖保护利益原则。《中华人民共和国行政许可法》第八条规定:"公民、法人或者其他组织依法取得的行政许可受法律保护,行政机关不得擅自改变已经生效的行政许可。行政许可所依据的法律、法规、规章修改或者废止,或者准予行政许可所依据的客观情况发生重大变化的,为了公共利益的需要,行政机关可以依法变更或者撤回已经生效的行政许可。由此给公民、法人或者其他组织造成财产损失的,行政机关应当依法给予补偿。"从上述规定可以看出,行政机关作出行政许可等行政行为后,相对人基于对行政机关的信赖而付出人力、物力,行政机关改变了相应的行政行为给相对人造成财产的损失,应当承担赔偿责任。同时,上述规定还意味着行政机关不得随意改变行政行为。本案中作为长清区城市管理行政执法局上级机关的长清区人民政府,已许可原告某建设集团公司进行厂区搬迁与新厂区建设同步进行,并先期开工建设。之后长清区城市管理行政执法局又对原告进行处罚,侵犯了原告的信赖保护利益。

综上,法院判决撤销被告济南市长清区城市管理行政执法局2014年11月17日作出的济城执长清区综处字〔2014〕第035号行政处罚决定书。

法条链接

《中华人民共和国行政许可法》

第八条

公民、法人或者其他组织依法取得的行政许可受法律保护,行政机关不得擅自改变已经生效的行政许可。

行政许可所依据的法律、法规、规章修改或者废止,或者准予行政许可所依据的客观情况发生重大变化的,为了公共利益的需要,行政机关可以依法变更或者撤回已经生效的行政许可。由此给公民、法人或者其他组织造成财产损失的,行政机关应当依法给予补偿。

第六节 行政许可听证的范围

听证程序是行政机关作出行政行为前给予当事人就重要事实表示意见的机会,通过公开、公正、民主的方式达到行政目的的程序。就其作用而言,听证应当适用于所有行政机关的行政行为。但采用听证程序必然要发生人力、财力的成本,因此,不可能所有的行政行为作出之前均要求举行听证。那么,制定一个科学、合理的听证的范围是十分必要的。确定听证的范围必须遵循一定的原则,即个人利益与公共利益均衡原则和成本不大于效益原则。第一,听证程序范围的设置必须均衡个人利益与公共利益关系,即在有可能严重侵害个人利益的情形下适用听证程序;遇有一般情形,应允许行政机关自由裁量决定是否适用听证程序;在轻微影响当事人权益的行政决定或当事人放弃获得听证权利的情况下,不适用听证程序。遇到个人利益与国家公共利益发生严重冲突的情形,则应优先考虑公共利益。这就是各国在国家安全、军事、外交领域及紧急情况下均不适用听证程序的原因。第二,听证程序的设置还涉及成本与效益的关系。这里的成本是指行政机关适用听证程序必须负担的人力和财力。效益是指适用听证产生的经济社会综合效益。如果仅考虑该程序带来的经济社会效益,忽视其耗费的成本,那么它也是没有生命力的程序制度。而如果为了避免人力的耗费而不适用听证程序,从短期局部利益看,也许降低了成本,但从长远看和全局看,却是对行政目的和社会利益、个人利益的严重损害,是需要更昂贵的代价弥补的。因此,确定听证程序适用范围必须综合考虑成本与效益的关系,在成本不大于综合效益的前提下进行。

案例 56

原告孙某、吴某诉被告易门县自然资源局行政许可案

案号：〔2020〕云 0425 行初 14 号

案件简介

2020年4月8日，柳某向易门县自然资源局提交书面申请书、建设工程规划许可证申请表、易龙国用〔2009〕第215号土地使用证复印件、易门县房权证易字第××号房屋产权证复印件、身份证复印件、授权委托书，要求对其位于易门县的房屋进行拆除重建。易门县自然资源局于2020年4月14日对柳某提交的资料进行初审及实地踏勘后，向柳某送达规划行政许可材料补正通知书，要求柳某补交重建房屋建筑图3套（包括位置图、平面图、立面图、剖面图）。2020年6月19日，易门县自然资源局经会审同意办理行政许可，并于同日向柳某送达规划行政许可受理通知书。2020年6月19日至同年6月30日期间，易门县自然资源局进行公示，内容为："根据城乡规划管理有关规定，现对易门县柳某户拆除重建申请建设工程规划许可证进行批前公示。项目概况：柳某户位于易门县。土地使用证号：易龙国用〔2009〕第215号，证载面积为160.70平方米；原房产证号：易门县房权证易字第××号，房屋共四层，设有一天井，证载面积为321.18平方米，房屋无外挑阳台。土地性质：国有出让。现申请拆除现有四层以及天井，重建一至四层及局部第五层。项目性质：民房拆除重建；申请类别：建设工程规划许可证；申请人：柳某；公示时间：2020年6月19日至2020年6月30日；公示地点：项目现场。备注：本公示的详细内容可向易门县自然资源局规划中心查询。对本公示项目有异议者，请于公示期限内以书面的形式将意见和建议反馈到易门县自然资源局规划中心（易门县龙泉街道龙泉中路29号）。联系电话：0877-49××××6。"公示期间，有群众反映设计方案一层南面开车库门可能影响消防通道的使用，易门县自然资源局接到群众反映的问题后，于2020年7月1日向柳某送达规划行政许可公示异议告知书，要求柳某尽快与异议群众协商并修改完善设计方案。后柳某与异议群众协商，取消南面车库门，重新修改设计方案后向易门县自然资源局提供了定稿设计图纸。易门县自然资源局再次组织会审并同意办理行政许可，于2020年9月4日至同年9月7日期间进行告示，内容为："根据城乡规划管理有关规定，易门县柳某户于2020年6月19日公示其拆除重建报规方案，后周围群众有异议。经易门县自然资源局多方协商，柳某户对原规划方案进行优化，取消了南面4扇卷帘门，现对新规划方案进行告示。项目性质：民房拆除重建；申请类别：建设工程规划许可证；申请人：柳某；告示时间：2020年9月4日至2020年

9月7日;告示地点:项目现场。备注:本告示的详细内容可向易门县自然资源局规划中心查询。对本公示项目有异议者,请于公示期限内以书面的形式将意见和建议反馈到易门县自然资源局规划中心(易门县龙泉街道龙泉中路29号)。联系电话:0877-49×××6。"告示期间无群众提出异议。2020年9月16日,易门县自然资源局作出建字第202000051号准予建设行政许可决定书,主要内容为:①批准柳某户按报建图纸拆除重建一至四层及局部第五层,建筑面积总计771.14平方米,层高须与相邻建筑一致,建筑高度为16.35米,外观装饰为米黄色外墙涂料;②严禁超出本户土地范围建设;③屋面水须有组织地向下水道排放;④严禁在公共通道上修建化粪池等地下设施;⑤建设过程中须服从规划(城建监察)管理。同日,易门县自然资源局向柳某颁发建字第202000051号建设工程规划许可证。柳某取得建设工程规划许可证后,将易门县旧房拆除,现正对房屋进行重建。

另查明,孙某、吴某与柳某系邻里关系,认为易门县自然资源局发放建设工程规划许可证未进行公示,侵害其合法权益,故孙某、吴某于2020年12月7日诉至法院,要求:①判决撤销被告于2020年9月16日对柳某作出的建设工程规划许可证(建字第202000051号)审批决定;②本案诉讼费由被告承担。

裁判结果

驳回原告孙某、吴某的诉讼请求。

案件评析

本案的争议焦点为易门县自然资源局作出的准予建设行政许可的行政行为是否合法。本案中,柳某因其房屋拆除重建,依法向易门县自然资源局申请办理建设工程规划许可证,其向易门县自然资源局提供了土地使用证和房屋产权证复印件及重建房屋建筑图纸,易门县自然资源局经实地踏勘及会审后同意办理行政认可,于2020年6月19日至同年6月30日期间向社会公示,公示期间因群众提出异议,柳某修改设计图纸,易门县自然资源局重新会审后同意办理行政许可,于2020年9月4日至同年9月7日向社会进行告示,告示期间,无群众提出异议,易门县自然资源局于2020年9月16日作出建字第202000051号准予建设行政许可决定书,并向柳某户颁发建字第202000051号建设工程规划许可证,孙某、吴某提出易门县自然资源局发放建设工程规划许可证未进行公示,导致其丧失陈述权及申辩权,侵害其合法权益的主张,与查明案件事实不符。《中华人民共和国行政许可法》第四十六条规定:"法律、法规、规章规定实施行政许可应当听证的事项,或者行政机关认为需要听证的其他涉及公共利益的重大行政许可事项,行政机关应当向社会公告,并举行听证。"第四十七条规定:"行政许可直接涉及申请人与他人之间重大利益关系的,行政机关在作出行政许可决定前,应当告知申请人、利害关系人享有要求听证的权利;申请人、利害关系人在被告知听证权利之日起五日内提出听证申请的,行政机关应当在二十日内组织听证。申请人、利害关系人不承担行政机关组织听证的费用。"本案中,柳某于 2020 年 4 月 8 日向被告申请办理建设工程规划许可证,要求对其原有房屋拆除重建。易政办发〔2015〕17 号文件《易门县城区居民建房规划管理实施意见(试行)》第三条规定:居民建房的限高采用"滇某 1 居"建筑风格建设的"一联多户"居民建房,建筑限高为 18 米(含楼梯间),限层数为五层,底层建筑层高不得超过 4.2 米,出屋面楼梯间高度不得超过 2.2 米。柳某申请重建的房屋,建筑总高为 16.35 米,重建一至四层及局部第五层,符合《易门县城区居民建房规划管理实施意见(试行)》的相关要求,同时也符合《易门县县城总体规划修编(2015—2030 年)》的规划要求,柳某申请的行政许可事项不属于涉及公共利益的重大行政许可事项,也不存在涉及申请人与他人之间重大利益关系的情形,易门县自然资源局在作出建设工程规划许可决定前已进行两次公(告)示,在没有群众提出异议的情形下作出建字第 202000051 号建设工程规划许可决定,并向柳某颁发建字第 202000051 号建设工程规划许可证,被告作出的行政许可决定程序合法、认定事实清楚、适用法律准确,原告要求撤销被告作出的建字第 202000051 号建设工程规划许可证审批决定的诉请缺乏事实及法律依据。

 法条连接

《中华人民共和国行政许可法》

第四十六条

法律、法规、规章规定实施行政许可应当听证的事项,或者行政机关认为需要听证的其他涉及公共利益的重大行政许可事项,行政机关应当向社会公告,并举行听证。

第四十七条

行政许可直接涉及申请人与他人之间重大利益关系的,行政机关在作出行政许可决定前,应当告知申请人、利害关系人享有要求听证的权利;申请人、利害关系人在被告知听证权利之日起五日内提出听证申请的,行政机关应当在二十日内组织听证。

申请人、利害关系人不承担行政机关组织听证的费用。

第七节 行政许可决定公开

行政许可决定公开,即是将行政许可决定的结果予以公开。将行政许可决定的结果公开是行政公开的重要内容,对于保障被许可人、利害关系人和公众的知情权,加强对行政机关的监督具有重要意义。首先,对于利害关系人来说,行政许可决定会对其利益产生影响,尽管行政许可法规定了利害关系人有陈述、申辩及听证的权利,但行政许可决定的作出是否采纳了利害关系人提出的证据和意见,是否考虑了对利害关系人利益的保护,利害关系人都需要通过行政许可决定进行了解,然后才能决定是否采取对自身权益的相关保护措施。其次,在有数量限制的行政许可中,并不是所有申请人最终都能得到行政机关的许可,对于未获得许可的申请人来说,在有关的行政许可决定作出后,他们所关心的是行政机关是否依法采用了公平的程序,保障申请人有平等竞争的机会,获得许可的被申请人的条件是否符合行政机关事先公布的条件,行政机关的决定对自己是否存在不公正。通过行政许可决定公开,如果其他申请人发现行政机关的行为违法,作出的行政许可决定不公正,可以采取相应的救济措施。再次,对于公众来说,行政许可决定公开,使其可以了解自己需要的信息。例如,在工商部门查询企业法人的登记,可以了解有关企业的情况,从而使个人和企业在与注册登记的企业进行民事活动的过程中,降低商业风险,避免损失的发生;又如,对经检验、检测、检疫合格的产品的结果予以公开,可以使公众根据这些结果选择商品,保护使用者、消费者的权益。最后,将行政许可决定予以公开,可以使被许可人、利害关系人以及社会公众从决定中了解行政许可的决定过程和理由,从而增加公众对行政机关的监督作用。

行政许可的实施和结果应当公开,但是涉及国家秘密、商业秘密和个人隐私的内容除外。

案例 57

原告夏某诉被告邵东市牛马司镇人民政府行政许可案

案号:〔2019〕湘 0511 行初 238 号

案件简介

> 2017 年 8 月 12 日,夏某 1、谢某二人向被告提出建房用地申请,被告以选址有纠纷为由,未予审核。同年 9 月,夏某 1、谢某在牛马司镇上桥村石界片九组,未经批准占用宅基地、空地建房。建房地点西临原告所居住的房屋。同年 12 月 5 日,邵东市国土资源局作出邵国土资罚字〔2017〕269 号国土资源违法案件行政处罚决定书,责令夏某 1、谢某在规定的期限内自行拆除新建的房屋。因夏某 1、谢某未在规定的期限内履行行政处罚决定书确定的义务,邵东市国土资源局向邵东市人民法院申请强制执行。邵东市人民法院于 2018 年 6 月 28 日作出〔2018〕湘 0521 行审 35 号行政裁定书,裁定邵东市国土资源局作出邵国土资罚字〔2017〕269 号国土资源违法案件行政处罚决定书不准予执行。2018 年 7 月 12 日,夏某 1、

谢某以被告不履行审核建房用地申请职责为由向邵东市人民法院起诉,邵东市人民法院于同年10月18日作出〔2018〕湘0521行初43号行政判决书,判决被告对夏某1、谢某的建房用地申请予以审核。2019年1月20日,被告作出邵牛个建批字〔2019〕第042号个人建房用地批准书,同意夏某1、谢某建房,用地面积为190.4平方米,原告对该批准书不服,认为被告未经审查、违法审批、草率决定,导致原告通行权、采光权益受到侵犯,故提起行政诉讼,请求人民法院依法撤销邵东市牛马司镇人民政府于2019年1月20日作出的邵牛个建批字〔2019〕第042号个人建房用地批准书。

 裁判结果

撤销被告邵东市牛马司镇人民政府于2019年1月20日作出的邵牛个建批字〔2019〕第042号个人建房用地批准书。

 案件评析

本案争议的焦点是被告的土地审批行政行为是否符合法定程序。

《中华人民共和国行政许可法》第三十六条规定:"行政机关对行政许可申请进行审查时,发现行政许可事项直接关系他人重大利益的,应当告知该利害关系人。申请人、利害关系人有权进行陈述和申辩。行政机关应当听取申请人、利害关系人的意见。"第四十条规定:"行政机关作出的准予行政许可决定,应当予以公开,公众有权查阅。"本案中,邵牛个建批字〔2019〕第042号个人建房用地批准书所批准的第三人夏某1的建房地点西临原告所居住的房屋,被告的土地审批行政行为与原告存在利害关系,被告应当告知原告等利害关系人,并听取其意见,批准决定亦应当公开。现被告无证据证明其履行了上述必要程序,其作出行政审批行为依据不足,程序不合法,其作出的本案被诉行政行为,依法应予撤销。

 法条链接

《中华人民共和国行政许可法》

第四十条
行政机关作出的准予行政许可决定,应当予以公开,公众有权查阅。

第八节 行政机关在其法定职责范围内实施行政许可

行政机关是依法成立,能够以自己名义独立从事行政管理活动,并承担相应法律后果的行政组织。行政机关与行政组织、行政机构等既有区别,又有联系。行政组织是行政学上的概念,包括行政机关和行政机构,行政机构一般是指行政机关内部设置的职能部门,它没有法人资格,不能独立对外从事行政管理活动。在我国,行政机关包括中央和地方各级人民政府以及它们的组成部门、直属机构、派出机构等。行政许可是行政机关根据公民、法人或者其他组织的申请,经依法审查,准予其从事特定活动的行为。行政许可权是一项行政权力,是公权力,原则上只能由行政机关行使。因此,行政许可法将行政许可由行政机关实施作为一项原则加以规定,授权具有管理公共事务职能的组织实施行政许可是例外。但是,法律规定行政许可由行政机关实施,并不是说所有的行政机关都可以实施行政许可,也不是说行政机关什么行政许可都能实施,行政机关要在其法定职责范围内实施行政许可。

案例 58

原告戴某诉被告杭州市规划局行政许可案

案号:〔2013〕杭上行初字第 42 号

案件简介

第三人杭州市上城区农居多层公寓建设管理中心依据杭州市发展和改革委员会《关于同意建设近江单元 B-R21-04 地块农居的批复》(杭发改投资〔2006〕374号文件)和《对杭州市近江单元控制性详细规划的批复》(杭规发〔2005〕326 号文件),向被告申请建设用地规划许可。被告经审查后于 2010 年 7 月 2 日向第三人核发了地字第 330100201000398 号建设用地规划许可证。因遗漏少量需带征的规划道路用地,同年 7 月 20 日,第三人向被告申请修改许可事项,被告经审查后对地字第 330100201000398 号建设用地规划许可证进行修改后颁发给第三人。该许可证的主要内容为:用地单位为杭州市上城区农居多层公寓建设管理中心;用地项目名称为近江单元 B-R21-04 地块农居;用地性质为居住用地(农居及配套用房);用地面积为 55824 平方米。与同年 7 月 2 日颁发的原证相比,新证修改的内容是征地范围线,用地面积从 55562 平方米调整为 55824 平方米,道路用地面积增加。原告戴某不服,依法向法院提起行政诉讼,要求撤销被告于 2010 年 7 月 29 日作出的地字第 330100201000398 号建设用地规划许可证。

另查明,原告戴某系案涉建设用地规划许可证项下被拆迁户。

 裁判结果

驳回原告戴某的诉讼请求。

 案件评析

本案争议的焦点在于被告为第三人变更行政许可事项是否合法。

本案第三人向被告杭州市规划局申请建设用地规划许可证,根据《中华人民共和国城乡规划法》第十一条第二款"县级以上地方人民政府城乡规划主管部门负责本行政区域内的城乡规划管理工作",以及《中华人民共和国行政许可法》第二十二条"行政许可由具有行政许可权的行政机关在其法定职权范围内实施"的规定,可知被告对本案具有法定许可职责。

《中华人民共和国城乡规划法》第三十七条规定:"在城市、镇规划区内以划拨方式提供国有土地使用权的建设项目,经有关部门批准、核准、备案后,建设单位应当向城市、县人民政府城乡规划主管部门提出建设用地规划许可申请,由城市、县人民政府城乡规划主管部门依据控制性详细规划核定建设用地的位置、面积、允许建设的范围,核发建设用地规划许可证。"被告于 2010 年 7 月 2 日向第三人核发了地字第 330100201000398 号建设用地规划许可证,后因遗漏少量需带征的规划道路用地,经第三人申请后进行了修改,根据《中华人民共和国行政许可法》第四十九条"被许可人要求变更行政许可事项的,应当向作出行政许可决定的行政机关提出申请,符合法定条件、标准的,行政机关应当依法办理变更手续"的规定,可知被告的该许可内容与程序并无不当,被告系依法为第三人办理的变更手续。

综上,被告为第三人变更行政许可事项是合法的,故法院判决驳回原告戴某的诉讼请求。

法条链接

《中华人民共和国行政许可法》

第二十二条

行政许可由具有行政许可权的行政机关在其法定职权范围内实施。

第四十九条

被许可人要求变更行政许可事项的,应当向作出行政许可决定的行政机关提出申请;符合法定条件、标准的,行政机关应当依法办理变更手续。

《中华人民共和国城乡规划法》

第十一条

国务院城乡规划主管部门负责全国的城乡规划管理工作。

县级以上地方人民政府城乡规划主管部门负责本行政区域内的城乡规划管理工作。

第三十七条

在城市、镇规划区内以划拨方式提供国有土地使用权的建设项目,经有关部门批准、核准、备案后,建设单位应当向城市、县人民政府城乡规划主管部门提出建设用地规划许可申请,由城市、县人民政府城乡规划主管部门依据控制性详细规划核定建设用地的位置、面积、允许建设的范围,核发建设用地规划许可证。

建设单位在取得建设用地规划许可证后,方可向县级以上地方人民政府土地主管部门申请用地,经县级以上人民政府审批后,由土地主管部门划拨土地。

第九节 行政许可的撤销

所谓撤销行政许可即取消行政许可。《中华人民共和国行政许可法》第六十九条中的撤销行政许可,是指由行政机关撤销有瑕疵的行政许可。这些行政许可在实施过程中就存在违法因素,属于无效行政许可。根据本条的规定,有权撤销对被许可人的行政许可的机关是作出行政许可决定的行政机关或者作出行政许可决定的行政机关的上级行政机关。

案例 59

原告陈某诉被告芦溪县国土资源局行政许可案

案号:〔2016〕赣 0323 行初 13 号

 案件简介

被告于 2009 年 12 月 9 日向原告颁发了〔2009〕芦土字第 0294 号非农业建设用地许可证。2016 年 6 月 22 日,被告以原告故意隐瞒城镇居民身份,假借新泉乡市上村村民身份骗取农村村民建设用地等为由,未依原告申请依法举行听证,依照《中华人民共和国行政许可法》第六十九条之规定,作出了撤销原告所取得的〔2009〕芦土字第 0294 号芦溪县非农业建设用地许可证的芦国土资字〔2016〕67 号决定书。原告不服,遂提起行政诉讼,请求依法撤销被告作出的芦国土资字〔2016〕67 号行政许可撤销决定书。

另查明,被告芦溪县国土资源局逾期提供听证笔录。

 裁判结果

撤销被告芦溪县国土资源局于 2016 年 6 月 22 日作出的芦国土资字〔2016〕67 号行政许可撤销决定书。

 案件评析

本案争议的焦点在于被告芦溪县国土资源局作出的撤销决定程序是否违法。

根据《中华人民共和国行政许可法》第三十六条、第四十六条、第四十七条的规定,涉及公共利益及重大利益的,应举行听证。本案中,撤销用地行政许可涉及原告陈某的重大切身利益,应当举行听证。虽然芦溪县国土资源局提供了听证笔录,但因逾期,根据法律规定应视为没有相应证据。

该撤销决定笼统适用《中华人民共和国行政许可法》第六十九条规定,造成行政相对人不能确定其是因何情形被撤销行政许可,是"可以"还是"应当"撤销行政许可的情形,难以有针对性地进行权利救济,影响了陈某行使陈述和申辩的权利。

综上,芦溪县国土资源局的撤销决定程序违法,故法院作出上述判决。

法条链接

《中华人民共和国行政许可法》

第三十六条

行政机关对行政许可申请进行审查时,发现行政许可事项直接关系他人重大利益的,应当告知该利害关系人。申请人、利害关系人有权进行陈述和申辩。行政机关应当听取申请人、利害关系人的意见。

第四十六条

法律、法规、规章规定实施行政许可应当听证的事项,或者行政机关认为需要听证的其他涉及公共利益的重大行政许可事项,行政机关应当向社会公告,并举行听证。

第四十七条

行政许可直接涉及申请人与他人之间重大利益关系的,行政机关在作出行政许可决定前,应当告知申请人、利害关系人享有要求听证的权利;申请人、利害关系人在被告知听证权利之日起五日内提出听证申请的,行政机关应当在二十日内组织听证。

申请人、利害关系人不承担行政机关组织听证的费用。

第六十九条

有下列情形之一的,作出行政许可决定的行政机关或者其上级行政机关,根据利害关系人的请求或者依据职权,可以撤销行政许可:

(一)行政机关工作人员滥用职权、玩忽职守作出准予行政许可决定的;

(二)超越法定职权作出准予行政许可决定的;

(三)违反法定程序作出准予行政许可决定的;

(四)对不具备申请资格或者不符合法定条件的申请人准予行政许可的;

(五)依法可以撤销行政许可的其他情形。

被许可人以欺骗、贿赂等不正当手段取得行政许可的,应当予以撤销。

依照前两款的规定撤销行政许可,可能对公共利益造成重大损害的,不予撤销。

依照本条第一款的规定撤销行政许可,被许可人的合法权益受到损害的,行政机关应当依法给予赔偿。依照本条第二款的规定撤销行政许可的,被许可人基于行政许可取得的利益不受保护。

第十节 行政许可的注销

所谓注销是指行政机关注明取消行政许可,是行政许可结束后由行政机关办理的手续。它与撤销的区别在于,撤销一般需要由行政机关作出决定,撤销的事由通常是行政许可的实施过程中有违法因素,即违法导致行政许可的撤销。而注销的事由不仅包括行政许可实施中具有违法因素,而且包括其他使得被许可人从事行政许可事项的生产经营等活动终止的情形,即只要被许可人终止从事行政许可事项的生产经营等活动,行政机关即对该项行政许可予以注销。

案例 60

原告陈某诉被告长春市公安局交通警察支队道路交通行政许可案

案号:〔2018〕吉 0102 行初 62 号

 案件简介

2017 年 9 月 1 日 20 时 26 分,陈某酒后驾驶吉 J949＊＊号小型汽车行驶至金宇大路前进大街时,被民警当场查获。长春市公安局交通警察支队(以下简称市交警支队)南关区大队于 2017 年 9 月 6 日作出公交决字〔2017〕第 2201022900230454 号公安交通管理行政处罚决定书,根据《中华人民共和国道路交通安全法》第九十条、第九十一条第一款以及《吉林省实施〈中华人民共和国道路交通安全法〉办法》第七十八条第(十三)项的规定,决定对陈某罚款 2050 元、暂扣机动车驾驶证 6 个月。陈某对此行政处罚决定未申请行政复议及提起行政诉讼。被告市交警支队同时根据《机动车驾驶证申领和使用规定》的规定记 13 分,并作出编号为〔2018〕第 2201028710110000 号的办理注销最高准驾车型业务通知书,陈某未申请复核。2018 年 3 月 22 日,陈某向市交警支队申请降型,同日,市交警支队根据《机动车驾驶证申领和使用规定》第七十八条第一款第(二)项的规定,作出〔2018〕第 2201002018234700 号注销最高准驾车型决定书,决定注销陈某机动车驾驶证最高准驾车型驾驶资格,注销后的准驾车型为 A2、A3。陈某对此不服,在法定起诉期限内提起行政诉讼,请求判令:①撤销〔2018〕第 2201002018234700 号注销最高准驾车型决定书;②案件受理费由市交警支队负担。

 裁判结果

撤销被告市交警支队作出的〔2018〕第 2201002018234700 号注销最高准驾车型决定书。

案件评析

本案的争议焦点在于陈某的机动车驾驶证是否应予注销。

《中华人民共和国行政许可法》第二条规定:"本法所称行政许可,是指行政机关根据公民、法人或者其他组织的申请,经依法审查,准予其从事特定活动的行为。"由此可见,交通管理部门发放和注销机动车驾驶证的行为属于受《中华人民共和国行政许可法》调整的行政许可行为。交通管理部门在发放驾驶证时,确定了机动车驾驶员的相应准驾车型,即对机动车驾驶员的驾驶资格作出了许可。本案中,市交警支队作出将陈某的机动车驾驶证的准驾车型由 A1、A2 降为 A2、A3 的行为,是对陈某 A1、A2 驾驶资格的否定,该行为属注销行政许可的行政行为。

本案被诉行政行为属于注销行政许可行为,故交通管理部门在作出该行为时,不但要符合公安部制定的《机动车驾驶证申领和使用规定》的规定,还要符合《中华人民共和国行政许可法》的相关规定。《中华人民共和国行政许可法》第七十条规定了注销行政许可的相应情形,其中第(四)项规定,行政许可依法被撤销、撤回,或者行政许可证件依法被吊销的,行政机关应当依法办理有关行政许可的注销手续。

结合本案,在陈某的机动车驾驶证未被撤销、撤回或吊销的情况下,没有出现使行政许可失去效力的事实,市交警支队直接作出注销其最高准驾车型决定的行为违法,应予撤销。

 法条链接

《中华人民共和国行政许可法》

第二条
本法所称行政许可,是指行政机关根据公民、法人或者其他组织的申请,经依法审查,准予其从事特定活动的行为。

第七十条
有下列情形之一的,行政机关应当依法办理有关行政许可的注销手续:
(一)行政许可有效期届满未延续的;
(二)赋予公民特定资格的行政许可,该公民死亡或者丧失行为能力的;
(三)法人或者其他组织依法终止的;
(四)行政许可依法被撤销、撤回,或者行政许可证件依法被吊销的;
(五)因不可抗力导致行政许可事项无法实施的;
(六)法律、法规规定的应当注销行政许可的其他情形。

《中华人民共和国道路交通安全法》

第九十一条

饮酒后驾驶机动车的,处暂扣六个月机动车驾驶证,并处一千元以上二千元以下罚款。因饮酒后驾驶机动车被处罚,再次饮酒后驾驶机动车的,处十日以下拘留,并处一千元以上二千元以下罚款,吊销机动车驾驶证。

醉酒驾驶机动车的,由公安机关交通管理部门约束至酒醒,吊销机动车驾驶证,依法追究刑事责任;五年内不得重新取得机动车驾驶证。

饮酒后驾驶营运机动车的,处十五日拘留,并处五千元罚款,吊销机动车驾驶证,五年内不得重新取得机动车驾驶证。

醉酒驾驶营运机动车的,由公安机关交通管理部门约束至酒醒,吊销机动车驾驶证,依法追究刑事责任;十年内不得重新取得机动车驾驶证,重新取得机动车驾驶证后,不得驾驶营运机动车。

饮酒后或者醉酒驾驶机动车发生重大交通事故,构成犯罪的,依法追究刑事责任,并由公安机关交通管理部门吊销机动车驾驶证,终生不得重新取得机动车驾驶证。

《机动车驾驶证申领和使用规定》

第七十八条

持有大型客车、牵引车、城市公交车、中型客车、大型货车驾驶证的驾驶人有下列情形之一的,车辆管理所应当注销其最高准驾车型驾驶资格,并通知机动车驾驶人在三十日内办理降级换证业务:

(一)发生交通事故造成人员死亡,承担同等以上责任,未构成犯罪的;

(二)在一个记分周期内有记满12分记录的;

(三)连续三个记分周期不参加审验的。

机动车驾驶人在规定时间内未办理降级换证业务的,车辆管理所应当公告注销的准驾车型驾驶资格作废。

机动车驾驶人办理降级换证业务后,申请增加被注销的准驾车型的,应当在本记分周期和申请前最近一个记分周期没有记满12分记录,且没有发生造成人员死亡承担同等以上责任的交通事故。

 习题及答案

第七讲

行政协议篇

　　行政协议是现代行政法上较为新型且重要的一种行政管理手段。行政协议引进了公民参与国家行政的新途径。通过行政协议,普通公民可以以积极的权利方式而不仅仅是负担义务,直接参与实施行政职能,特别是经济职能。行政协议的广泛使用,将会减少行政机关对个人进行单方命令的行政安排,使其以协商的方式提出要求和义务,便于公民理解,从而减少双方因利益和目的的差异而带来的对立性,有利于化解矛盾,创造和谐社会。

第一节　行政协议属于行政诉讼受案范围

修订后的《中华人民共和国行政诉讼法》将行政协议纳入受案范围,肯定了其不同于一般民事合同的特性。行政协议是行政机关为实现公共利益或者行政管理目标,在法定职责范围内,与公民、法人或者其他组织协商订立的具有行政法上权利义务内容的协议。行政协议具有行政法和民法的双重属性,在行政协议履行过程中,既要遵守行政法律规范,也要遵守民事法律规范。依法成立的合同,对双方当事人都具有法律约束力。当事人应当按照约定履行自己的义务,不得擅自变更或者解除合同。

案例 61

原告贺某诉被告新郑市新村镇人民政府乡政府行政合同案

案号:〔2020〕豫 0184 行初 33 号

 案件简介

原告系河南省新郑市新村镇马垌村人,张某1、张某2、张某3分别系原告之夫、之子、之女。原告在新郑市郑新路与万邓路交叉口东北角建有房屋一座,该房屋所在地无宅基地使用证。原告所提交的于2003年1月19日颁发的河南省村镇建筑许可证上显示:用地单位姓名为张某4,住址为新村镇马垌村马垌组,建设地点为马垌村乡间公路北侧,建设项目为门店,建筑性质为自建,批准用地面积为338平方米,竣工日期为2003年5月9日。

2013年10月,被告(甲方)、原告(乙方)就原告所建新郑市郑新路与万邓路交叉口东北角房屋签订搬迁安置协议一份,协议规定:甲方按照如下标准安置乙方住房,其中符合安置条件的人口每人无偿安置25平方米,同时每人可以按照每平方米1500元的成本价购买25平方米,安置人员由安置工作领导小组(人员由镇、村、组相关人士组成)审核认定,向全体村民公示无异议后确定;乙方搬迁后,如不需要临时安置房,甲方对符合安置条件的人员,按照每人每月200元的标准,向乙方支付过渡安置费,过渡安置费首次发放6个月,每6个月发放一次,直至安置房分配公告发布之日。协议下方有甲方加盖印章,乙方签字确认。协议签订后,被告拆除该协议所涉房屋。

2014年9月10日,被告出台《新村镇(镇区以外村庄)拆迁安置办法》,该办法第一条"安置对象"第七款规定"一户多宅农户,只能享受一次安置政策,多出的宅基地上房屋,只补偿不安置",第二条"安置办法"规定"安置住房采取宅基地与安置对象相结合的方式,每处宅基地无偿安置40平方米建筑面积的居住房,在此基础上,每个安置对象再安置25平方米建筑面积的居住房,除此之外,每个安置对象可以以成本价购买25平方米安置房"。之后被告作出《暖泉湖社区安置人员条件》并进行了公告,该条件第七条规定"一户多宅农户,只能享受一次安置政策,多处的宅基地上房屋,只补偿不安置"。

2015至2017年拆迁安置过程中,被告因"拆除门面房,村内有宅基地",未对原告进行安置住房分配。原告及张某1对此在马垌村安置房二榜公告后及2019年12月11日分别向被告提出意见,要求被告处理。现原告认为被告应当依照签订的搬迁安置协议向其交付安置住房及支付过渡安置费,为此诉至法院,请求:①依法判令原被告之间签订的搬迁安置协议有效,并判令被告继续履行该协议;②依法判令被告为原告在统一安置社区暖泉湖社区安置住房265平方米(其中按人口无偿安置住房125平方米,一处宅子外加无偿安置住房40平方米,按成本价1500元/平方米购买住房100平方米,共计265平方米);③依法判令被告继续支付原告过渡安置费每月800元,从2018年7月份起,直至安置住房之日止;④本案诉讼费用由被告承担。庭审中,原告明确其诉讼请求第二项要求安置住房具体位置为新郑市中华路西万邓路北暖泉湖社区。

另查明:①原告陈述"张某4"即张某1,原告称被拆除房屋盖在其所分承包地地头,动地以后向村里交地租,原告陈述案涉协议房屋及附属物补偿款已发放到位,安置过渡费发放至2018年7月;②1992年4月21日的地籍调查表显示张某1在新村镇马垌村有宅基地一处,预编地籍号为6-7-62-18,宗地四至为东张现卿、西南北路、南巷道、北巷道,使用期限为永久,土地面积为248平方米。

 裁判结果

驳回原告贺某的诉讼请求。

 案件评析

本案争议焦点在于该案件是否属于人民法院行政案件的受理范围。《最高人民法院关于审理行政协议案件若干问题的规定》第一条规定:"行政机关为了实现行政管理或者公共服务目标,与公民、法人或者其他组织协商订立的具有行政法上权利义务内容的协议,属于行政诉讼法第十二条第一款第十一项规定的行政协议。"第二条规定:

"公民、法人或者其他组织就下列行政协议提起行政诉讼的,人民法院应当依法受理:……(二)土地、房屋等征收征用补偿协议……"本案中,在新村镇拆迁安置过程中,原告、被告签订了搬迁安置协议,就村民征迁补偿安置的问题作出了约定,系行政协议,本案系因履行协议发生的纠纷,属行政案件受案范围。

搬迁安置协议中"住房安置"约定,安置住房的前提为符合安置条件,且安置人员由安置工作领导小组审核认定,向全体村民公示无异议后确定。本案中,符合安置条件应以拆除宅基地上房屋为前提。《中华人民共和国土地管理法》第六十二条规定:"农村村民一户只能拥有一处宅基地,其宅基地的面积不能超过省、自治区、直辖市规定的标准。"原告家庭户在新村镇马垌村另有合法宅基地一处,案涉协议并不涉及该宅基地上所建房屋,搬迁安置协议所涉被拆除房屋所在土地无宅基地使用证,原告提交的河南省村镇建筑许可证显示该地建设项目为门店,原告自认被拆除房屋建设在其所分承包地地头,动地以后向村里交地租,原告亦未提交其他证据证明案涉被拆除房屋所在土地为宅基地,被告据此认定原告家庭户不符合安置条件并无不当。过渡安置费发放对象系符合安置条件人员,因此,被告对原告不进行安置住房分配及停止发放过渡安置费并无不妥。综上,原告主张分配安置住房并发放安置过渡费的诉讼请求依据不足,故法院判决驳回原告贺某的诉讼请求。

法条链接

《最高人民法院关于审理行政协议案件若干问题的规定》

第一条

行政机关为了实现行政管理或者公共服务目标,与公民、法人或者其他组织协商订立的具有行政法上权利义务内容的协议,属于行政诉讼法第十二条第一款第十一项规定的行政协议。

第二条

公民、法人或者其他组织就下列行政协议提起行政诉讼的,人民法院应当依法受理:

(一)政府特许经营协议;
(二)土地、房屋等征收征用补偿协议;
(三)矿业权等国有自然资源使用权出让协议;
(四)政府投资的保障性住房的租赁、买卖等协议;
(五)符合本规定第一条规定的政府与社会资本合作协议;
(六)其他行政协议。

第二节　行政协议与民事合同的区别

行政协议是指行政机关在行使职权、履行行政职责过程中与公民、法人或者其他组织协商订立的协议。行政协议与民事合同的区别在于以下几点：①目的不同，行政协议是行政机关实现行政职能，民事合同是为实现民事目的；②主体要素不同，行政机关在行政协议中是不可缺少的当事人，在民事合同中则不是；③责任不同，行政合同双方当事人需要承担更多的公法责任，不仅要承担普通的违约责任，而且要根据法律规定承担必要的行政处罚责任。

案例 62

原告李某诉被告民权县绿洲街道办事处行政合同案

案号：〔2018〕豫 1422 行初 6 号

案件简介

原告李某系民权县城关镇任庄村村民，因修建民权县新北外环路的需要，原告家房屋需拆迁。2014 年 10 月 4 日，原告与被告双方签订了拆迁安置补偿协议。2015 年 1 月 4 日，原告领取了拆迁补偿款 73457 元、租赁费 3600 元。2015 年 4 月 20 日，被告又出具证明一份，承诺安置时间为一年，如若违约，需承担违约金 10000 元。2016 年 12 月 12 日，被告为原告安置了隆兴花苑 11 号楼 1 单元某层东户住房一套。原告以被告未按约定履行协议为由，向法院提起行政诉讼。

裁判结果

被告于判决生效之日起十日内支付原告违约金 10000 元。

案件评析

本案的争议焦点有以下两点。

第一，原告李某要求被告支付违约金的诉讼请求属民事合同纠纷还是行政协议纠纷？

行政协议是指行政机关在行使职权、履行行政职责过程中与公民、法人或者其他组织协商订立的协议。就争议类型而言，除《中华人民共和国行政诉讼法》第十二条第一款第（十一）项所列举的几种行政争议外，还包括协议订立时的缔约过失，协议成立与否，协议有效无效，撤销、终止行政协议，请求继续履行行政协议、采取补救措施、承担赔偿和补偿责任以及行政机关监督、指挥、解释等行为产生的行政争议。如将该行政协议争议排除在行政诉讼的受案范围之外，既不能及时有效地依法解决相关行政争议，也不利于监督行政机关依法行政职权。本案中，李某诉被告所签订的拆迁安置补偿协议，系被告在行使职权、履行行政职责过程中与公民协商订立的协议，属于行政协议。此后被告为李某出具的证明，系对拆迁安置补偿协议的一种补充规定，从属于该行政协议。因李某系行政协议中的当事人，与本案有法律上的利害关系，李某的主体适格，故原告李某要求被告支付违约金的诉讼请求属行政协议纠纷。

第二，原告李某主张被告支付 10000 元违约金有无事实和法律依据？

行政协议是行政机关基于行政裁量权与行政相对人协商一致而达成的，在不存在无效情形时，其中约定的行政主体和行政相对人双方的权利义务必须得到全面遵守和履行。本案中，根据双方签订的拆迁安置补偿协议，双方就置换面积、附属物拆迁货币补偿达成了一致意见，原告李某于 2015 年 1 月 15 日领取了拆迁补偿款和房屋租赁费。因拆迁安置补偿协议未书面约定房屋安置时间，被告为原告李某出具的证明系对拆迁安置补偿协议的一个补充，该证明约定安置时间为一年，违约金为 10000 元。被告未在约定时间给原告李某安置属违约，原告李某要求被告支付 10000 元违约金有事实和法律依据，故法院判决被告于判决生效之日起十日内支付原告李某违约金 10000 元。

 法条链接

《中华人民共和国行政诉讼法》

第十二条

人民法院受理公民、法人或者其他组织提起的下列诉讼：

（一）对行政拘留、暂扣或者吊销许可证和执照、责令停产停业、没收违法所得、没收非法财物、罚款、警告等行政处罚不服的；

（二）对限制人身自由或者对财产的查封、扣押、冻结等行政强制措施和行政强制执行不服的；

（三）申请行政许可，行政机关拒绝或者在法定期限内不予答复，或者对行政机关作出的有关行政许可的其他决定不服的；

（四）对行政机关作出的关于确认土地、矿藏、水流、森林、山岭、草原、荒地、滩涂、海域等自然资源的所有权或者使用权的决定不服的；

（五）对征收、征用决定及其补偿决定不服的；

（六）申请行政机关履行保护人身权、财产权等合法权益的法定职责，行政机关拒绝履行或者不予答复的；

（七）认为行政机关侵犯其经营自主权或者农村土地承包经营权、农村土地经营权的；

（八）认为行政机关滥用行政权力排除或者限制竞争的；

（九）认为行政机关违法集资、摊派费用或者违法要求履行其他义务的；

（十）认为行政机关没有依法支付抚恤金、最低生活保障待遇或者社会保险待遇的；

（十一）认为行政机关不依法履行、未按照约定履行或者违法变更、解除政府特许经营协议、土地房屋征收补偿协议等协议的；

（十二）认为行政机关侵犯其他人身权、财产权等合法权益的。

除前款规定外，人民法院受理法律、法规规定可以提起诉讼的其他行政案件。

第三节 行政协议的撤销

原告认为行政协议存在违法，可以向人民法院提起撤销行政协议的诉讼，人民法院经审理认为行政协议存在胁迫、欺诈、重大误解、显失公平等情形的，可以撤销该行政协议。

案例 63

原告余某诉被告永嘉县人民政府瓯北街道办事处行政合同案

案号：〔2020〕浙 0303 行初 116 号

 案件简介

> 原告余某系永嘉县瓯北街道王家垟村村民，2004 年间王家垟村民委员会以户为单位分配安置房指标，原告分到一个安置房指标，并缴纳了第一期建房款 50000 元。2006 年 7 月 5 日，原告与第三人林某签订转让协议书，将王家垟安置房指标转让给第三人。第三人交付了 157000 元安置房指标转让款及第一期建房款，后于 2007 年 4 月 19 日、2007 年 12 月 26 日，分别向王家垟村民委员会缴纳安

置房集资款，共计 215000 元。2010 年 11 月 25 日，原告余某经抓阄，确定安置房在永嘉县××街道××村××房××幢××单元××室，至案件审理时未办理不动产权证。2015 年 3 月 5 日，第三人向永嘉县人民法院起诉要求判令确认原告与第三人签订的转让协议书有效，2015 年 3 月 26 日，永嘉县人民法院〔2015〕温永瓯民初字第 83 号民事判决确认该协议书有效。2018 年 9 月 21 日，被告瓯北街道办事处遂与第三人签订了货币补偿安置协议书。原告不服，诉至法院，请求撤销被告与第三人于 2018 年 9 月 21 日签订的货币补偿安置协议书。

另查明，被告另行向法院提交了案涉房屋税费发票，以证明第三人已缴纳案涉安置房房产税费。

裁判结果

驳回原告余某的诉讼请求。

案件评析

《中华人民共和国行政诉讼法》第二十五条第一款规定："行政行为的相对人以及其他与行政行为有利害关系的公民、法人或者其他组织，有权提起诉讼。"本案中，原安置房指标权益属原告余某，永嘉县人民法院〔2015〕温永瓯民初字第 83 号民事判决确认原告与第三人于 2006 年 7 月 5 日签订的转让协议书有效，故原告与本案被诉协议存在法律上的利害关系。

行政协议是指行政机关为实现特定行政目的，在法定职责范围内，与公民、法人、其他组织协商订立的具有行政法上权利义务的协议。本案被诉协议系征地房屋补偿协议，属于行政协议的一种。本案中，原告将案涉安置房指标转让至第三人，第三人向原告交付了案涉安置房指标转让款，并缴纳建房集资款、房产税费等，永嘉县人民法院〔2015〕温永瓯民初字第 83 号民事判决亦确认原告与第三人签订的转让协议书有效，故案涉被征收房屋的实际权益已属第三人。被告与第三人在平等、自愿、协商一致的基础上就被征收房屋补偿安置达成被诉协议，并未违反法律、法规的强制性规定。

《最高人民法院关于审理行政协议案件若干问题的规定》第十四条规定："原告认为行政协议存在胁迫、欺诈、重大误解、显失公平等情形而请求撤销，人民法院经审理认为符合法律规定可撤销情形的，可以依法判决撤销该协议。"本案不具有上述法定可撤销情形，故法院驳回原告余某的诉讼请求。

法条链接

《最高人民法院关于审理行政协议案件若干问题的规定》

第十四条
原告认为行政协议存在胁迫、欺诈、重大误解、显失公平等情形而请求撤销,人民法院经审理认为符合法律规定可撤销情形的,可以依法判决撤销该协议。

第四节 推定管辖

公民、法人或者其他组织向人民法院提起民事诉讼,生效民事裁定以案涉协议属于行政协议为由不予立案或者驳回起诉,当事人又提起行政诉讼的,人民法院应当依法立案,以减少民事诉讼和行政诉讼均不受理、相互踢皮球的情况。

案例 64

原告章某诉被告绍兴市上虞区人民政府行政合同案

案号:〔2020〕浙 06 行初 69 号

案件简介

原告章某所在章某1(系原告章某父亲)户系百官街道头甲居委会征迁改造项目被拆迁户。2007 年 11 月 12 日,杭州中意房地产评估咨询有限公司受上虞市房屋拆迁安置所委托,对章某1户房屋(建筑面积为 376.53 平方米,用于居住)价值进行评估,并形成中意房估拆〔2006〕字第百官头甲 444 号《章某1房地产拆迁评估报告书》,确定案涉房屋估价时点(2006 年 9 月 26 日)的价格为 753293元。2013 年 6 月 20 日,城中村改造公司作为拆迁人(甲方)、房屋征迁一所作为受委托拆迁单位、章某作为被拆迁人(乙方)签订房屋拆迁产权调换协议书,其中第二条约定"乙方服从城市建设需要,同意将坐落于百官街道头甲村的房屋(证件名称为产权认定联系单,证件号为 266-1-1,建筑面积为 115.05 平方米)住宅交给甲方拆除"。协议同时约定房屋货币补偿金额为181381元,住宅搬迁补助费为1400元,补偿总金额为182781元。另外,第三条约定"甲方将坐落于××村的××房和××房用于安置乙方,安置用房为现房,住房面积为140(70+70)平方米,总价款计221200元。"综上,各方约定乙方应找给甲方的金额为人民币38419元。协议同时对临时安置补助费、奖金等进行约定。上述房屋拆迁产权调换协议书经浙江省绍兴市上虞公证处公证,并出具〔2013〕浙虞证内民(征)字第781号公证书。

2019年2月19日,城中村改造公司与绍兴市上虞区百官街道办事处向原告出具限期腾空通知书,明确原告户于2013年6月20日与城中村改造公司签订的房屋拆迁产权调换协议书已生效,经与原告户多次对接未果,根据协议精神,要求原告户于2019年2月20日24时前搬迁腾空并交由甲方拆除,逾期甲方视为已搬迁腾空,将采取拆除房屋行为,所造成的损失均由原告户自行承担。

杭州中意房地产评估咨询有限公司受上虞市房屋拆迁安置所委托,对案涉章某名下的20平方米房屋进行评估,于2019年2月20日作出中意房拆〔2006〕字第百官头甲444-6号《章某房地产拆迁评估报告书》,确定案涉房屋估价时点的价格为53000元。同日,城中村改造公司与绍兴市上虞区百官街道办事处联合向章某户制发告知书,告知该户于2019年2月20日15时前到城改办6楼6007室办理相关安置结算手续等事项。当日,城中村改造公司作为甲方、房屋征迁一所作为受委托拆迁单位、章某作为乙方签订补充协议书1份,约定将原2013年6月20日签订的房屋拆迁产权调换协议书第二条部分内容变更为"其中房屋货币补偿金额146101元、住宅搬迁补助费1200元、临时安置补助费6273元、资金3802元,共计人民币157376元"。原协议书第三条内容变更为:"甲方将坐落于四甲公寓55幢306,套型为D型(70平方米)的现房1套作为乙方的安置用房,将四甲公寓55幢406,套型为D型(70平方米)的现房1套作为乙方的安置用房,安置房总价款为人民币274421元,扣除补偿总金额人民币157376元,乙方应找给甲方人民币117045元。"协议第四条约定本协议书与原协议书不一致的,以本协议书为准。上述补充协议经浙江省绍兴市上虞公证处公证,并出具〔2019〕浙绍虞证内民(征)字第104号公证书。同时另行签订补充协议书1份,将原2013年6月20日签订的房屋拆迁产权调换协议书第二条内容变更部分为:"乙方将其名下坐落于百官街道头甲村的房屋(证件名称为产权认定联系单,证件号为266-1-1-2,建筑面积为20平方米,用途为营业用房)交给甲方拆除。其中房屋货币补偿金额53000元、住宅搬迁补助费1200元、临时安置补助费1800元、资金800元,共计人民币56800元。"原协议书第三条内容变更为:"甲方将坐落于二甲安置小区营业房532号(套型面积约为70平方米)作为乙方的安置用房,安置房总价款为人民币196200元,扣除补偿总金额人民币56800元,乙方应找给甲方人民币139400

元(最终结算以房产测绘面积为准)。"同时规定,在本补充协议签订后,乙方必须于2019年2月22日止搬迁腾空完毕,逾期不交付的,可由甲方自行拆除。协议第四条约定本协议书与原协议书不一致的,以本协议书为准。上述补充协议经浙江省绍兴市上虞公证处公证,并出具〔2019〕浙绍虞证内民(征)字第105号公证书。后案涉房屋被拆除。2019年5月10日,协议双方对案涉安置房进行了结算。2019年8月14日,原告缴纳款项后城中村改造公司出具安置房交房通知单,通知四甲新家园物业管理处办理55幢306、55幢406室的交房手续。

原告章某对案涉补充协议不服,曾以城中村改造公司为被告提起民事撤销之诉,绍兴市上虞区人民法院于2020年1月10日立案受理后,于2020年2月18日作出〔2020〕浙0604民初542号民事裁定,以案涉协议属于行政协议,不属于人民法院民事诉讼受案范围为由,裁定驳回原告的起诉。后原告遂向法院提起本案行政诉讼。

裁判结果

驳回原告章某的诉讼请求。

案件评析

本案的争议焦点有如下两点。

第一,原告先行提起民事撤销之诉,被法院以不属于民事案件受理范围为由裁定驳回,原告是否可以又向法院提起行政诉讼?

《最高人民法院关于审理行政协议案件若干问题的规定》第八条规定:"公民、法人或者其他组织向人民法院提起民事诉讼,生效法律文书以案涉协议属于行政协议为由裁定不予立案或者驳回起诉,当事人又提起行政诉讼的,人民法院应当依法受理。"本案中,原告先行提起民事撤销之诉,被法院以不属于民事案件受理范围为由裁定驳回,继而才提起本案诉讼,符合司法解释规定的应予受理情形。

第二,关于本案涉诉补充协议书是否存在应予撤销情形?

《最高人民法院关于审理行政协议案件若干问题的规定》第十条第二款规定:"原告主张撤销、解除行政协议的,对撤销、解除行政协议的事由承担举证责任。"而本案的补充协议书不存在明显不当及被胁迫等情形,涉诉补充协议书不应撤销,故人民法院驳回原告章某的诉讼请求。

法条链接

《最高人民法院关于审理行政协议案件若干问题的规定》

第八条

公民、法人或者其他组织向人民法院提起民事诉讼,生效法律文书以案涉协议属于行政协议为由裁定不予立案或者驳回起诉,当事人又提起行政诉讼的,人民法院应当依法受理。

第五节 举证责任

行政协议的签订、履行对于行政机关来讲属于履行法定职责的行政行为,因此对于行政机关应适用行政诉讼的举证责任分配原则,同时又因行政协议兼具民事性特点,亦应同时适用民事诉讼"谁主张、谁举证"举证原则。根据当事人的不同诉求,结合行政机关在行政协议中的地位,《最高人民法院关于审理行政协议案件若干问题的规定》第十条区别情况规定了举证责任。

案例 65

原告温州市某不锈钢管厂诉被告温州市龙湾区人民政府海滨街道办事处行政合同案

案号:〔2020〕浙 0304 行初 102 号

 案件简介

原告温州市某不锈钢厂的房屋坐落于温州市龙湾区××道××号,已办理不动产登记手续。2019 年 4 月,被告温州市龙湾区海滨街道办事处启动海滨蓝田工业区搬迁改造项目,原告的案涉房屋位于该改造项目范围内。经被告调查,认定原告的房屋建筑面积共计 3500.70 平方米,其中合法建筑面积(含视为合法建筑)为 1342.31 平方米,违法建筑面积为 2158.39 平方米。2019 年 5 月 20 日,温州得正资产评估有限公司受被告委托,对原告温州市某不锈钢管厂的构筑物、机器设备、存货等资产作出温得评〔2019〕578号资产评估报告,评估基准日为2019年4月1日。同日,原被告签订编号为16的温州市龙湾区国有土地上房屋征收补偿协议书,协议约定:被征收房屋坐落于龙湾区××道××号,总建筑面积为3500.70平方米,其中合法建筑面积(含视同合法建筑)为1342.31平方米,不合法建筑面积为2158.39平方米,被征收房屋货币补偿金额共计12332785元;乙方(原告)同意在2019年6月20日前搬迁腾空征收范围内的全部房屋交甲方(被告)拆除。该协议共七页,原告法定代表人黄某已在第七页法人代表处签字,但没有在其余六页上或骑缝签字。2020年1月,原告取得案涉协议书,认为被诉协议违法,提起本案诉讼,要求撤销原被告双方订立的编号为16的温州市龙湾区国有土地上房屋征收补偿协议书。到庭审结束止,行政机关未对案涉房屋所在地块作出征收决定。

裁判结果

撤销原告温州市某不锈钢管厂与被告温州市龙湾区人民政府海滨街道办事处签订的编号为16的温州市龙湾区国有土地上房屋征收补偿协议书。

案件评析

《最高人民法院关于审理行政协议案件若干问题的规定》第十条规定:"被告对于自己具有法定职权、履行法定程序、履行相应法定职责以及订立、履行、变更、解除行政协议等行为的合法性承担举证责任。原告主张撤销、解除行政协议的,对撤销、解除行政协议的事由承担举证责任。对行政协议是否履行发生争议的,由负有履行义务的当事人承担举证责任。"本案中,原告诉称其当时签订的为空白协议,而被告认为原告对协议内容清楚且不存在误解;对原被告间的该争议,被告应对当时已向原告提供内容明确的协议事实承担举证责任,现被告提供的协议书前六页没有原告的签字且原告未在骑缝处签字确认,被告提供的证据不足。原告认为被告提供的该协议不是其真实意思表示,法院应予以采纳。综上可知,签订协议的主要证据不足,程序违法,应依法予以撤销。

法条链接

《最高人民法院关于审理行政协议案件若干问题的规定》

第十条

被告对于自己具有法定职权、履行法定程序、履行相应法定职责以及订立、履行、变更、解除行政协议等行为的合法性承担举证责任。原告主张撤销、解除行政协议的，对撤销、解除行政协议的事由承担举证责任。对行政协议是否履行发生争议的，由负有履行义务的当事人承担举证责任。

第六节　行政协议合法性审查

行政协议具有多重性，一个是行政性，一个是协议性，这就决定了人民法院审查行政协议案件当中要全面审查。对合法性进行全面审查，也就是说对于签订协议的主体、签订协议的程序、签订协议使用的法律依据以及是否滥用职权等，人民法院都要依法进行审查。

案例 66

原告张某与沂源经济开发区管理委员会行政案

案号：〔2021〕鲁 03 行初 100 号

 案件简介

因工业园区建设需要，原告所在村庄需要整体搬迁。关于原告房屋等地上附属物的拆迁安置补偿问题，原告与沂源经济开发区管理委员会自愿协商，于2020年6月15日签订房屋拆迁货币补偿协议（一），主要内容为：拆迁住宅房屋以货币的方式进行补偿，房屋补偿金额计 488262.00 元，乙方在本协议签订之日后，被拆除房屋的所有权证、土地使用权证和相关证件交甲方，由甲方代乙方办理注销登记，乙方应履行协助义务；在原告完成腾空交房，并领取腾空交房顺序号后，再签订房屋拆迁货币补偿协议（二），进行一次价值结算；协议一经签订，一方当事人反悔或不履行协议，拆迁当事人可以向人民法院起诉，但不停止拆迁的执行。原告为保障合法权益，请求法院依法确认该协议的效力。

另查明，沂源经济开发区管理委员会对原告提交的房屋拆迁货币补偿协议书无异议，认可其真实性，认可其是双方自愿协商签订。

 裁判结果

确认原告张某与沂源经济开发区管理委员会于 2020 年 6 月 15 日签订的房屋拆迁货币补偿协议（一）有效。

 案件评析

《最高人民法院关于审理行政协议案件若干问题的规定》第十一条第一款规定："人民法院审理行政协议案件，应当对被告订立、履行、变更、解除行政协议的行为是否具有法定职权、是否滥用职权、适用法律法规是否正确、是否遵守法定程序、是否明显不当、是否履行相应法定职责进行合法性审查。"本案中，双方签订的房屋拆迁货币补偿协议（一）内容、程序均符合法律规定，未损害国家、集体利益和他人合法权益，协议具有法律效力。原告为维护自身合法权益，请求法院依法确认该补偿协议有效，法院应予以支持。

 法条链接

《最高人民法院关于审理行政协议案件若干问题的规定》

第十一条第一款

人民法院审理行政协议案件，应当对被告订立、履行、变更、解除行政协议的行为是否具有法定职权、是否滥用职权、适用法律法规是否正确、是否遵守法定程序、是否明显不当、是否履行相应法定职责进行合法性审查。

第七节 强制执行行政协议的申请条件

申请强制执行行政协议的前置程序是：①行政机关先催告行政相对人履行行政协议的义务，如果行政相对人经催告之后，仍然不履行行政协议，行政机关作出要求履行行政协议的书面决定。②书面决定作出之后，会告知法定的复议、起诉期限。如果行政相对人在法定的复议、起诉期限内不进行起诉，行政机关就可以向法院申请强制执行。

案例 67

复议申请人贵阳经济技术开发区房屋征收中心非诉执行案

案号：〔2020〕黔 01 行审复 6 号

 案件简介

> 复议申请人贵阳经济技术开发区房屋征收中心（以下简称经开区房屋征收中心）不服贵阳市花溪区人民法院〔2020〕黔 0111 行审 5 号行政裁定，向贵阳市中级人民法院提出复议申请。本案现已审查终结。
>
> 复议申请人经开区房屋征收中心向贵阳市花溪区人民法院提起强制执行申请，请求依法拆除被申请人王某位于贵阳市小河区电线厂干打垒的被征收房屋。其事实和理由如下：因贵阳花溪文化旅游创新区金竹区域土地一级开发项目建设需要，经贵阳市经济技术开发区管理委员会决定，根据《贵阳花溪文化旅游创新区金竹区域土地一级开发项目国有土地上房屋征收补偿安置方案》《贵阳花溪文化旅游创新区金竹区域土地一级开发项目国有土地上房屋征收奖励与补助方案》的规定，申请人对被申请人的房屋进行征收。2018 年 12 月 12 日，申请人与被申请人王某签订房屋征收补偿安置协议，根据协议约定，申请人提供位于金竹板块贵安大道回迁项目安置点的房屋对被申请人进行产权调换安置，并向被申请人支付补偿款 17367.05 元。2018 年 12 月 15 日，申请人依约将补偿款存入被申请人账户，但被申请人一直拒绝领款和移交旧房。2019 年 11 月 21 日，申请人向被申请人出具催告函，催告被申请人按照房屋征收补偿安置协议的约定领取补偿款并移交旧房拆除，但被申请人至今未履行相关义务。为确保项目建设的顺利进行，现向法院申请强制执行。申请人明确申请拆除的房屋为房屋征收补偿安置协议中约定的被征收的 26.36 平方米（有证）及 131.51 平方米（无证）的房屋。

裁判结果

驳回复议申请,维持原裁定。

案件评析

行政机关可向人民法院申请强制执行,但申请法院强制执行应满足法定条件并履行法定程序。根据《中华人民共和国行政强制法》第五十三条、第五十四条以及《最高人民法院关于审理行政协议若干问题的规定》第二十四条之规定,公民、法人或者其他组织未按照行政协议约定履行义务,经催告后不履行,行政机关可以作出要求其履行协议的书面决定;公民、法人或者其他组织收到书面决定后在法定期限内未申请行政复议或者提起行政诉讼,且仍不履行,协议内容具有可执行性的,行政机关可以向人民法院申请强制执行,但申请法院强制执行应满足法定条件并履行法定程序。

首先,行政协议本身不能作为法院强制执行名义或者执行根据,行政机关向法院申请强制执行其与相对人签订的行政协议前,须将行政协议中关于相对人义务的内容转化为内容明确具体的书面决定,并将其作为执行名义或者执行根据。本案中,复议申请人经开区房屋征收中心向原审法院提出强制执行申请,其请求事项为依法拆除被申请人王某位于贵阳市小河区电线厂干打垒的被征收房屋,但其没有向原审法院提交执行名义和执行根据即书面决定,复议申请人经开区房屋征收中心的强制执行申请不符合法律法规的规定。

其次,行政机关向相对人进行催告是行政机关向人民法院申请强制执行的启动程序,只有在催告后相对人仍不履行的情况下,申请强制执行才能继续进行。行政机关在向人民法院申请强制执行前不仅须作出催告,催告还须符合法定形式。关于催告的基本要求,《中华人民共和国行政强制法》第三十五条规定:"行政机关作出强制执行决定前,应当事先催告当事人履行义务。催告应当以书面形式作出,并载明下列事项:(一)履行义务的期限;(二)履行义务的方式;(三)涉及金钱给付的,应当有明确的金额和给付方式;(四)当事人依法享有的陈述权和申辩权。"本案中,复议申请人经开区房屋征收中心 2019 年 11 月 21 日作出的催告函中,未告知被申请人王某享有陈述权和申辩权,该催告不符合上述法律的规定。

综上可知,原审法院对经开区房屋征收中心的强制执行申请不予准许的判决适用法律正确,法院依法予以维持。复议申请人经开区房屋征收中心的复议理由没有法律依据,其复议请求法院不予支持,故法院驳回复议申请,维持原裁定。

法条链接

《最高人民法院关于审理行政协议若干问题的规定》

第二十四条

公民、法人或者其他组织未按照行政协议约定履行义务,经催告后不履行,行政机关可以作出要求其履行协议的书面决定。公民、法人或者其他组织收到书面决定后在法定期限内未申请行政复议或者提起行政诉讼,且仍不履行,协议内容具有可执行性的,行政机关可以向人民法院申请强制执行。

法律、行政法规规定行政机关对行政协议享有监督协议履行的职权,公民、法人或者其他组织未按照约定履行义务,经催告后不履行,行政机关可以依法作出处理决定。公民、法人或者其他组织在收到该处理决定后在法定期限内未申请行政复议或者提起行政诉讼,且仍不履行,协议内容具有可执行性的,行政机关可以向人民法院申请强制执行。

第八节 委托

受委托的组织以自己的名义签订行政协议,因该行政协议的订立、履行、变更、终止等发生纠纷,委托的行政机关是被告。基于行政协议诉讼"民告官"的定位,人民法院受理行政协议案件后,被告就该协议的订立、履行、变更、终止等提起反诉的,人民法院不予准许。

案例 68

原告阮某、刘某等诉被告清远市清城区人民政府、清远市自然资源局、清远市人民政府安置补偿协议案

案号:〔2019〕粤 18 行初 265 号

案件简介

因锦霞路项目用地建设需要,阮某等四原告位于清远市××村的房屋需要拆迁。2014年1月14日,甲方第三人清远市清城区人民政府洲心街道办事处(以下简称洲心街道办)与乙方阮某签订拆迁补偿协议书。协议的主要内容是:因地块五项目用地建设需要,乙方同意拆除位于三角××村自有1间房屋,建筑面积为274.5平方米……乙方应安置人数有4人(具体见附件一),需要安置高层住房房屋套内面积为200平方米,商铺套内面积为60平方米,拟安置位置位于地块五……商业用房在2017年1月14日前交付使用……在签订拆迁补偿协议后超过三年过渡期限还未能交付商业用房安置给乙方的,自逾期之日起,按每月每平方米45元补偿费计发。上述协议的附件一拆迁安置人口信息表中登记了阮某、刘某、阮某1、阮某2为拆迁安置人(以上人员均享受人均50平方米套内面积住宅房屋和人均15平方米套内面积商铺,在今后的房屋征收过程中将不再重复享受该项安置补偿)。因上述协议约定的住宅已经补偿安置,但商铺未予以安置,原告不服,诉至法院,请求:①判决三被告支付商铺安置货币补偿款120万元给四原告(暂按每平方米2万元的单价计算,具体金额以评估的安置点周边商铺在起诉日的市场单价乘以面积计算为准);②判决三被告从2018年7月1日开始按照每月每平方米45元计付补偿费至付清上述商铺安置货币补偿款之日止;③本案诉讼费用由三被告承担。

另查明,清远市政府是案涉房屋的征收主体。委托第三人洲心街道办作为实施案涉房屋征收工作的单位,代表清远市政府与原告签订案涉拆迁补偿协议书。

2015年7月18日,清远市人民政府办公室作出《推进大塱安置区、广清大道以西洲心安置区和横荷安置区工作协调会议纪要》,其中议定:"因广清大道以西横荷、洲心两个安置区勘察设计已经完成,但目前需重新选址合并建设横荷、洲心两个安置区的商业部分,会议明确,对已完成设计的原广清大道以西横荷、洲心两个安置区勘查设计工作进行结算,对准备重新选址合并建设横荷、洲心两个安置区的商业部分,要求按一个项目进行重新立项,重新进行勘查设计招标。"

2016年12月13日,清远市人民政府办公室作出《市中心区域重点项目联席会议纪要》,其中议定:"关于商业用房安置问题,洲心安置区(地块五)、横荷安置区(地块六)、职教基地安置区(地块七)、大塱安置区(地块八)及龙塘安置区的商业综合体不再安排建设,原计划在洲心、横荷安置的拆迁户,先在洲心已建成的三个安置区中安置,已建安置区面积不足时可按照套内面积10000元/平方米的标准实施货币安置。"

再查明,在中阮联系群中,阮某等四原告所在的村小组已经发出《请到第三人洲心街道办领取商铺租金款》的通知,但阮某等四原告未前去领取,也未在《2013年扩容提质重点市政道路房屋拆迁安置租金补偿明细表(地块五)》(2018年7月至12月)、《2013年扩容提质重点市政道路房屋拆迁安置租金补偿明细表(地块五)》(2019年1月至6月)上签名确认。

裁判结果

一、确认被告清远市人民政府未按照约定履行案涉拆迁补偿协议书的行政行为违法,责令被告清远市人民政府于本判决生效之日起九十日内参照案涉拆迁补偿协议书约定,将应交付商铺期满之次月(2017年2月)作为时间节点,并以约定安置地点商铺的市场价格对原告作出赔偿决定。二、责令被告清远市人民政府于本判决生效之日起十五日内向原告支付逾期交付商铺补偿费54000元(自2018年7月1日起暂计至2020年2月29日,共计二十个月);余下的补偿费限于每月10日前付清,按照每月每平方米45元的标准向原告支付至付清上述商铺安置货币赔偿款之日止。

 案件评析

本案的争议焦点主要有以下两点。

第一,本案三被告主体是否适格。首先,根据《最高人民法院关于审理行政协议案件若干问题的规定》第四条"因行政协议的订立、履行、变更、终止等发生纠纷,公民、法人或者其他组织作为原告,以行政机关为被告提起行政诉讼的,人民法院应当依法受理。因行政机关委托的组织订立的行政协议发生纠纷的,委托的行政机关是被告"的规定,结合清远市人民政府办公室于2013年2月28日印发的《清远市城市规划区土地及房屋征收补偿安置办法的通知》(清府办〔2013〕19号)中第三十六条"征收集体土地由土地征收单位委托属地镇人民政府(街道办事处)具体实施"的内容,以及清远市人民政府办公室作出的相关会议纪要的反映,本案中,因锦霞路项目用地建设需要,清远市人民政府征收了原告位于清远市××村的房屋,清远市人民政府是案涉房屋的征收主体,其委托洲心街道办作为实施案涉房屋征收工作的单位代表清远市人民政府与原告签订案涉拆迁补偿协议书。根据上述规定,洲心街道办在清远市人民政府的委托权限范围内与原告阮某等人订立了案涉拆迁补偿协议书,其后因该协议发生纠纷,委托的行政机关是被告,故清远市人民政府为本案适格被告。虽然洲心街道办不是本案适格被告,但其与本案被诉行政行为有利害关系或与本案处理结果有利害关系,原告将其列为本案第三人并无不当。

第二,关于清城区人民政府、清远市自然资源局的被告主体是否适格。清城区人民政府、清远市自然资源局并非案涉房屋的征收主体,也未实施征收案涉房屋的具体工作,不具有作出征收补偿决定的职权,也不具有履行补偿义务的职责,不是本案适格被告。

综上可知,原告的部分诉讼请求于法有据,应予支持。

法条链接

《最高人民法院关于审理行政协议案件若干问题的规定》

第四条

因行政协议的订立、履行、变更、终止等发生纠纷,公民、法人或者其他组织作为原告,以行政机关为被告提起行政诉讼的,人民法院应当依法受理。

因行政机关委托的组织订立的行政协议发生纠纷的,委托的行政机关是被告。

第九节 行政机关不履行行政协议的法律后果

如果行政机关没有履行行政协议,那么原告可以向人民法院起诉,要求行政机关继续履行。如果因为行政协议的特殊性无法继续履行,可以采取相应的补贴措施,赔偿损失。如原告具体的主张是按照行政协议约定的违约金条款或定金条款,人民法院会予以支持。

案例 69

原告温某诉被告醴陵市人民政府、醴陵市自然资源局行政合同案

案号:〔2020〕湘 02 行初 2 号

 案件简介

2016年11月14日,被告醴陵市人民政府作出征地公告,征收醴陵市白兔潭镇金牛居委会土地354.9030亩,用于中国醴陵花炮大市场商贸会展中心项目建设用地。2017年5月24日,被告醴陵市自然资源局作出征地拆迁补偿安置方案公告。原告房屋建筑面积为485.63平方米,坐落于金牛居委会尖山五组,位于征收范围内。2017年5月6日,醴陵市自然资源局与原告签订房屋拆迁补偿协议书(自拆重建),约定给予原告房屋补偿共计999992元,原告自找过渡房临时安置的,醴陵市自然资源局给予临时安置补助费,按7人计算,补助期为24个月,每月

补助1000元,补助金额为24000元。2017年8月16日,醴陵市白兔潭镇人民政府与原告签订拆迁补充协议书,约定另外增加拆迁补偿24988元。2017年8月16日,以醴陵国际花炮物流中心项目指挥部为甲方、温某为乙方,双方签订了一份《中国醴陵国际花炮物流中心征地拆迁宅基地安置协议》,甲方加盖的印章为白兔潭镇国际花炮物流中心项目指挥部,该协议的主要内容为:①根据本项目征地拆迁实际情况,甲方除支付该项目征地拆迁补偿外,另在规划安置区域为乙方安置规格为4米×16米的宅基地3间。②规划安置区选址在……③甲方为乙方安置的宅基地,由甲方负责征地、拆迁、迁坟、土地报批、立项,以及'四通一平'(通水、通电、通气、通路、平地)等基础设施。……⑤甲方承诺乙方超过24个月过渡费计算时间则按法律政策规定进行过渡费时间延期,过渡费按2倍计算,如超过法律规定的过渡费延期时间,甲方愿意承担法律规定的一切责任和后果。被告未履行约定,原告起诉至法院,请求:①判决两被告履行《中国醴陵国际花炮物流中心征地拆迁宅基地安置协议》所约定的交付宅基地义务,如不能交付宅基地,则判决被告折价赔偿;②诉讼费由两被告承担。

另查明,2013年6月14日,醴陵市委、市人民政府决定成立中国醴陵花炮大市场项目筹备建设指挥部。2016年11月23日,醴陵市委、市人民政府决定成立白兔潭新型城镇化项目建设指挥部。白兔潭镇国际花炮物流中心项目指挥部为白兔潭新型城镇化项目建设指挥部的下属机构。

再查明,被告醴陵市人民政府对原告过渡费的发放系按季度发放,已发放至2020年3月底,2019年8月后系按照原有过渡费2倍的标准即每月2000元发放。被告醴陵市人民政府正在办理对安置宅基地的征地手续,已经取得一定的进展,愿意继续履行协议。

裁判结果

一、驳回原告温某对被告醴陵市自然资源局的起诉;二、限被告醴陵市人民政府在2020年12月31日前为原告安置规格为4米×16米的宅基地3间;三、被告醴陵市人民政府在交付安置宅基地之前,每月向原告支付2000元。

案件评析

本案争议焦点有以下两点。

第一,被告醴陵市自然资源局是否系本案适格被告?本案中,案涉的《中国醴陵国际花炮物流中心征地拆迁宅基地安置协议》系白兔潭镇国际花炮物流中心项目指挥部与原告签订,而该指挥部系被告醴陵市人民政府成立,故醴陵市自然资源局不是本案适格被告,依法应当驳回原告对被告醴陵市自然资源局的起诉。

第二,被告醴陵市人民政府是否未依法履行案涉协议中约定的交付宅基地义务?是否应继续履行或者对原告予以赔偿?案涉协议系被告醴陵市人民政府与原告自愿签订,原告系集体户口,在其宅基地被拆迁后,有权享有安置宅基地,故协议内容合法有效,双方应按照协议约定履行合同义务。《最高人民法院关于审理行政协议案件若干问题的规定》第十九条第一款规定:"被告未依法履行、未按照约定履行行政协议,人民法院可以依据行政诉讼法第七十八条的规定,结合原告诉讼请求,判决被告继续履行,并明确继续履行的具体内容;被告无法履行或者继续履行无实际意义的,人民法院可以判决被告采取相应的补救措施;给原告造成损失的,判决被告予以赔偿。"按照案涉协议约定,被告醴陵市人民政府应在 24 个月的过渡期内给原告安排约定的宅基地,被告醴陵市人民政府未在 24 个月的过渡期内为原告交付安置宅基地,属于未按照约定履行行政协议的情形。现被告醴陵市人民政府正在办理对安置宅基地的征地手续,已经取得一定的进展,愿意继续履行协议,可判决被告醴陵市人民政府继续履行,并在规定的期限内履行完毕。被告在交付安置宅基地之前,应向原告支付约定的过渡费。

综上,法院作出上述判决。

 法条链接

《最高人民法院关于审理行政协议案件若干问题的规定》

第十九条

被告未依法履行、未按照约定履行行政协议,人民法院可以依据行政诉讼法第七十八条的规定,结合原告诉讼请求,判决被告继续履行,并明确继续履行的具体内容;被告无法履行或者继续履行无实际意义的,人民法院可以判决被告采取相应的补救措施;给原告造成损失的,判决被告予以赔偿。

原告要求按照约定的违约金条款或者定金条款予以赔偿的,人民法院应予支持。

第十节　诉讼时效及起诉期限

诉讼时效是民事诉讼的名词,起诉期限是行政诉讼的名词,这两个是不同的法律概念。行政相对人对行政机关不依法、依约履行行政协议提起诉讼的诉讼时效参照民事法律规范确定(诉讼时效三年);对行政机关变更、解除行政协议等其他行政行为提起诉讼的,应当受行政诉讼法律、法规规定的起诉期限的限制。

案例 70

原告蒋某诉被告资中县房屋征收办公室房屋征收补偿合同案

案号：〔2019〕川 1025 行初 47 号

案件简介

2004 年 8 月，文某、蒋某 1 夫妇二人向罗某购买位于资中县重龙镇大东门片区东外街 31 号二楼的房屋一套（建筑面积为 54.96 平方米），产权登记在文某名下，属蒋某 1、文某夫妻共同财产。文某于 2008 年 3 月 5 日死亡，蒋某 1 于 2017 年 11 月 28 日死亡。二人生前育有三个子女，长子蒋某 2、次女蒋某 3 和三子蒋某。蒋某 3 于 1982 年 12 月 14 日死亡，生前于当年育有一女刘某。2007 年 9 月 17 日，蒋某 1 书写遗嘱《遗嘱人给继承人的证据依据》，主要内容为："2007 年公历 9 月 17 号，农历八月初七是我爱人满 70 岁的生日，有证明人，我决定在死后将全部房屋、财产、家产给幺儿蒋某、幺媳妇钟某继承，此为证据及依据。请各级领导机关坚持遗嘱人给继承人的证据及依据。"该遗嘱由蒋某 1、文某签名并盖私章，见证人刘某、蒋某 1、蒋某 2、陈某签名。

2016 年，资中县人民政府拟对重龙镇大东门片区东外街进行危旧房棚户区改造，蒋某 1 和文某的住房在拆迁范围内。在危旧房棚户区改造项目实施前，被告组织工作人员对拆迁范围内的房屋进行了摸底调查，在对蒋某 1 夫妻的房屋进行调查时，由原告蒋某在摸底调查登记表上签名确认了房屋的基本情况和同意实施改造项目的意见。2016 年 9 月 22 日，征收部门针对蒋某 1 夫妻的房屋制作了货币补偿结算表，计算出该房的综合补偿金额为 237547.70 元。2016 年 10 月 20 日，资中县人民政府发布《关于危旧房棚户区改造项目大东门片区东外街国有土地上房屋征收与补偿方案征求意见的公告》（资中府布〔2016〕15 号），对外公布了《资中县危旧房棚户区改造项目大东门片区东外街国有土地上房屋征收与补偿方案（征求意见稿）》，该方案确定的房屋征收部门为资中县房屋征收办公室；房屋征收实施单位为重龙镇人民政府；征收方式为模拟征收方式，即改造片区居民或单位（被征收人）根据本方案确定的补偿办法和标准，结合自身意愿，自愿和房屋征收部门签订附条件的房屋征收补偿合同，自愿搬迁；私产住宅房屋被征收人可以自愿选择货币终结补偿方式或产权调换（个人购房安置）补偿方式，并确定了这两种补偿方式的构成。2016 年 12 月 8 日，被告资中县房屋征收办公室作为甲方与作为乙方的蒋某 1 签订了国有土地上房屋征收货币补偿合同，合同约定："乙方自愿选择货币终结方式接受房屋征收补偿，甲方共补偿乙方房屋及室内财产、临时安置补助、搬迁费、产权终结补贴、搬迁奖、提前签约奖及设备迁装费等共计

237547.70元,其中房屋价值补偿金额为144688.26元(含室内装饰装修价值补偿、土地出让金补偿);在协议经甲、乙双方签字盖章后,甲方向资中县人民政府申请对本协议所称改造范围内房屋作出房屋征收决定,资中县人民政府在作出征收决定之日起,本协议生效。如资中县人民政府决定对本协议所称改造范围不予作出房屋征收决定,则本协议自行终止……"后该房的房权证和土地使用证已交付被告,房屋已腾空。2017年8月10日,资中县人民政府下达国有土地上房屋征收决定书(征决字〔2017〕第5号),发布了《关于资中县2016年危旧房棚户区改造项目(一期一批次)大东门片区东外街国有土地上房屋征收的公告》(资中府布〔2017〕18号),并公布该批次被征收房屋的征收与补偿方案,公告中载明"在模拟征收签约期内签订的模拟征收协议自征收决定下达之日起生效",蒋某1夫妻的住房在该批次的征收范围内。

2017年6月5日,蒋某1与第三人蒋某2签订了一份协议,内容为"文某(蒋某1)位于重龙镇大东门片区东外街的房屋,因文某已死亡,现棚户区改造拆迁,该房屋赔偿款为238000元,经双方协商,长子蒋某2得40000元,其余的198000元和蒋某2无关,由蒋某1自行处理。从此蒋某1的一切事务与蒋某2无关。"该协议由蒋某1和蒋某2作为甲、乙方签名,有证明人签名,原告蒋某作为见证人在协议上签名。

2017年11月,蒋某1去世,蒋某于2018年3月8日以蒋某2和刘某为被告向法院提起民事诉讼,其诉讼请求为"原告父母位于资中县的遗产住房(估价约6万元)由原告继承"。法院于当日对该案予以受理,案号为〔2018〕川1025民初841号,案由为遗嘱继承纠纷,并依法对该案进行了审理。在2018年5月4日对该案开庭审理时,蒋某2向法庭提交了蒋某1与房屋征收办公室签订的国有土地上房屋征收货币补偿合同,庭审笔录显示,蒋某的质证意见为"是真实的,我家也有一份,但是现在还没有拆迁"。2018年5月17日,法院对该案复庭,复庭笔录显示,法官询问蒋某是否变更诉讼请求,蒋某回答:"要变更,诉讼请求变更为继承房屋拆迁款237547.70元,现已补交诉讼费并提交票据。"当日,法院对该案予以判决,判决结果为:"一、原告蒋某继承被继承人文某、蒋某1的遗产(房屋补偿金额)197547.70元;二、被告蒋某2继承被继承人文某、蒋某1的遗产(房屋补偿金额)40000元;三、驳回原告蒋某的其他诉讼请求。案件受理费2432元,由原告蒋某负担486元,由被告蒋某2负担1946元(原告已预交,由被告蒋某2在继承款分配时一并付给原告)。"蒋某不服一审判决,向内江市中级人民法院提起上诉,该院于2018年10月12日作出二审判决,驳回蒋某的上诉,维持了法院的一审判决。判决生效后,房屋征收办公室按照法院判决所确定的蒋某与蒋某2应继承文某、蒋某1遗产(即房屋征收办公室应支付的房屋补偿款)的份额向二人支付了相应的款项。原告认为资中县房屋征收办公室与其父蒋某1签订的国有土地上房屋征收货币补偿合同违法,于2019年11月5日向法院提起诉讼,请求确认2016年12月被告资中县房屋征收办公室与蒋某1签订的第0069号国有土地上房屋征收货币补偿合同违法。

裁判结果

驳回原告蒋某的起诉。

案件评析

原告诉讼请求不是要求被告履行协议或认为被告未按照约定履行协议的,起诉期限依照行政诉讼法及其司法解释确定,本案原告的起诉超过了起诉期限,理由如下。

被告于2016年12月8日与蒋某1签订国有土地上房屋征收货币补偿合同的行为,系履行资中县重龙镇大东门片区东外街危旧房棚户区改造项目中国有土地上房屋征收与补偿工作的行政职责,其目的是使蒋某1夫妻的住房被征收后依法获得补偿,其与蒋某1签订的国有土地上房屋征收货币补偿合同应属行政协议,其订立该行政协议的行为应属行政行为。根据《最高人民法院关于审理行政协议案件若干问题的规定》第二十五条"公民、法人或者其他组织对行政机关不依法履行、未按照约定履行行政协议提起诉讼的,诉讼时效参照民事法律规范确定;对行政机关变更、解除行政协议等行政行为提起诉讼的,起诉期限依照行政诉讼法及其司法解释确定"的规定,本案中,原告提起诉讼,系认为被告在与其父蒋某1订立案涉征收补偿协议时,其母文某已去世,被告未通知包括原告在内的其他继承人到场,违反了《中华人民共和国继承法》的相关规定,侵犯了原告对被继承房屋的处置权,其订立征收补偿协议的行为违法,从而要求确认被告与蒋某1所订立的国有土地上房屋征收货币补偿合同违法,其诉讼请求不是要求被告履行协议或认为被告未按照约定履行协议,故其起诉应受行政诉讼法及其司法解释所规定的起诉期限的限制。在案证据显示,法院在审理蒋某与蒋某2、刘某遗嘱继承纠纷案中,2018年5月4日开庭时,蒋某已明确知道被告与蒋某1所签订的国有土地上房屋征收货币补偿合同的内容,其知道被告订立案涉行政协议的确切时间应为2018年5月4日。根据《中华人民共和国行政诉讼法》第四十六条"公民、法人或者其他组织直接向人民法院提起诉讼的,应当自知道或者应当知道作出行政行为之日起六个月内提出。法律另有规定的除外。因不动产提起诉讼的案件自行政行为作出之日起超过二十年,其他案件自行政行为作出之日起超过五年提起诉讼的,人民法院不予受理"和第四十八条第一款"公民、法人或者其他组织因不可抗力或者其他不属于其自身的原因耽误起诉期限的,被耽误的时间不计算在起诉期限内"及《最高人民法院关于适用〈中华人民共和国行政诉讼法〉的解释》第六十四条第一款"行政机关作出行政行为时,未告知公民、法人或者其他组织起诉期限的,起诉期限从公民、法人或者其他组织知道或者应当知道起诉期限之日起计算,但从知道或者应当知道行政行为内容之日起最长不得超过一年"的规定,行政相对人或利害关系人从知道行政行为的内容之日起,其起诉期限最长为一年。行政诉讼的起诉期限指的是提起诉讼的法定有效期限,超过起诉期限的,行政相对人丧失对该行政行为提起诉讼的权利。这是程序性的规定,不能中止、中断,超过即丧失起诉权。原告蒋某在2018年5月4日已确切知道被告资中县房屋征收办公室与蒋某1订立的国有土地上房屋征收货币补偿合同的内容，即已知道被告作出案涉行政行为的内容，其起诉期限的截止时间应为2019年5月5日，而原告提起本案诉讼的时间是2019年11月5日，其起诉已超过法律规定的期限，故法院驳回原告蒋某的起诉。

 法条链接

《最高人民法院关于审理行政协议案件若干问题的规定》

第二十五条

公民、法人或者其他组织对行政机关不依法履行、未按照约定履行行政协议提起诉讼的，诉讼时效参照民事法律规范确定；对行政机关变更、解除行政协议等行政行为提起诉讼的，起诉期限依照行政诉讼法及其司法解释确定。

 习题及答案

第八讲

政府信息公开篇

在法律上,政府信息公开是指国家行政机关和法律、法规以及规章授权和委托的组织,在行使国家行政管理职权的过程中,通过法定形式和程序,主动将政府信息向社会公众或依申请而向特定的个人或组织公开的制度。对此,可以从广义与狭义两个方面来理解。

广义上的政府信息公开主要包括两个方面的内容:一是政务公开,二是信息公开。狭义上的政府信息公开主要是指政务公开。政务公开主要是指行政机关公开其行政事务,强调的是行政机关要公开其执法依据、执法程序和执法结果,属于办事制度层面的公开。广义上的政府信息公开的内涵和外延要比政务公开广得多,它不仅要求政府事务公开,而且要求政府公开其所掌握的其他信息。

第一节 政府信息公开申请的答复

修订后的《中华人民共和国政府信息公开条例》根据实践发展经验补充、完善了依申请公开程序，要求行政机关建立健全政府信息公开申请登记、审核、办理、答复、归档的工作制度，加强工作规范。对于公民、法人或者其他组织提出的政府信息公开申请，行政机关根据不同情况分别作出答复，如：所申请公开信息已经主动公开的，告知申请人获取该政府信息的方式、途径；所申请公开信息可以公开的，向申请人提供该政府信息，或者告知申请人获取该政府信息的方式、途径和时间等。

案例 71

原告蒋某诉被告台州市发展和改革委员会政府信息公开案

案号：〔2021〕浙 1002 行初 30 号

 案件简介

> 2020 年 7 月 20 日，原告以邮寄方式向被告提出政府信息公开申请，要求公开 2006 年甬台温铁路建设拆迁时，黄岩区南城街道区块土地征收、房屋征收赔偿安置明细表及相关政策文件，以及 2016 年金台铁路建设拆迁时，黄岩区南城街道区块土地征收、房屋征收赔偿安置明细表及相关政策文件。被告 2020 年 7 月 23 日收到申请后，经检索，于 2020 年 8 月 7 日作出台发改信开告〔2020〕10 号政府信息公开申请告知书，告知原告其申请公开的信息未曾制作或保存，根据《中华人民共和国政府信息公开条例》第三十六条第（五）项的规定，建议原告向黄岩区人民政府办公室咨询；原告申请政府信息公开其中涉及省级指导意见部分政府信息属于公开范围，根据《中华人民共和国政府信息公开条例》第三十六条第（一）项、第（二）项和第四十条的规定，附上《金台铁路征地拆迁工作实施意见》向其予以公开。2020 年 8 月 11 日，该告知书及附件文件以邮寄方式送达原告。原告认为被告对两次铁路拆迁房屋征收工作承担主要责任且有监督权，应当留有政府信息公开内容；且依据《中华人民共和国政府信息公开条例》第二十一条的规定，涉及土地征收、房屋征收事项，被告应无条件公开。故请求法院撤销台发改信开告〔2020〕10 号政府信息公开申请告知书，判令被告重新作出处理。

裁判结果

驳回原告蒋某的诉讼请求。

 案件评析

《中华人民共和国政府信息公开条例》第二条规定:"本条例所称政府信息,是指行政机关在履行行政管理职能过程中制作或者获取的,以一定形式记录、保存的信息。"本案原告要求公开的是 2006 年甬台温铁路及 2016 年金台铁路建设拆迁时,黄岩区南城街道区块土地征收、房屋征收赔偿安置明细表及相关政策文件。而本案被告并非土地征收、房屋征收的具体工作实施单位,且被告经检索,未查询到黄岩区南城街道区块土地征收、房屋征收赔偿安置明细表,也已向原告公开其保存的文件《金台铁路征地拆迁工作实施意见》,其政府信息公开答复内容符合《中华人民共和国政府信息公开条例》第三十六条的规定。被告于 2020 年 7 月 23 日收到原告的政府信息公开申请,2020 年 8 月 7 日作出被诉告知书,并于 2020 年 8 月 11 日邮寄送达原告,程序合法。综上,法院判决驳回原告蒋某的诉讼请求。

 法条链接

《中华人民共和国政府信息公开条例》

第二条
本条例所称政府信息,是指行政机关在履行行政管理职能过程中制作或者获取的,以一定形式记录、保存的信息。

第三十六条
对政府信息公开申请,行政机关根据下列情况分别作出答复:
(一)所申请公开信息已经主动公开的,告知申请人获取该政府信息的方式、途径;
(二)所申请公开信息可以公开的,向申请人提供该政府信息,或者告知申请人获取该政府信息的方式、途径和时间;
(三)行政机关依据本条例的规定决定不予公开的,告知申请人不予公开并说明理由;
(四)经检索没有所申请公开信息的,告知申请人该政府信息不存在;
(五)所申请公开信息不属于本行政机关负责公开的,告知申请人并说明理由;能够确定负责公开该政府信息的行政机关的,告知申请人该行政机关的名称、联系方式;
(六)行政机关已就申请人提出的政府信息公开申请作出答复、申请人重复申请公开相同政府信息的,告知申请人不予重复处理;

（七）所申请公开信息属于工商、不动产登记资料等信息，有关法律、行政法规对信息的获取有特别规定的，告知申请人依照有关法律、行政法规的规定办理。

第二节　政府信息公开的主体

政府信息公开的主体主要指行政机关，但行政机关设立的派出机构和内设机构也可能成为政府信息公开主体。行政机关共同制作的政府信息，由牵头制作的行政机关负责公开。

案例 72

原告沈阳市某烟花有限公司诉被告沈阳市自然资源局政府信息公开案

案号：〔2020〕辽 0103 行初 188 号

 案件简介

> 原告于 2020 年 7 月 10 日向沈阳市自然资源局辽中分局邮寄政府信息公开申请，要求公开沈阳市辽中区茨榆坨街道第四社区第 24 宗地和第 35 宗地的权属信息、地籍档案信息、规划审批信息以及地类性质信息，申请表的所需政府信息用途栏载明："我公司系经营烟花爆竹的企业，公司相邻单位正在建设民用住宅，因该单位与我公司烟花仓库的距离小于国家规定的安全距离，可能发生重大或者特别重大的安全事故，亦可能对我公司的安全及生产情况造成重大影响，为了解并解决相关事宜，排除安全隐患，特申请政府信息公开。"沈阳市自然资源局辽中分局于 2020 年 7 月 12 日签收快递，但至今未予答复。原告于 2020 年 8 月 14 日起诉，请求法院确认被告超期对原告的信息公开申请未予依法答复的行为违法。
>
> 另查明，沈阳市自然资源局辽中分局系被告沈阳市自然资源局派出机构。

 裁判结果

驳回原告的起诉。

案件评析

《中华人民共和国政府信息公开条例》第十条第一、二款规定："行政机关制作的政府信息，由制作该政府信息的行政机关负责公开。行政机关从公民、法人和其他组织获取的政府信息，由保存该政府信息的行政机关负责公开；行政机关获取的其他行政机关的政府信息，由制作或者最初获取该政府信息的行政机关负责公开。法律、法规对政府信息公开的权限另有规定的，从其规定。行政机关设立的派出机构、内设机构依照法律、法规对外以自己名义履行行政管理职能的，可以由该派出机构、内设机构负责与所履行行政管理职能有关的政府信息公开工作。"《最高人民法院关于审理政府信息公开行政案件若干问题的规定》第四条第一款规定："公民、法人或者其他组织对国务院部门、地方各级人民政府及县级以上地方人民政府部门依申请公开政府信息行政行为不服提起诉讼的，以作出答复的机关为被告；逾期未作出答复的，以受理申请的机关为被告。"本案中，沈阳市自然资源局辽中分局作为沈阳市自然资源局的派出机构，根据上述规定，具有负责相应信息公开的资格，亦有进行相应信息公开的能力，且原告系向沈阳市自然资源局辽中分局提交的政府信息公开申请，而没有向沈阳市自然资源局直接提出申请，故沈阳市自然资源局不是应当对本案原告的信息公开申请履行相应职责的直接主体，不是本案适格被告。故法院驳回原告的起诉。

 法条链接

《中华人民共和国政府信息公开条例》

第十条

行政机关制作的政府信息，由制作该政府信息的行政机关负责公开。行政机关从公民、法人和其他组织获取的政府信息，由保存该政府信息的行政机关负责公开；行政机关获取的其他行政机关的政府信息，由制作或者最初获取该政府信息的行政机关负责公开。法律、法规对政府信息公开的权限另有规定的，从其规定。

行政机关设立的派出机构、内设机构依照法律、法规对外以自己名义履行行政管理职能的，可以由该派出机构、内设机构负责与所履行行政管理职能有关的政府信息公开工作。

两个以上行政机关共同制作的政府信息，由牵头制作的行政机关负责公开。

第三节 政府信息公开的范围

政府信息公开的范围与公众利益息息相关,《中华人民共和国政府信息公开条例》对于政府信息公开范围包括哪些作了详细的规定,如:行政法规、规章和规范性文件;机关职能、机构设置、办公地址、办公时间、联系方式、负责人姓名;国民经济和社会发展规划、专项规划、区域规划及相关政策;国民经济和社会发展统计信息等。

案例 73

原告冯某诉被告滨海县滨淮镇人民政府政府信息公开案

案号:〔2021〕苏 0925 行初 35 号

 案件简介

> 原告冯某于 2020 年 7 月 8 日向被告滨淮镇人民政府经管办提交政府信息公开申请,申请公开康庄村民委员会首次上报滨淮镇人民政府债权债务明细、康庄村民委员会历年债务化解明细、债权人领款所打收条的政府信息。原告冯某要求复印并加盖单位印章。被告滨淮镇人民政府经管办主任陆某于 2020 年 7 月 9 日收到原告冯某的申请,但并未按原告冯某的要求向其提供相关信息,也未将原告的信息公开申请向有关部门转送。原告冯某因一直未收到被告滨淮镇人民政府的书面答复,遂于 2021 年 1 月 5 日向法院提起诉讼,请求法院确认被告未予答复的行为违法,并判令被告对原告的政府信息公开申请作出答复。

 裁判结果

一、确认被告滨海县滨淮镇人民政府未在法定期间内答复原告冯某信息公开申请的行为违法;二、被告滨海县滨淮镇人民政府于判决生效后十五日内对原告冯某的信息公开申请依法作出答复。

案件评析

《中华人民共和国政府信息公开条例》第十三条规定:"除本条例第十四条、第十五条、第十六条规定的政府信息外,政府信息应当公开。行政机关公开政府信息,采取主动公开和依申请公开的方式。"该条例第三十三条规定:"行政机关收到政府信息公开申请,能够当场答复的,应当当场予以答复。行政机关不能当场答复的,应当自收到申请之日起 20 个工作日内予以答复……"该条例第三十六条规定:"对政府信息公开申请,行政机关根据下列情况分别作出答复:(一)所申请公开信息已经主动公开的,告知申请人获取该政府信息的方式、途径;(二)所申请公开信息可以公开的,向申请人提供该政府信息,或者告知申请人获取该政府信息的方式、途径和时间;……"本案中,原告冯某向被告滨淮镇人民政府下属部门申请公开政府信息,所申请公开的信息不属于不予公开或者可以不予公开的情形,但被告滨淮镇人民政府或者其相关部门未在法定期限内向原告冯某提供信息,原告冯某的诉讼请求具有事实根据和法律依据,故法院作出上述判决。

 法条链接

《中华人民共和国政府信息公开条例》

第十三条

除本条例第十四条、第十五条、第十六条规定的政府信息外,政府信息应当公开。行政机关公开政府信息,采取主动公开和依申请公开的方式。

第十四条

依法确定为国家秘密的政府信息,法律、行政法规禁止公开的政府信息,以及公开后可能危及国家安全、公共安全、经济安全、社会稳定的政府信息,不予公开。

第十五条

涉及商业秘密、个人隐私等公开会对第三方合法权益造成损害的政府信息,行政机关不得公开。但是,第三方同意公开或者行政机关认为不公开会对公共利益造成重大影响的,予以公开。

第十六条

行政机关的内部事务信息,包括人事管理、后勤管理、内部工作流程等方面的信息,可以不予公开。

行政机关在履行行政管理职能过程中形成的讨论记录、过程稿、磋商信函、请示报告等过程性信息以及行政执法案卷信息,可以不予公开。法律、法规、规章规定上述信息应当公开的,从其规定。

第四节 政府信息主动公开

行政机关应当将涉及公众利益等政府信息依职权主动公开。各级人民政府应当在国家档案馆、公共图书馆设置政府信息查阅场所,并配备相应的设施、设备,为公民、法人或者其他组织获取政府信息提供便利。

案例 74

原告刘某诉被告孟津县自然资源局、洛阳市自然资源和规划局政府信息公开案

案号:〔2020〕豫 7102 行初 201 号

 案件简介

2020 年 3 月以来,刘某多次向多个行政机关申请公开涉及其村集体土地征收的政府信息。同年 7 月 14 日,刘某填写了孟津县自资信申民字第 20200711A-1 号政府信息公开申请表一份,向孟津县自然资源局申请书面公开关于征收河南省孟津县朝阳镇后李村集体土地征地公告中的下列政府信息:①张贴的征收土地方案公告名称、编号;②批准张贴公告的负责人姓名、职务及审批证明;③张贴人员的姓名、职务、联系方式;④张贴人员当日的派出工作证明;⑤张贴公告的具体时间、具体地点、具体位置及当日天气状况;⑥张贴现场拍摄的照片及视频;⑦张贴现场见证人员姓名、职务、联系方式。8 月 5 日,孟津县自然资源局作出孟自资告〔2020〕10 号政府信息公开告知书,认为刘某申请公开政府信息的数量和频次明显超过合理范围,要求刘某说明理由。8 月 11 日,刘某向孟津县自然资源局出具了信息申请说明书。9 月 8 日,孟津县自然资源局作出 13 号政府信息公开告知书。刘某不服,向洛阳市自然资源和规划局(以下简称洛阳自然资源局)提起复议,洛阳自然资源局于同年 12 月 2 日作出洛自然资复〔2020〕25 号行政复议决定书,认为刘某自 2020 年 3 月 28 日以来,就孟津县朝阳镇后李村集体土地征收事宜,已十一次向多个行政机关提出政府信息公开申请,继而九次提起行政复议或行政诉讼。刘某申请公开政府信息的数量和频次明显超过合理范围,致使行政资源被大量占用,不符合政府信息公开条例立法目的,决定维持 13 号政府信息公开告知书。原告不服,提起诉讼,请求法院:撤销 13 号政府信息公开告知书和 25 号行政复议决定书;判令被告孟津县自然资源局对其申请重新作出答复。

裁判结果

一、撤销被告孟津县自然资源局于2020年9月8日作出孟自然资告〔2020〕13号政府信息公开告知书的行政行为;二、撤销被告洛阳自然资源局于2020年12月2日作出洛自然资复〔2020〕25号行政复议决定书的行政行为;三、责令被告孟津县自然资源局于本判决生效之日起二十个工作日内对原告刘某于2020年7月14日提出的孟津县自资信申民字第20200711A-1号政府信息公开申请重新作出答复。

 案件评析

行政机关公开政府信息,应当坚持以公开为常态、不公开为例外,遵循公正、公平、合法、便民的原则。对涉及公众利益调整、需要公众广泛知晓或者需要公众参与决策的政府信息,行政机关应当主动公开。设区的市级、县级人民政府及其部门应当根据本地方的具体情况,主动公开涉及土地征收等方面的政府信息。关于涉及土地征收方面行政机关应当主动公开的内容,原国土资源部规范性文件有明确规定:《国土资源部办公厅关于做好征地信息公开工作的通知》(国土资厅发〔2013〕3号)规定,征地批后实施中,市、县国土资源主管部门要及时公告征收土地方案等信息,便于被征地农民知情和接受;《国土资源部办公厅关于进一步做好市县征地信息公开工作有关问题的通知》(国土资厅发〔2014〕29号)规定,要加强征地信息主动公开,积极主动公开征地中与群众密切相关的征地批后实施中征地公告等信息。另查明,《国土资源部关于修改部分规章的决定》(2010年国土资源部令第49号)也有相应规定。依该决定修正的《征用土地公告办法》第三条规定:"征收农民集体所有土地的,征收土地方案和征地补偿、安置方案应当在被征收土地所在地的村、组内以书面形式公告。其中,征收乡(镇)农民集体所有土地的,在乡(镇)人民政府所在地进行公告。"第六条第一款规定:"被征地农村集体经济组织、农村村民或者其他权利人应当在征收土地公告规定的期限内持土地权属证书到指定地点办理征地补偿登记手续。"第十四条第一款规定:"未依法进行征收土地公告的,被征地农村集体经济组织、农村村民或者其他权利人有权依法要求公告,有权拒绝办理征地补偿登记手续。"根据上述规定,在征收农民集体所有土地时,征收土地方案公告即征收土地公告对于保障被征地农民的合法权益具有重要意义,属于行政机关应当主动公开的政府信息。原告刘某申请公开的政府信息中即有征收土地方案公告,公开该项信息是被告孟津县自然资源局的积极行政义务,其应当主动公开。

应当主动公开的政府信息,无需申请即应公开。在这种情形下,对于行政机关而言,申请兼具监督、提示作用。行政机关受理此类政府信息公开申请后,应当考察的是政府信息是否存在、是否已经公开,而不是申请是否合法合理。对于此类政府信息公开申请,申请人无须说明理由,也不应当限定申请数量和频次。《中华人民共和国政府信息公开条例》第三十五条规定,申请人申请公开政府信息的数量、频次明显超过合理范围,行政机关可以要求申请人说明理由。行政机关认为申请理由不合理的,告知申请人不予处理。从立法体例上看,本条规定在第四章"依申请公开"之中,目的是对滥用申请权进行规制,其针对的是依申请公开的政府信息,不是行政机关应当主动公开的政府信息。孟津县自然资源局和洛阳自然资源局据此认定刘某的申请超过合理范围并分别作出13号政府信息公开告知书和25号行政复议决定书,适用法规错误。《中华人民共和国政府信息公开条例》第三十三条规定,行政机关收到政府信息公开申请,应当予以答复;第三十六条规定:"对政府信息公开申请,行政机关根据下列情况分别作出答复:(一)所申请公开信息已经主动公开的,告知申请人获取该政府信息的方式、途径;(二)所申请公开信息可以公开的,向申请人提供该政府信息,或者告知申请人获取该政府信息的方式、途径和时间;(三)行政机关依据本条例的规定决定不予公开的,告知申请人不予公开并说明理由;(四)经检索没有所申请公开信息的,告知申请人该政府信息不存在;(五)所申请公开信息不属于本行政机关负责公开的,告知申请人并说明理由;能够确定负责公开该政府信息的行政机关的,告知申请人该行政机关的名称、联系方式;(六)行政机关已就申请人提出的政府信息公开申请作出答复、申请人重复申请公开相同政府信息的,告知申请人不予重复处理;(七)所申请公开信息属于工商、不动产登记资料等信息,有关法律、行政法规对信息的获取有特别规定的,告知申请人依照有关法律、行政法规的规定办理。"被告孟津县自然资源局在收到刘某的政府信息公开申请后未按照上述规定进行答复,属于乱作为,而对申请不作出处理,属于不作为,均系违法行为。大量、频繁申请不等于权利滥用,对于数量较大但属于行政机关应当主动公开的信息,或者合乎法理和情理的申请,行政机关作出信息公开是应有之义,不得仅以申请的数量和频次论断申请人是否滥用权利,故法院作出上述判决。

 法条链接

《中华人民共和国政府信息公开条例》

第十九条
对涉及公众利益调整、需要公众广泛知晓或者需要公众参与决策的政府信息,行政机关应当主动公开。

第五节　政府信息依申请公开

所谓依申请公开,就是行政机关根据公民、法人或者其他组织的申请,依照法律规定和本机关的职权,向申请人公开政府信息的行政行为。申请人采用包括信件、数据电文在内的书面形式;采用书面形式确有困难的,申请人可以口头提出,由受理该申的政府信息公开工作机构代为填写政府信息公开申请。

案例 75

原告杨某诉被告北京市西城区人民政府政府信息公开案

案号：〔2021〕京04行初20号

 案件简介

2020年8月27日，被告北京市西城区人民政府（以下简称西城区政府）收到原告的政府信息公开申请表，要求书面公开北京宣兴房地产开发股份有限公司（以下简称宣兴公司）处理马连道拆迁问题的所有相关政府文件，并明确指出上述相关政府文件包括：①房屋置换补偿协议中《西城区马连道北里三、五号楼房屋置换与补偿方案》和有关文件规定的具体内容；②委托北京宣开拆迁有限责任公司（以下简称宣开公司）、督促宣兴公司从事该项工作的授权文件及政策、法律依据；③宣开公司宣称补偿标准为政府制定、无法协商改变，请提供该补偿标准的政策、法律依据及补偿标准的详细计算方法、包含的具体项目；④2020年3月12日发布的《关于马连道北里开发项目历史遗留信访问题化解工作协调会会议纪要》中使用了"预签约"一词，然而申请人未在拆迁相关法规中找到这一概念，请提供"预签约"准确的法律内涵；⑤2011年至2020年关于解决马连道拆迁问题的所有区政府会议纪要。

2020年8月31日，被告西城区政府作出登记回执，对原告的申请予以受理。

2020年9月22日，被告西城区政府作出政府信息延长答复期告知书，告知原告将延期至2020年10月28日前作出答复。

2020年10月27日，被告西城区政府作出被诉告知书。原告对于被诉告知书中有关申请信息前四个问题的答复内容没有异议。原告已提供证明区政府会议纪要客观存在的《关于马连道北里开发项目历史遗留信访问题化解工作协调会会议纪要》，被告却无视该份证据答复区政府会议纪要不存在，侵害了原告的知情权，故原告请求法院：责令被告西城区政府公开2011年至2020年关于解决马连道拆迁问题的所有区政府会议纪要。

另查明，被告西城区政府于2020年9月2日向西城区政府办公室作出《关于协查杨某申请政府信息的函》，请求协助查询是否制作、获取或保存过针对原告所述会议的会议纪要。2020年9月3日，西城区政府办公室作出《关于杨某申请政府信息有关情况的说明》，称原告申请的2011年至2020年关于马连道拆迁问题的区政府会议纪要不存在。2020年9月10日，被告西城区政府向宣兴公司作出《关于协查杨某申请政府信息的函》，请求协助查询并回函告知宣兴公司是否制作、

> 获取或者保存过原告申请的五项信息。2020年9月14日,宣兴公司作出《关于协查杨某申请政府信息的回复》称,针对原告申请的第五项信息,该公司未获取相关会议纪要。被告在北京西城政务办公协同平台以"马连道拆迁"为文件标题进行检索,未查找到相关文件。

 裁判结果

驳回原告杨某的诉讼请求。

 案件评析

根据《中华人民共和国政府信息公开条例》第四条第一款规定,各级人民政府及县级以上人民政府部门应当建立健全本行政机关的政府信息公开工作制度,并指定机构负责本行政机关政府信息公开的日常工作。第二十七条规定:"除行政机关主动公开的政府信息外,公民、法人或者其他组织可以向地方各级人民政府、对外以自己名义履行行政管理职能的县级以上人民政府部门(含本条例第十条第二款规定的派出机构、内设机构)申请获取相关政府信息。"由此可见,被告西城区政府具有针对原告提交的政府信息公开申请作出答复的法定职责。

《中华人民共和国政府信息公开条例》第十条第一款规定:"行政机关制作的政府信息,由制作该政府信息的行政机关负责公开。行政机关从公民、法人和其他组织获取的政府信息,由保存该政府信息的行政机关负责公开;行政机关获取的其他行政机关的政府信息,由制作或者最初获取该政府信息的行政机关负责公开。法律、法规对政府信息公开的权限另有规定的,从其规定。"第三十六条第(四)项规定,经检索没有所申请公开信息的,告知申请人该政府信息不存在。本案中,针对原告申请公开的第五项信息"2011年至2020年关于解决马连道拆迁问题的所有区政府会议纪要",被告在其政务办公协同平台进行检索查档,未查找到相关信息。综上,被告针对原告该申请事项作出被诉告知书并无不当。

《中华人民共和国政府信息公开条例》第三十三条前两款规定:"行政机关收到政府信息公开申请,能够当场答复的,应当当场予以答复。行政机关不能当场答复的,应当自收到申请之日起20个工作日内予以答复;需要延长答复期限的,应当经政府信息公开工作机构负责人同意并告知申请人,延长的期限最长不得超过20个工作日。"本案中,被告所作被诉告知书的程序符合上述规定,程序合法。

综上,法院认为,西城区政府针对原告政府信息公开申请的第五项信息,已履行了搜索、查找义务,并在法定期限内作出被诉告知书,履行了法定告知和说明理由义务。据此,法院驳回原告杨某的诉讼请求。

法条链接

《中华人民共和国政府信息公开条例》

第二十七条

除行政机关主动公开的政府信息外,公民、法人或者其他组织可以向地方各级人民政府、对外以自己名义履行行政管理职能的县级以上人民政府部门(含本条例第十条第二款规定的派出机构、内设机构)申请获取相关政府信息。

第六节　权利救济途径

公民、法人或者其他组织认为行政机关在政府信息公开工作中侵犯其合法权益的,权利救济的方式有向上一级行政机关或者政府信息公开工作主管部门投诉、举报和依法申请行政复议或者提起行政诉讼,以保护权利人的合法权益。

案例 76

原告王某诉被告西安市长安区人民政府行政复议案

案号:〔2020〕陕 71 行初 1147 号

 案件简介

原告于 2020 年 7 月 14 日以邮寄的方式向郭杜街道办事处(以下简称郭杜街办)申请政府信息公开,要求公开原告名下长安区××街道××村××街××号房屋的房屋征收补偿安置协议书。因郭杜街办未对原告的申请作出回复,原告将郭杜街办起诉至西安铁路运输法院。2020 年 10 月 15 日,西安铁路运输法院作出〔2020〕陕 7102 行初 2195 号行政判决书,判决责令郭杜街办于本判决生效后二十个工作日内对原告于 2020 年 7 月 14 日邮寄的政府信息公开申请作出答复。2020 年 10 月 23 日,郭杜街办作出答复告知书,告知原告在收到本告知书之日起五个工作日内,携带本人身份证明文件到郭杜街办,郭杜街办工作人员陪同原告前往拆迁资料保管部门进行查阅。原告不服郭杜街办作出的答复告知书,向被告提起行政复议,请求撤销郭杜街办 2020 年 10 月 23 日作出的答复告知书,责令其以书面形式向原告公开长安区××街道××村××街××号房屋的房屋征收补偿安置协议书。2020 年 11 月 5 日,被告作出长政复不受字〔2020〕第 05 号不予受理行政复议申请决定书,认为郭杜街办作出的答复告知书未对原告权利义务产生实质性影响,行政复议申请不符合《中华人民共和国行政复议法》第六条第(十一)项规定的受案范围,决定对原告的行政复议申请不予受理。原告不服被告作出的长政复不受字〔2020〕第 05 号不予受理行政复议申请决定书,于 2020 年 11 月 11 日提起本案诉讼,请求:撤销被告作出的长政复不受字〔2020〕第 05 号不予受理行政复议申请决定书,判令被告受理原告的复议申请。

裁判结果

一、撤销被告西安市长安区人民政府作出的长政复不受字〔2020〕第 05 号不予受理行政复议申请决定书;二、责令被告西安市长安区人民政府受理原告行政复议并申请作出复议决定。

案件评析

本案的焦点为被告作出的不予受理行政复议申请决定是否合法,原告请求被告对其行政复议申请作出复议决定的理由是否成立。

郭杜街办未对原告申请公开的补偿安置协议直接公开,而是以答复通知书的形式告知原告可以根据郭杜街办的要求查阅相关资料,该行为本质上属于不按照请求作出处理的行为,侵犯了原告的合法权益。《中华人民共和国政府信息公开条例》第五十一条规定:"公民、法人或者其他组织认为行政机关在政府信息公开工作中侵犯其合法权益的,可以向上一级行政机关或者政府信息公开工作主管部门投诉、举报,也可以依法申请行政复议或者提起行政诉讼。"因此,原告有权就被告作出的答复通知书申请行政复议。被告认定该答复通知书未对原告权利义务产生实质性影响,属适用法律错误,应予撤销。综上,原告的行政复议申请属于行政复议的受案范围,原告请求被告对其行政复议申请作出复议决定的理由成立,故法院作出上述判决。

法条链接

《中华人民共和国政府信息公开条例》

第五十一条

公民、法人或者其他组织认为行政机关在政府信息公开工作中侵犯其合法权益的,可以向上一级行政机关或者政府信息公开工作主管部门投诉、举报,也可以依法申请行政复议或者提起行政诉讼。

第七节 答复期限

根据《中华人民共和国政府信息公开条例》第三十三条的规定,可以将行政机关收到政府信息公开申请的答复期限简单分成两种:首先是能当场答复的,应当当场答复;其次是不能当场答复的,应当自收到申请之日起 20 个工作日内予以答复,最多延长至 40 个工作日。但行政机关征求第三方和其他机关意见所需时间不计算在前款规定的期限内。

案例 77

原告张某诉被告济南市人民政府、济南市公安局政府信息公开案

案号:〔2021〕鲁 0102 行初 212 号

案件简介

2020 年 6 月 4 日,原告张某填写济南市政府信息公开申请表,其所需要申请公开的信息内容为济南市公安局 2020 年 5 月 14 日接到申请人报警电话后的 110 接处警单、受案回执和受案登记表。

2020 年 6 月 28 日,被告济南市公安局作出编号为 20200601-1 的政府信息公开申请答复告知书,告知张某"本机关于 2020 年 6 月 8 日收到了您邮寄的济南市政府信息公开申请表","经审查,依据《中华人民共和国政府信息公开条例》第十

六条、第三十六条第（三）项之规定，您所申请公开的关于拨打110后由济南市公安局110转到辖区公安机关的信息属于内部工作流程信息，不予公开。依据《中华人民共和国政府信息公开条例》第十条、第三十六条第（五）项之规定，您申请公开的上述三项内容不属于本行政机关公开，建议您向出警的公安机关提出公开申请"。

被告济南市人民政府于2020年7月22日受理原告的行政复议申请，于2020年9月15日作出济政复决字〔2020〕348号行政复议决定书，决定维持济南市公安局作出政府信息公开申请答复告知书（编号为20200601-1）的行政行为，同时表明"申请人如不服本决定，可以自收到本决定书之日起十五日内，依法向人民法院提起行政诉讼"。

原告认为被告济南市人民政府作出的案涉行政复议决定认定事实错误、适用法律错误、程序违法，严重侵害了原告的合法权益，依法应予撤销。原告提出诉讼请求：①撤销被告济南市公安局作出的编号为20200601-1的政府信息公开申请答复告知书，并责令被告重新作出书面答复；②撤销济南市人民政府作出的济政复决字〔2020〕348号行政复议决定书。

 裁判结果

驳回原告张某的诉讼请求。

 案件评析

《中华人民共和国政府信息公开条例》第三十三条前两款规定："行政机关收到政府信息公开申请，能够当场答复的，应当当场予以答复。行政机关不能当场答复的，应当自收到申请之日起20个工作日内予以答复；需要延长答复期限的，应当经政府信息公开工作机构负责人同意并告知申请人，延长的期限最长不得超过20个工作日。"本案中，被告济南市公安局于2020年6月8日收到张某提交的政府信息公开申请，于2020年6月28日作出编号为20200601-1的政府信息公开申请答复告知书，被告济南市公安局作出该答复的期限符合法律规定。

《110接处警工作规则》第十条规定："110报警服务台应当及时下达处警指令，公安机关各业务部门、基层单位和人员必须服从110报警服务台发出的处警指令，不得推诿、拖延出警，影响警情的处置。"第十三条规定："110接警工作实行'一级接警'，即统一由城市或者县（旗）公安局110报警服务台接警。"第二十二条规定："110处警工作实行'一级处警'和'就近处警'、'分类处警'相结合的处警原则；特大城市可以根据实际情况采取适当的处警机制。"第二十四条规定："处警民警到达现场后，应当根据有关规定对警情妥善处置。处警结束后，应当及时将处警情况向110报警服务台反馈，并做好处警记录。处警结果需要制作法律文书的,按有关规定办理。"根据上述规定,本案中,原告所申请的110接处警单属于内部工作流程方面的信息,依法可以不予公开;而原告申请的受案回执、受案登记表属于出警公安机关根据处警结果而制作的相关文书,原告所申请的受案回执、受案登记表是否存在,应向出警公安机关提出申请。综上,被告所作案涉政府信息公开告知的内容并无不当。

《中华人民共和国政府信息公开条例》第十条第一款规定:"行政机关制作的政府信息,由制作该政府信息的行政机关负责公开。行政机关从公民、法人和其他组织获取的政府信息,由保存该政府信息的行政机关负责公开;行政机关获取的其他行政机关的政府信息,由制作或者最初获取该政府信息的行政机关负责公开。法律、法规对政府信息公开的权限另有规定的,从其规定。"第十六条第一款规定:"行政机关的内部事务信息,包括人事管理、后勤管理、内部工作流程等方面的信息,可以不予公开。"第三十六条规定:"对政府信息公开申请,行政机关根据下列情况分别作出答复:……(五)所申请公开信息不属于本行政机关负责公开的,告知申请人并说明理由;能够确定负责公开该政府信息的行政机关的,告知申请人该行政机关的名称、联系方式;……"本案中,被告济南市公安局依据上述规定向原告作出案涉告知书,适用法律正确。

《中华人民共和国行政复议法》第三十一条规定:"行政复议机关应当自受理申请之日起六十日内作出行政复议决定;但是法律规定的行政复议期限少于六十日的除外。"本案中,被告济南市人民政府于2020年7月22日受理原告的行政复议申请后,于2020年9月15日作出济政复决字〔2020〕348号行政复议决定书并依法送达,其程序及决定合法。

综上,法院判决驳回原告张某的诉讼请求。

 法条链接

《中华人民共和国政府信息公开条例》

第三十三条
行政机关收到政府信息公开申请,能够当场答复的,应当当场予以答复。

行政机关不能当场答复的,应当自收到申请之日起20个工作日内予以答复;需要延长答复期限的,应当经政府信息公开工作机构负责人同意并告知申请人,延长的期限最长不得超过20个工作日。

行政机关征求第三方和其他机关意见所需时间不计算在前款规定的期限内。

第八节 行政机关主动公开政府信息的途径

行政机关主动公开政府信息的途径有：通过政府公报、政府网站或者其他互联网政务媒体、新闻发布会以及报刊、广播、电视等途径予以公开。我国政府信息公开，应当坚持"以公开为常态、不公开为例外"的原则，做到及时、准确、公正、公平、合法、便民。

案例 78

原告雷某诉被告长沙市发展和改革委员会政府信息公开案

案号：〔2020〕湘 8601 行初 367 号

 案件简介

> 雷某以邮寄方式向长沙市发展和改革委员会（以下简称市发改委）提出政府信息公开申请，申请公开"贵机关制作、保存的长发改价调〔2019〕296 号《长沙市发展和改革委员会关于明确我市成本法监制商品住房价格构成有关事项的通知》及附表"。市发改委于 2019 年 12 月 16 日收到雷某提交的政府信息公开申请，但截至雷某 2020 年 3 月 23 日向法院提起行政诉讼时，市发改委仍未予以处理。原告雷某向法院请求：①确认市发改委拒不公开长发改价调〔2019〕296 号《长沙市发展和改革委员会关于明确我市成本法监制商品住房价格构成有关事项的通知》及附表信息的行为违法；②责令市发改委依法公开上述信息；③本案诉讼费用由被告承担。
>
> 另查明，长发改价调〔2019〕296 号《长沙市发展和改革委员会关于明确我市成本法监制商品住房价格构成有关事项的通知》及附表已登载于新湖南客户端等新闻媒体平台上。

 裁判结果

一、确认被告市发改委 2019 年 12 月 16 日收到雷某提交的政府信息公开申请后未在法定期限内予以处理的行政行为违法。二、驳回原告雷某其他诉讼请求。

案件评析

《中华人民共和国政府信息公开条例》第三十三条规定:"行政机关收到政府信息公开申请,能够当场答复的,应当当场予以答复。行政机关不能当场答复的,应当自收到申请之日起20个工作日内予以答复;需要延长答复期限的,应当经政府信息公开工作机构负责人同意并告知申请人,延长的期限最长不得超过20个工作日。行政机关征求第三方和其他机关意见所需时间不计算在前款规定的期限内。"行政机关在收到申请人的政府信息公开申请后,应当及时审查,根据不同情况在规定的期限内进行处理并答复申请人。本案中,被告市发改委于2019年12月16日收到原告雷某提交的政府信息公开申请,但在法定期限内未作任何处理,违反上述法律规定。

《中华人民共和国政府信息公开条例》第二十条规定:"行政机关应当依照本条例第十九条的规定,主动公开本行政机关的下列政府信息:(一)行政法规、规章和规范性文件……"第二十三条规定:"行政机关应当建立健全政府信息发布机制,将主动公开的政府信息通过政府公报、政府网站或者其他互联网政务媒体、新闻发布会以及报刊、广播、电视等途径予以公开。"本案中,因雷某所申请公开的长发改价调〔2019〕296号《长沙市发展和改革委员会关于明确我市成本法监制商品住房价格构成有关事项的通知》及附表为市发改委制作的规范性文件,其已经登载于新湖南客户端等新闻媒体平台上,可以认定市发改委已经履行了对该政府信息主动公开的职责。

综上,法院作出上述判决。

 法条链接

《中华人民共和国政府信息公开条例》

第二十三条

行政机关应当建立健全政府信息发布机制,将主动公开的政府信息通过政府公报、政府网站或者其他互联网政务媒体、新闻发布会以及报刊、广播、电视等途径予以公开。

第九节　个人隐私的保护

个人隐私属于个人敏感信息,包括自然人的身份、生理与健康、财产状况和行踪等。涉及个人隐私等公开会对第三方合法权益造成损害的政府信息,行政机关不得公开。不公开涉及个人隐私的政府信息会对公共利益造成重大影响的情况下,行政机关可以依法或者裁量决定公开信息。裁量过程应遵守比例原则,并在综合考虑信息所涉及的公共利益、信息不公开对公共利益的影响大小、信息敏感程度等因素后作出决定。行政机关裁量公开信息应通知第三方,听取其意见,决定公开或不公开。

案例 79

原告张某诉被告北京市西城区人民政府房屋征收办公室政府信息公开案

案号:〔2021〕京 0102 行初 120 号

 案件简介

2021 年 1 月 6 日,被告北京市西城区人民政府房屋征收办公室(以下简称西城征收办)收到原告张某邮寄提交的政府信息公开申请。原告张某针对南北长街历史文化名城保护腾退工程及环境整治提升房屋征收项目(以下简称南北长街项目):①申请公开 2018 年、2019 年上半年、2019 年下半年、2020 年上半年、2020 年下半年、2021 年截至贵机关答复本信息公开申请之时这六个时间段,每个时间段内南北长街项目签署补偿协议的户数;②申请公开六个时间段内南北长街项目尚未签署补偿协议的户数;③申请公开六个时间段内西城区人民政府对南北长街项目作出征收补偿决定的数量;④依据《国有土地上房屋征收与补偿条例》第二十九条,申请公开北京市西城区××街××号被征收人王某 1、王某 2、王某 3 及王某 4 的合法继承人关于其北京市西城区××街××号私产房屋对应的征收补偿协议,包括全部补充协议和相关附件,以及《南北长街历史文化名城保护腾退工程及环境整治提升项目建设项目王某 1、王某 2、王某 3 及王某 4 的合法继承人算账单》、该被征收人全部相关补贴申请文件、该被征收人全部相关补贴批准文件。当日,西城征收办向原告张某作出登记回执。2021 年 1 月 28 日,西城征收办工作人员与现场指挥部联系要求其提供北京市西城区××街××号房屋征收补偿协议中乙方签字人员的姓名、联系方式、联系地址。2021 年 2 月 3 日,现场指挥部向被告西城征收办提供 105 号协议中 6 名被征询人的联系电话。其中,5 名被征询人不同意当面领取或提供联系地址接收政府信息公开申请征求第三方意见书,同意电话回复;1 人同意当面签收政府信息公开申请征求第三方意见书并回复。2021 年 2 月 2 日,被告西城征收办向原告张某作出并邮寄西房征复字〔2021〕第 3 号政府信息公开申请答复告知书。该告知书主要内容为:张某申请公开的第一项、第二项和第三项的信息不属于《中华人民共和国政府信息公开条例》第二条规定的调整范围,应为咨询事项,关于咨询的事项西城征收办未按上述时间段进行统计；西城征收办审查后认为张某申请公开的第四项信息涉及第三方隐私，需向第三方进行征询，根据《中华人民共和国政府信息公开条例》第三十二条、第三十三条之规定，需依法征求第三方意见后予以答复，待征询结束后另行答复；如对本答复有异议，可于接到本答复书之日起六十日内向北京市住房和城乡建设委员会或者北京市西城区人民政府申请行政复议，也可于接到本答复书之日起六个月内向北京市西城区人民法院提起行政诉讼。同日，被告西城征收办收到原告张某邮寄的政府信息公开申请补充说明及附件。对于原告张某申请公开的第四项内容，105号协议的5名被征询人于2021年2月4日电话反馈认为其涉及个人隐私不同意公开，1名被征询人于2021年2月10日签写书面意见表示其涉及个人隐私不同意公开。2021年2月18日，被告西城征收办作出被诉答复并向原告张某邮寄。原告张某对被告西城征收办关于其第四项申请内容的答复不服，认为被告西城征收办严重违反了《中华人民共和国政府信息公开条例》和《国有土地上房屋征收与补偿条例》的规定，并且严重违背了〔2018〕最高法行再76号行政判决书的裁判精神。综上，原告张某为维护自身合法权益，诉请法院依法撤销被诉答复并责令被告西城征收办在一定期限内向原告张某公开其申请获取的第四项信息，案件诉讼费用由被告西城征收办承担。

另查明，2021年2月11日至2021年2月17日为春节假期。

 裁判结果

驳回原告张某的诉讼请求。

 案件评析

《中华人民共和国政府信息公开条例》第十五条规定："涉及商业秘密、个人隐私等公开会对第三方合法权益造成损害的政府信息，行政机关不得公开。但是，第三方同意公开或者行政机关认为不公开会对公共利益造成重大影响的，予以公开。"第三十二条规定："依申请公开的政府信息公开会损害第三方合法权益的，行政机关应当书面征求第三方的意见。第三方应当自收到征求意见书之日起15个工作日内提出意见。第三方逾期未提出意见的，由行政机关依照本条例的规定决定是否公开。第三方不同意公开且有合理理由的，行政机关不予公开。行政机关认为不公开可能对公共利益造成重大影响的，可以决定予以公开，并将决定公开的政府信息内容和理由书面告知第三方。"第三十六条第（三）项规定，对政府信息公开申请，行政机关依据本条例的规定决定不予公开的，告知申请人不予公开并说明理由。本案中，被告西城征收办收到原告张某的政府信息公开申请后，认为原告张某申请公开的第四项内容涉及第三方个人隐私,遂向第三方征求意见,第三方表示不同意公开隐私内容;被告西城征收办认为不公开原告张某申请公开的第四项内容不存在对公共利益造成重大影响的情况,决定对原告张某申请公开的第四项内容不予公开,并无不妥。

《中华人民共和国政府信息公开条例》第三十三条规定:"行政机关收到政府信息公开申请,能够当场答复的,应当当场予以答复。行政机关不能当场答复的,应当自收到申请之日起20个工作日内予以答复;需要延长答复期限的,应当经政府信息公开工作机构负责人同意并告知申请人,延长的期限最长不得超过20个工作日。行政机关征求第三方和其他机关意见所需时间不计算在前款规定的期限内。"《北京市政府信息公开规定》第二十四条第四款规定:"受理机关收到申请人公开政府信息的申请后,应当出具登记回执。"本案中,被告西城征收办作出被诉答复的程序符合上述规定,程序合法。

关于原告张某主张的根据《中华人民共和国政府信息公开条例》第十一条,《国有土地上房屋征收与补偿条例》第十五条、第二十九条第一款的规定应当公开其申请的第四项内容的观点,法院认为,上述规定中所称"补偿、补助费用的发放、使用情况""分户补偿情况"并非等同于征收补偿协议、补充协议、协议附件、算账单、补贴申请文件和补贴批准文件等材料。征收补偿协议、补充协议、协议附件、算账单等系征收人与被征收人就征收补偿问题签订的具有合同性质的法律文件,补贴申请及批准文件亦是反映被征收人个人特征信息的材料,确实涉及被征收人的个人隐私。

综上,原告张某的诉讼请求缺乏事实根据和法律依据。

 法条链接

《中华人民共和国政府信息公开条例》

第十五条

涉及商业秘密、个人隐私等公开会对第三方合法权益造成损害的政府信息,行政机关不得公开。但是,第三方同意公开或者行政机关认为不公开会对公共利益造成重大影响的,予以公开。

第十节 费用

行政机关依申请提供政府信息原则上不收取费用,但申请人申请公开政府信息的数量、频次明显超过合理范围的,行政机关可以收取信息处理费。这样规定有助于避免出现申请人滥用政府信息公开申请权利的现象。

案例 80

原告晁某诉被告菏泽市牡丹区自然资源局政府信息公开案

案号：〔2020〕鲁1728行初10号

 案件简介

原告晁某系菏泽市牡丹区吴店镇孟庄行政村孟庄村村民。2019年12月30日，原告晁某向被告申请政府信息公开，其提交的政府信息公开申请表所需信息内容描述一栏中载明："申请贵单位依法公开菏泽市牡丹区吴店镇孟庄行政村孟庄村集体土地（南至孟庄村、西至259省道、东至国花大道）征收的批准文件，包括：①山东省人民政府建设用地批复文件及附图；②征收土地补偿安置方案。"其提交的政府信息公开申请表还载明信息的指定提供方式为纸面，获取信息方式为邮寄、快递。被告于2019年12月30日收到原告提交的上述政府信息公开申请后，于2020年1月5日向晁某作出《晁某政府信息公开告知书》，并通过邮政特快专递方式向原告邮寄送达。被告在上述告知书中告知原告晁某其在政府信息公开申请表中所述土地属菏泽市"两新"融合村庄搬迁安置区及安兴河河道治理用地；搬迁安置区的土地是菏泽市政府批复的城乡建设用地增减挂钩项目，属于拆旧安置；河道治理用地是为了疏通河道、加大雨季的泄洪能力而设置，不进行建设，只做绿化，不需要报征土地。被告同时向原告提供了菏政复〔2019〕179号《菏泽市人民政府关于牡丹区吴店镇张楼村城乡建设用地增减挂钩试点项目拆旧安置实施方案的批复》、菏区政函〔2019〕52号《菏泽市牡丹区人民政府关于对牡丹区吴店镇滨河花园项目规划及建筑设计方案的批复》。原告认为被告未按照原告申请事项给予答复，并采取违法方式向原告作出政府信息答复，特诉至法院，请求：①依法撤销被告作出的政府信息公开告知书，并要求被告按照原告的要求重新作出政府信息公开答复；②确认被告采取快递费到付方式作出政府信息公开答复行政行为违法，并返还快递费20元；③诉讼费用由被告承担。

另查明，晁某称被告通过邮政特快方式给其邮寄《晁某政府信息公开告知书》时用的是收到邮件后付费的邮政特快专递，原告为此支付了20元邮费，被告对原告上述陈述不予认可，原告亦未提交其支付20元邮费的相关有效票据。

裁判结果

驳回原告晁某的诉讼请求。

 案件评析

《中华人民共和国政府信息公开条例》第三十三条第一款、第二款规定:"行政机关收到政府信息公开申请,能够当场答复的,应当当场予以答复。行政机关不能当场答复的,应当自收到申请之日起 20 个工作日内予以答复;需要延长答复期限的,应当经政府信息公开工作机构负责人同意并告知申请人,延长的期限最长不得超过 20 个工作日。"第三十六条第(四)项规定,对政府信息公开申请,经检索没有所申请公开信息的,告知申请人该政府信息不存在。被告于 2019 年 12 月 30 日收到原告晁某的政府信息公开申请后,于 2020 年 1 月 5 日根据晁某申请公开事项作出了政府信息公开告知书,告知原告晁某案涉土地系菏泽市人民政府批复的城乡建设用地增减挂钩项目(属于拆旧安置)及河道治理用地,不需要报征。显然被告已经在上述政府信息公开告知书中告知原告其所申请的案涉土地征收批准文件不存在或者说被告手中没有原告所申请的案涉土地征收批准文件。综上,被告已经履行了告知或者说明理由义务,其作出政府信息公开告知书的行为也符合上述行政法规的规定,故法院对原告要求撤销被诉政府信息公开告知书的诉讼请求不予支持。

《中华人民共和国政府信息公开条例》第四十二条第一款规定:"行政机关依申请提供政府信息,不收取费用。但是,申请人申请公开政府信息的数量、频次明显超过合理范围的,行政机关可以收取信息处理费。"没有证据证明被告向原告晁某作出书面政府信息公开告知书时收取了费用,即使被告采取了到付方式向原告邮寄政府信息公开告知书,也没有相关法律规定禁止被告采取上述邮寄方式向原告邮寄政府信息公开告知书,且原告也没有提交充分证据证明其支付了 20 元邮费,原告称被告采取到付邮资属于变相收费的主张缺乏相关法律依据及事实根据,故法院对原告要求确认被告采取快递费到付方式作出政府信息公开答复的行政行为违法,并返还快递费 20 元的诉讼请求不予支持。

 法条链接

《中华人民共和国政府信息公开条例》

第四十二条第一款

行政机关依申请提供政府信息,不收取费用。但是,申请人申请公开政府信息的数量、频次明显超过合理范围的,行政机关可以收取信息处理费。

 习题及答案

第九讲

其他行政篇

在我国行政法律、法规涉及内容广泛,覆盖国防、外交、公安、司法、民政、财政、税务、金融、保险、审计、劳动、人事、监察、教育、科学、文化、卫生、体育、交通、邮电、城乡建设、环境保护、农业、林业、海关、工商行政管理等行政管理的各个领域。从行政法规的具体内容来看,大体是有关行政管理的原则、行政管理主体及其职责与任务、行政程序、行政处理(如行政许可、行政给付、行政确认、行政裁决、行政征收、行政强制、行政处罚与奖励等)以及行政救济。本书不能就相关行政法一一进行案例解析,故再选取10例贴近民众生活的行政法律、法规案例作解析,暂且称"其他行政行为篇"。

第一节 行政确认

行政确认是指行政主体依法对行政相对人的法律地位、法律关系或有关法律事实进行甄别，给予确定、认定、证明（或证伪）并予以宣告的具体行政行为。行政确认与行政许可的区别有以下几点。首先，行为对象不同。行政确认是对行政相对人既有法律地位、权利义务的确定和认可，主要是指对身份、能力和事实的确认；行政许可是指许可行政相对人获得某种行为的权利或资格。一般来说，前者是业已存在，而后者是许可之前不得为之。其次，行为的法律效果不同。行政确认中未被认可的行为或地位将发生无效的结果而不适用法律制裁；而在行政许可中，未经许可而从事的行为将发生违法后果，当事人将因此受到法律制裁。再次，行为的意思不同。行政确认行为表明行政主体的态度是对某种状态、事件、物或行为予以法律上的承认、确定或否定；而行政许可行为则是行政主体在对申请人的申请进行审查和判断的前提下，对申请是否予以准许或同意的行为。最后，行为性质不同。行政确认属于确认性或宣示性行政行为，它仅表明现有的状态，而不以法律关系的产生、变更或消灭为目的；行政许可，从其正常状态（即批准）而言是建立、改变或者消灭具体的法律关系，是一种形成性行政行为。

案例 81

原告吴某诉被告南昌市人力资源和社会保障局工伤行政确认案

案号：〔2019〕赣 7101 行初 127 号

 案件简介

2018 年 10 月 9 日，原告向被告提出工伤认定申请，申请称，2018 年 6 月 12 日上午 10 时左右，原告在江西某建筑工程有限公司承建施工的南昌市某汽车零件有限公司的厂房建设施工工地施工过程中从高处摔伤，后被送医院急救，导致下肢截瘫。2018 年 10 月 15 日，原告按被告的要求填写了工伤认定申请表，并向被告提供了证人万某 1、万某 2 的证言，但未提供证据证明两证人为江西某建筑工程有限公司的劳动者。2018 年 10 月 25 日，被告向原告送达了工伤认定申请补正材料告知书，通知载明：因原告提交的工伤认定材料不完整，尚缺职工和用人单位的劳动合同或者存在事实劳动关系、人事关系证明材料。2018年11月12日,被告向原告的委托代理人罗某送达了洪人社伤受字〔2018〕新建区第001号工伤认定申请不予受理通知书,载明:经审查,吴某无法提供劳动合同(庭审质证中确认原告不能提交证明其与用人单位存在劳动关系的相应材料),不符合《工伤保险条例》第十八条规定的受理条件,决定不予受理。原告对被告不予受理的决定不服,向法院提起诉讼,请求:①依法撤销洪人社伤受字〔2018〕新建区第001号工伤认定申请不予受理通知书;②依法责令南昌市人力资源和社会保障局对原告提出的工伤认定予以受理并依法作出决定。

 裁判结果

驳回原告吴某的诉讼请求。

 案件评析

本案争议焦点为原告提交的证明材料能否证明其与用人单位之间存在劳动关系。《工伤保险条例》第十八条第一款第(二)项规定,提出工伤认定申请应当提交与用人单位存在劳动关系(包括事实劳动关系)的证明材料。原劳动和社会保障部发布的劳社部发〔2005〕12号《关于确立劳动关系有关事项的通知》第二条对用人单位未与劳动者签订劳动合同,如何认定双方存在劳动关系这一问题,规定可参照其他劳动者的证言。本案中,原告未提交其与江西某建筑工程有限公司存在劳动关系或事实劳动关系的证明材料,原告所提交的证人万某1、万某2的证言,因无证据证明两证人为江西某建筑工程有限公司的劳动者,被告向原告送达补正材料告知书后,原告依然不能提交相应的证明材料。被告在原告未能提供足够的证据证明其与江西某建筑工程有限公司之间存在劳动关系的情况下,以原告的申请不符合受理条件为由,决定不予受理,并无不当,故法院判决驳回原告吴某的诉讼请求。

 法条链接

《工伤保险条例》

第十八条
提出工伤认定申请应当提交下列材料:
(一)工伤认定申请表;

(二)与用人单位存在劳动关系(包括事实劳动关系)的证明材料;

(三)医疗诊断证明或者职业病诊断证明书(或者职业病诊断鉴定书)。

工伤认定申请表应当包括事故发生的时间、地点、原因以及职工伤害程度等基本情况。

工伤认定申请人提供材料不完整的,社会保险行政部门应当一次性书面告知工伤认定申请人需要补正的全部材料。申请人按照书面告知要求补正材料后,社会保险行政部门应当受理。

《关于确立劳动关系有关事项的通知》(劳社部发〔2005〕12号)

第二条

用人单位未与劳动者签订劳动合同,认定双方存在劳动关系时可参照下列凭证:

(一)工资支付凭证或记录(职工工资发放花名册)、缴纳各项社会保险费的记录;

(二)用人单位向劳动者发放的"工作证"、"服务证"等能够证明身份的证件;

(三)劳动者填写的用人单位招工招聘"登记表"、"报名表"等招用记录;

(四)考勤记录;

(五)其他劳动者的证言等。

第二节 行政处分的救济途径

行政处分是指国家机关依照行政隶属关系给予有违法失职行为的国家机关公务人员的一种惩罚措施,包括警告、记过、记大过、降级、撤职、留用察看、开除。行政处分属于内部行政行为,由行政主体基于行政隶属关系依法作出。它具有强烈的约束力,管理相对人不服,行政主体可以强制执行。但因其不受司法审查,故被处分人不服行政处分的,可依据相关法律规定申请复核或申诉。

案例 82

原告熊某诉被告镇巴县人民政府行政案

案号:〔2016〕陕07行初8号

案件简介

熊某于1996年5月至2005年4月在镇巴县仁村乡担任乡党委副书记、乡长、乡党委书记。2005年12月8日,镇巴县人民法院〔2005〕镇刑初字第48号刑事判决书以贪污罪、受贿罪判处熊某有期徒刑六年,并处没收财产10000元人民币。熊某申请再审。2007年8月3日,镇巴县人民法院〔2007〕镇刑再初字第01号刑事判决书改判其有期徒刑三年六个月,并处没收财产人民币10000元。刑事处罚已经执行完毕。2009年9月25日,镇巴县人事和劳动社会保障局根据镇巴县人民法院〔2007〕镇刑再初字第01号刑事判决书及镇人劳发〔2012〕79号文件规定,作出镇人劳社发〔2009〕88号《关于熊某开除公职手续办理的通知》(以下简称《开除公职通知》),并送达熊某家属。熊某不服《开除公职通知》,向镇巴县人事和劳动社会保障局申请复核;镇巴县人事和劳动社会保障局于2012年12月14日作出《关于对熊某要求撤销对其开除公职的回复》。熊某于2015年提起行政诉讼,请求确认镇巴县人事和劳动社会保障局作出开除公职通知的行政行为违法,并撤销该《开除公职通知》。2015年5月12日,镇巴县人民法院裁定不予受理。熊某对《开除公职通知》仍不服,于2015年9月23日提出申诉。2015年10月19日,镇巴县公务员申诉公正委员会对熊某的申诉作出镇公申不字〔2015〕第2号不予受理决定书,决定不予受理熊某对《开除公职通知》提出的申诉。原告不服,提起诉讼,请求撤销镇公申不字〔2015〕第2号不予受理决定书。

裁判结果

驳回原告熊某的起诉。

案件评析

镇巴县人力资源和社会保障局作出的镇人劳社发〔2009〕88号《开除公职通知》,其内容涉及开除公职的行政处分,并根据此文件停发了熊某的工资,属于行政机关内部人事处理。参照《公务员申诉规定(试行)》第二条第一款的规定,公务员对行政机关人事处理不服的救济途径是申请复核或者提出申诉。熊某不服镇巴县人力资源和社会保障局作出《开除公职通知》提出申诉,镇巴县公务员申诉公正委员会不受理其申诉,原告熊某对镇巴县公务员申诉公正委员会作出镇公申不字〔2015〕第2号不予受理决定书提起诉讼,属于《中华人民共和国行政诉讼法》第十三条第(三)项规定的情形,不属于人民法院行政案件的受案范围。故人民法院裁定驳回原告熊某的起诉。

法条链接

《公务员申诉规定(试行)》

第二条第一款
公务员对涉及本人的人事处理不服,可以按照本规定申请复核或者提出申诉。

《中华人民共和国公务员法》

第九十条(2019年6月1日起施行的《中华人民共和国公务员法》为第九十五条)
公务员对涉及本人的下列人事处理不服的,可以自知道该人事处理之日起三十日内向原处理机关申请复核;对复核结果不服的,可以自接到复核决定之日起十五日内,按照规定向同级公务员主管部门或者作出该人事处理的机关的上一级机关提出申诉;也可以不经复核,自知道该人事处理之日起三十日内直接提出申诉:
(一)处分;
(二)辞退或者取消录用;
(三)降职;
(四)定期考核定为不称职;
(五)免职;
(六)申请辞职、提前退休未予批准;
(七)未按规定确定或者扣减工资、福利、保险待遇;
(八)法律、法规规定可以申诉的其他情形。
对省级以下机关作出的申诉处理决定不服的,可以向作出处理决定的上一级机关提出再申诉。
行政机关公务员对处分不服向行政监察机关申诉的,按照《中华人民共和国行政监察法》的规定办理。

《行政机关公务员处分条例》

第四十八条
受到处分的行政机关公务员对处分决定不服的,依照《中华人民共和国公务员法》和《中华人民共和国行政监察法》的有关规定,可以申请复核或者申诉。
复核、申诉期间不停止处分的执行。
行政机关公务员不因提出复核、申诉而被加重处分。

《中华人民共和国行政诉讼法》

第十三条
人民法院不受理公民、法人或者其他组织对下列事项提起的诉讼：
（一）国防、外交等国家行为；
（二）行政法规、规章或者行政机关制定、发布的具有普遍约束力的决定、命令；
（三）行政机关对行政机关工作人员的奖惩、任免等决定；
（四）法律规定由行政机关最终裁决的行政行为。

第三节 房屋征收与补偿

宪法第十三条第三款规定："国家为了公共利益的需要，可以依照法律规定对公民的私有财产实行征收或者征用并给予补偿。"房屋征收与补偿应遵循法定程序。

案例 83

原告杨某、赵某诉被告焦作市解放区人民政府行政案

案号：〔2016〕豫 08 行赔初 4 号

 案件简介

2009 年 12 月 8 日，中华人民共和国铁道部、河南省人民政府作出铁计函〔2009〕1690 号《关于新建郑州至焦作铁路可行性研究报告的批复》，同意实施新建郑州至焦作铁路工程，线路全长 77 公里，全线设郑州、海棠寺、南阳寨、黄河景区、武陟东、修武西、焦作等 7 站。2010 年 10 月 22 日，焦作市郑焦城际铁路建设指挥部作出焦城际指〔2010〕1 号文件，印发《焦作市郑焦城际铁路解放山阳马村区段征迁补偿安置办法》，该办法第三条规定：焦作市郑焦铁路建设指挥部办公室对焦作三城区段城际铁路征迁补偿安置工作实施监督管理，三城区人民政府为征迁补偿安置工作的实施主体，做好辖区内征迁安置工作。2012 年 6 月 19 日，焦作市郑焦城际铁路建设指挥部办公室作出焦城际指办〔2012〕23 号《关于尽快启动郑焦城际铁路焦作站南广场征迁安置工作的通知》，确定解放区人民政府负责

站南广场征迁安置工作。郑焦城际铁路已建成投入运营,焦作站南广场正在建设之中。

1998年10月29日,赵某1取得第115136号房屋所有权证,该证载明:房屋所有权人为赵某1;房屋坐落于解放区新火车站4号院8栋;建筑面积为57.18平方米。2003年7月30日,赵某1取得焦国用〔2003〕第20955号国有土地使用证,该证载明:土地使用权人为赵某1;坐落于城南路造纸包装总厂3号楼;地类(用途)为住宅;使用权类型为划拨;使用权面积为36.54平方米。2011年9月7日,杨某取得焦房权证解放字第××号房屋所有权证,该证载明:房屋所有权人为杨某;房屋坐落于解放区站南路造纸厂家属院2号楼5单元269号;建筑面积为30.17平方米。解放区新火车站4号院8栋和解放区站南路造纸厂家属院2号楼5单元269号的两处房屋均在郑焦城际铁路焦作站南广场建设范围内。2012年8月1日,有关人员对登记在杨某名下的房屋及附属设施等进行调查并制作调查表。2012年8月2日,有关人员对登记在赵某1名下的房屋及附属设施等进行调查并制作调查表。在未与杨某、赵某达成补偿协议的情况下,2015年10月3日至5日,解放区人民政府组织人员将解放区新火车站4号院8栋和解放区站南路造纸厂家属院2号楼5单元269号的两处房屋拆除。2016年3月23日,赵某1的妻子薛某、儿子赵某2、女儿赵某3出具书面说明称赵某1因病去世,登记在赵某1名下的位于解放区新火车站4号院8栋的房屋由赵某1的儿子赵某和儿媳杨某继承,薛某、赵某2、赵某3放弃对房屋的继承权。2016年3月24日,原告杨某、赵某向法院提起行政诉讼,请求:①判决被告2015年10月5日凌晨强制拆除原告造纸厂家属院2号楼5单元269号和新火车站4号院8栋两处房屋的行为违法;②案件受理费由被告负担。

裁判结果

确认被告焦作市解放区人民政府2015年10月3日至5日对登记在赵某1名下的位于解放区新火车站4号院8栋的房屋和登记在杨某名下的位于解放区站南路造纸厂家属院2号楼5单元269号的房屋实施拆除的行为违法。

案件评析

房屋征收与补偿应当遵循决策民主、程序正当、结果公开的原则。《国有土地上房屋征收与补偿条例》第八条规定:"为了保障国家安全、促进国民经济和社会发展等公共利益的需要,有下列情形之一,确需征收房屋的,由市、县级人民政府作出房屋征收决定……(二)由政府组织实施的能源、交通、水利等基础设施建设的需要;……"郑州至焦作铁路工程是经原中华人民共和国铁道部和河南省人民政府共同批复后实施的交通基础设施建设,其中焦作站南广场作为郑焦城际铁路的配套工程符合《国有土地上房屋征收与补偿条例》第八条所规定的"公共利益的需要"。焦作市解放区人民政府作为郑焦城际铁路解放城区段征迁安置工作的负责单位,可以对项目建设范围内国有土地上的房屋实施征收与补偿。但是,根据《国有土地上房屋征收与补偿条例》第十条、十一条、十三条、十九条、二十六条等规定,市、县级人民政府对国有土地上的房屋实施征收与补偿一般要经过以下程序:拟定征收补偿方案,征求公众意见,将征求意见情况和修改情况及时公布,作出房屋征收决定并公告(公告应当载明征收补偿方案和行政复议、行政诉讼权利等事项),对被征收房屋的价值进行评估、在签约期内达不成补偿协议的由市、县级人民政府按照征收补偿方案作出补偿决定并在房屋征收范围内予以公告。本案中,焦作市解放区人民政府虽然作了宣传、调查登记等工作,但是其未按照规定作出房屋征收决定并进行公告,未对被征收房屋的价值进行评估,在达不成补偿协议的情况下未作出补偿决定并公告等。因此,焦作市解放区人民政府在未履行相关法定程序的情况下,2015 年 10 月 3 日至 5 日组织人员对登记在赵某 1 名下的位于解放区新火车站 4 号院 8 栋的房屋和登记在杨某名下的位于解放区站南路造纸厂家属院 2 号楼 5 单元 269 号的房屋实施拆除,其行为严重违法。

 法条链接

《国有土地上房屋征收与补偿条例》

第八条

为了保障国家安全、促进国民经济和社会发展等公共利益的需要,有下列情形之一,确需征收房屋的,由市、县级人民政府作出房屋征收决定:

……

(二)由政府组织实施的能源、交通、水利等基础设施建设的需要。

……

第十条

房屋征收部门拟定征收补偿方案,报市、县级人民政府。

市、县级人民政府应当组织有关部门对征收补偿方案进行论证并予以公布,征求公众意见。征求意见期限不得少于 30 日。

第十一条

市、县级人民政府应当将征求意见情况和根据公众意见修改的情况及时公布。

因旧城区改建需要征收房屋,多数被征收人认为征收补偿方案不符合本条例规定的,市、县级人民政府应当组织由被征收人和公众代表参加的听证会,并根据听证会情况修改方案。

第十三条

市、县级人民政府作出房屋征收决定后应当及时公告。公告应当载明征收补偿方案和行政复议、行政诉讼权利等事项。

市、县级人民政府及房屋征收部门应当做好房屋征收与补偿的宣传、解释工作。

房屋被依法征收的,国有土地使用权同时收回。

第十九条

对被征收房屋价值的补偿,不得低于房屋征收决定公告之日被征收房屋类似房地产的市场价格。被征收房屋的价值,由具有相应资质的房地产价格评估机构按照房屋征收评估办法评估确定。

对评估确定的被征收房屋价值有异议的,可以向房地产价格评估机构申请复核评估。对复核结果有异议的,可以向房地产价格评估专家委员会申请鉴定。

房屋征收评估办法由国务院住房城乡建设主管部门制定,制定过程中,应当向社会公开征求意见。

第二十六条

房屋征收部门与被征收人在征收补偿方案确定的签约期限内达不成补偿协议,或者被征收房屋所有权人不明确的,由房屋征收部门报请作出房屋征收决定的市、县级人民政府依照本条例的规定,按照征收补偿方案作出补偿决定,并在房屋征收范围内予以公告。

补偿决定应当公平,包括本条例第二十五条第一款规定的有关补偿协议的事项。

被征收人对补偿决定不服的,可以依法申请行政复议,也可以依法提起行政诉讼。

第四节 土地征收

土地征收是指国家为了满足公共利益需要,依照法律规定的程序和权限将农民集体所有的土地转化为国有土地,并依法给予被征地的农村集体经济组织和被征地农民合理补偿和妥善安置的法律行为。土地征收是2004年修正的宪法中的新词汇。一些文件、报告时常混淆"土地征收"和"土地征用"两个概念,主要原因是实践中人们还存有模糊认识,认为二者没有实质区别,只是表述不同。实际上,二者既有共同之处,又有不同之处。共同之处在于,都是为了公共利益需要,都要经过法定程序,都要依法给予补偿。不同之处在于,征收的法律后果是土地所有权的改变,土地所有权由农民集体所有变为国家所有;征用的法律后果只是使用权的改变,土地所有权仍然属于农民集体,征用条件结束需将土地交还给农民集体。简而言之,涉及土地所有权改变的,是征收;不涉及所有权改变的,是征用。

案例 84

原告蔡某诉被告鞍山市铁西区人民政府行政征收案

案号:〔2020〕辽 03 行初 38 号

案件简介

蔡某原系鞍山市高新技术产业开发区东鞍山镇高占屯村村民,拥有私有房屋四套(房屋所有权证书编号分别为村房字第001160185号、001160196号、001160225号、001160226号)及三块宅基地。2007年,经国务院(国土资函〔2007〕48号)及辽宁省人民政府(辽政地字〔2007〕614号)批准,鞍山市人民政府征收了鞍山经济开发区高占屯村土地22.8896公顷开发为工业用地。蔡某的宅基地及房屋位于征收范围之内。2007年2月3日,鞍山市高新技术产业开发区管理委员会(以下简称高新区管委会)对蔡某的地上附着物进行了实地测量,并制作了两份宅基地附属物测量登记表,蔡某、高新区管委会测量人员及村民代表在上述两份登记表上签了字。之后,高新区管委会按照农村集体土地征收的相关规定,给予蔡某部分补偿,但地上附着物除有照房外,未予补偿。

2019年1月25日,蔡某以鞍山市人民政府、鞍山市铁西区人民政府(以下简称铁西区政府)、高新区管委会为被告向法院提起行政诉讼,请求确认三被告强拆行为违法并要求其对实际损失进行赔偿。2019年5月,法院作出〔2019〕辽03行初48号行政裁定书,以本案超过行政诉讼范围为由,裁定驳回蔡某起诉,蔡某不服,上诉至辽宁省高级人民法院。

该案在上诉期间,铁西区发展和改革局已于2019年9月5日作出《关于蔡某征收补偿安置意见》。该意见提出,"2010年,按照市区划调整要求,原高新技术产业开发区高占屯、双台子两村划入铁西区管辖,并将你户征收安置补偿档案及相关资料移交至铁西区。铁西区按照移交材料多次与你进行协商,但由于附属物存在争议,至今未达成协议。经议定,现对你户补偿安置如下:一、根据高新技术产业开发区移交的高占屯核算动迁户名单,你地面附属物补偿款为50370元。二、鉴于你户多年未领取补偿资金,决定考虑按照同期利息给予适当补偿"。

2019年11月25日,辽宁省高级人民法院作出〔2019〕辽终1085号行政裁定书,确认"关于本案纠纷解决的途径,蔡某称征收至今没有得到地上附着物的补偿费用。对此,铁西区发展和改革局已于2019年9月5日作出《关于蔡某征收补偿安置意见》,对蔡某补偿利益作出了具体安排,补偿其地上附属物补偿款50370元及利息损失。蔡某若对补偿数额不服,应当根据现行有效的《中华人民共和国行政诉讼法》及司法解释规定,自《关于蔡某征收补偿安置意见》送达之日起一年内提起行政诉讼,适格被告为铁西区政府"。

另查明,2010年10月,鞍山市人民政府决定将鞍山高新技术产业开发区永发街道办事处高占屯村、双台子村整建制划归铁西区政府管辖,其社会管理职能也一并划转铁西区政府。

现原告起诉至法院,请求判令铁西区政府赔偿经营性建筑物、附属物、农作物直接损失及利息(数额待评估后确定);判令铁西区政府赔偿蔡某误工费362718元、交通费65000元。

裁判结果

一、被告铁西区政府于本判决生效之日起三十日内依法履行补偿职责,对原告蔡某作出补偿决定。二、驳回原告蔡某其他诉讼请求。

 案件评析

《中华人民共和国土地管理法》第四十八条规定:"征收土地应当给予公平、合理的补偿,保障被征地农民原有生活水平不降低、长远生计有保障。征收土地应当依法及时足额支付土地补偿费、安置补助费以及农村村民住宅、其他地上附着物和青苗等的补偿费用,并安排被征地农民的社会保障费用。征收农用地的土地补偿费、安置补助费标准由省、自治区、直辖市通过制定公布区片综合地价确定。制定区片综合地价应当综合考虑土地原用途、土地资源条件、土地产值、土地区位、土地供求关系、人口以及经济社会发展水平等因素,并至少每三年调整或者重新公布一次。征收农用地以外的其他土地、地上附着物和青苗等的补偿标准,由省、自治区、直辖市制定。对其中的农村村民住宅,应当按照先补偿后搬迁、居住条件有改善的原则,尊重农村村民意愿,采取重新安排宅基地建房、提供安置房或者货币补偿等方式给予公平、合理的补偿,并对因征收造成的搬迁、临时安置等费用予以补偿,保障农村村民居住的权利和合法的住房财产权益。县级以上地方人民政府应当将被征地农民纳入相应的养老等社会保障体系。被征地农民的社会保障费用主要用于符合条件的被征地农民的养老保险等社会保险缴费补贴。被征地农民社会保障费用的筹集、管理和使用办法,由省、自治区、直辖市制定。"蔡某系高占屯村村民,其所在村的农村集体土地被征收后,依法应获得农村村民住宅、其他地上附着物和青苗等的补偿费用。相关征收部门虽对蔡某的有照房屋等财产履行了补偿职责,但对蔡某的宅基地地上附着物并未及时补偿。蔡某所在区域划归铁西区后,铁西区发展和改革局虽作出《关于蔡某征收补偿安置意见》,但在蔡某对此意见不予认可的情况下,铁西区政府应当依法履行征收补偿的法定职责。故法院作出上述判决。

 法条链接

《中华人民共和国土地管理法》

第四十八条第一款

征收土地应当给予公平、合理的补偿,保障被征地农民原有生活水平不降低、长远生计有保障。

第五节 政府采购

政府采购是指各级国家机关、事业单位和团体组织,使用财政性资金采购依法制定的集中采购目录以内的或者采购限额标准以上的货物、工程和服务的行为。各级人民政府财政部门是负责政府采购监督管理的部门,依法履行对政府采购活动的监督管理职责。

案例 85

原告聚光科技某股份有限公司诉被告吉林省财政厅其他行政行为案

案号:〔2020〕吉 0102 行初 71 号

 案件简介

> 2020 年 3 月 9 日,政府采购中心发布《吉林省生态环境厅吉林省水环境质量自动监测系统购买服务项目招标信息公告》,经评标,于 2020 年 4 月 7 日公布中节能某公司为该项目第五包(西部地区省级水环境质量自动监测数据购买服务)中标供应商。2020 年 4 月 14 日,原告聚光科技某股份有限公司(以下简称聚光公司)就该中标结果向政府采购中心提出质疑,请求审查核实中节能某公司在招投标过程中是否存在提供虚假材料及违反招标文件要求的行为,若存在恳请按照招标文件及政府采购法规定予以处理。2020 年 4 月 21 日,政府采购中心作出《聚光科技某股份有限公司对吉林省生态环境厅吉林省水环境质量自动监测系统购买服务项目中标结果质疑函的答复函》,答复聚光公司"质疑事项成立,取消中节能某公司中标资格……评委会决定:根据招标文件兼投不兼中的原则及评标纪要得分由高至低排序顺延:聚光公司为中标人。事实依据:①投标人提供了全国所有环境监测服务活动未受到环保主管部门通报批评、行政处罚以及刑事犯罪的承诺书;②2019 年 2 月 20 日,北京市房山区生态环境局官网通报了对中节能某公司行政处罚的决定"。政府采购中心于 2020 年 4 月 23 日在官方网站公布发布变更公告。2020 年 6 月 1 日,中节能某公司就上述变更结果向吉林省公共资源交易中心(吉林省政府采购中心)提出质疑。2020 年 6 月 4 日,吉林省公共资源交易中心(吉林省政府采购中心)就该质疑事项作出答复:质疑事项不成立,维持

聚光公司为中标人。中节能某公司对该质疑答复不服,于 2020 年 6 月 8 日向吉林省财政厅投诉。吉林省财政厅于 2020 年 6 月 12 日收到中节能某公司的投诉书后,分别向政府采购中心和吉林省生态环境厅送达了投诉答复通知书和投诉书副本。

2020 年 6 月 17 日,吉林省财政厅向中华人民共和国生态环境部办公厅发出吉财采购函〔2020〕970 号《关于商请核实〈生态环境部通报珠三角地区和渤海地区排污单位自行监测质量专项检查与抽测情况〉的函》,商请生态环境部核实官方网站-曝光台-通报栏目中《生态环境部通报珠三角地区和渤海地区排污单位自行监测质量专项检查与抽测情况》的内容,是否是对自动监测设备运维单位"中节能某公司"的通报批评。2020 年 7 月 9 日,中华人民共和国生态环境部生态环境监测司向吉林省财政厅作出环测便函〔2020〕291 号《关于对〈商请核实《生态环境部通报珠三角地区和渤海地区排污单位自行监测质量专项检查与抽测情况》〉的复函》,函复如下:2019 年,我部组织开展了排污单位自行监测专项检查与抽测工作,抽调相关省市专家,会同当地生态环境部门监测和执法人员共同开展抽查抽测,并在生态环境部"双微"上通报了专项检查与抽测情况。其中包括力合科技(湖南)有限公司在天津港南疆污水处理厂和津沽污水处理厂运维的在线监测设备质控样比对情况。对本次检查发现的问题,生态环境部已交办相关省(市)生态环境主管部门,要求对检查抽测发现的问题进一步调查核实,对涉嫌违法行为依法立案查处,对运维不规范的督促整改到位。调查处理情况建议向当地生态环境部门咨询。

2020 年 7 月 15 日,吉林省财政厅作出吉财采购〔2020〕551 号政府采购投诉处理决定书,经本厅依法调查,事实如下:通过商请中华人民共和国生态环境部就有关情况进行核实后,认定投诉事项成立。根据《中华人民共和国政府采购法》第五十六条和财政部《政府采购员质疑和投诉办法》第三十二条的规定确认投诉事项成立。责令被投诉人政府采购中心限期改正,并向政府采购中心、吉林省生态环境厅、中节能某公司送达。2020 年 7 月 17 日,政府采购中心在其官方网站上发布更正公告,根据吉林省财政厅政府采购投诉处理决定书处理决定,认定供应商投诉事项成立,恢复中节能某公司为中标人。聚光公司对此不服,在法定期限内向法院提起行政诉讼,请求撤销吉林省财政厅作出的吉财采购〔2020〕551 号政府采购投诉处理决定书。

另查明,2019 年 5 月 27 日,北京市房山区生态环境局作出房环保撤字〔2019〕1 号撤销行政处罚决定:撤销我局于 2019 年 2 月 20 日作出的房环保罚字〔2018〕967 号环境保护局行政处罚决定书。

2020 年 4 月 22 日,营口市鲅鱼圈生态环境分局作出《关于"鞍钢股份有限公司鲅鱼圈钢铁分公司"在线监测设备比对不合格问题的调查情况说明》,内容:"2020 年 3 月 30 日,生态环境部通报珠三角地区和渤海地区排污单位自行监测质量专项检查与抽测情况中关于鞍钢股份有限公司鲅鱼圈钢铁分公司监测设备比对不合格问题,经营口市鲅鱼圈生态环境分局进一步调查核实,原因是设备老化严重,无法准确监测数据,与第三方运维单位中节能某公司运维工作无关。关于鞍钢股份有限公司鲅鱼圈钢铁分公司监测设备老化无法准确监测问题,中节能某公司已于2019年10月17日向鞍钢股份有限公司鲅鱼圈钢铁分公司通报,并于同日向营口市鲅鱼圈生态环境分局备案。特此说明!"

再查明,2020年7月17日,政府采购中心发布吉林省生态环境厅(本级)吉林省水环境质量自动监测系统购买服务更正公告:"根据《吉林省财政厅政府采购投诉处理决定书》处理决定:认定供应商投诉事项成立,恢复中节能某科技有限公司为中标人。"庭审中,第三人吉林省生态环境厅、政府采购中心、中节能某公司明确表示已签订政府采购协议,现已在实际履行中。

裁判结果

驳回原告聚光科技某股份有限公司的诉讼请求。

案件评析

《中华人民共和国政府采购法》第十三条第一款规定:"各级人民政府财政部门是负责政府采购监督管理的部门,依法履行对政府采购活动的监督管理职责。"第五十五条规定:"质疑供应商对采购人、采购代理机构的答复不满意或者采购人、采购代理机构未在规定的时间内作出答复的,可以在答复期满后十五个工作日内向同级政府采购监督管理部门投诉。"吉林省财政厅作为政府采购监督管理部门,依法具有对政府采购活动的监督管理职责,中节能某公司不服政府采购中心对其质疑作出的答复,向吉林省财政厅投诉,吉林省财政厅具有对其投诉作出处理决定的职权。《中华人民共和国政府采购法》第五十六条规定:"政府采购监督管理部门应当在收到投诉后三十个工作日内,对投诉事项作出处理决定,并以书面形式通知投诉人和与投诉事项有关的当事人。"《政府采购质疑和投诉办法》第二十一条规定:"财政部门收到投诉书后,应当在5个工作日内进行审查,审查后按照下列情况处理:……(四)投诉符合本办法第十八条、第十九条规定的,自收到投诉书之日起即为受理,并在收到投诉后8个工作日内向被投诉人和其他与投诉事项有关的当事人发出投诉答复通知书及投诉书副本。"吉林省财政厅于2020年6月12日收到中节能某公司的投诉书后,分别向政府采购中心和吉林省生态环境厅送达了投诉答复通知书和投诉书副本。经审查,并通过商请中华人民共和国生态环境部就有关情况进行核实后,认定投诉事项成立。于2020年7月15日作出被诉投诉处理决定书,并向政府采购中心、吉林省生态环境厅、中节能某公司送达,符合上述规定,程序合法。关于原告提出 2019 年 2 月 20 日北京市房山区生态环境局对第三人作出了房环保罚字〔2018〕967 号行政处罚决定书,中节能某公司在本次投标的三年内收到过环保主管部门的行政处罚一事,因北京市房山区生态环境局已于 2019 年 5 月 27 日作出房环保撤字〔2019〕1 号撤销行政处罚决定,撤销 2019 年 2 月 20 日作出的房环保罚字〔2018〕967 号行政处罚决定书,故对原告的该项理由,法院不予支持。关于原告提出在中华人民共和国生态环境部于 2020 年 3 月 30 日发布的《生态环境部通报珠三角地区和渤海地区排污单位自行监测质量专项检查与抽测情况》附件"自动监测设备比对不合格企业名单"中有中节能某公司的名称,该通报情况属于招标文件中的"通报批评",中节能某公司在本案案涉项目的招标过程中存在虚假承诺一节,因吉林省财政厅在作出被诉行政处理决定前,商请中华人民共和国生态环境部核实"情况"是否是对自动监测设备运维单位"中节能某公司"的通报批评,中华人民共和国生态环境部复函中明确对于本次检查发现的问题,生态环境部已交办相关省(市)生态环境主管部门,要求对检查抽测发现的问题进一步调查核实,对涉嫌违法行为依法立案查处,对运维不规范的督促整改到位。并未表示该"情况"系属对中节能某公司的通报批评,且结合本案审理,对于此项检查后,当地生态环境主管部门经调查核实,关于鞍钢股份有限公司鲅鱼圈钢铁分公司监测设备比对不合格问题,原因是设备老化严重,无法准确监测数据,与第三方运维单位中节能某公司运维工作无关。吉林省财政厅依据该复函作出认定中节能某公司的投诉事项成立并作出责令被投诉人政府采购中心限期改正的投诉处理决定的行政行为不违反法律规定。故原告聚光公司请求撤销吉财采购〔2020〕551 号政府采购投诉处理决定书无事实依据及法律依据。

 法条链接

《中华人民共和国政府采购法》

第十三条第一款

各级人民政府财政部门是负责政府采购监督管理的部门,依法履行对政府采购活动的监督管理职责。

第五十五条

质疑供应商对采购人、采购代理机构的答复不满意或者采购人、采购代理机构未在规定的时间内作出答复的,可以在答复期满后十五个工作日内向同级政府采购监督管理部门投诉。

第六节 行政登记

行政登记是指行政机关为实现一定的行政管理目的,根据法律、法规、规章的有关规定,依相对人申请,对符合法定条件的涉及相对人人身权、财产权等方面的法律事实予以书面记载的行为。不动产登记由不动产所在地的县级人民政府不动产登记机构办理;直辖市、设区的市人民政府可以确定本级不动产登记机构统一办理所属各区的不动产登记。

案例 86

原告龚某诉南昌市不动产登记局行政登记案

案号:〔2019〕赣 7101 行初 999 号

 案件简介

> 原告与本案第三人龚某1系同胞兄弟,其父龚某2自1952年10月至1983年5月系第三人单位员工,并于1993年9月28日去世。龚某2去世后,第三人路港公司进行省直机关住房改革。2010年6月16日,第三人路港公司作为售房单位与购房人龚某1签订了江西省直单位房改出售公有售房契约,将坐落于南昌市西湖区洪城路231号4栋某室住房1套出售给龚某1,套内建筑面积14.4平方米、公用建筑面积4.46平方米,总面积18.86平方米。2012年11月12日,第三人南昌房管局为第三人龚某1、曾某发放案涉房屋房产证(洪房权证西字第××20××58号)。原告不服,遂于2019年8月诉至法院,请求法院:①撤销被告作出的南昌市西湖区洪城路231号4栋某室的房屋行政登记行为;②本案诉讼费由被告承担。

 裁判结果

驳回原告龚某的诉讼请求。

案件评析

根据原《房屋登记办法》第四条"房屋登记,由房屋所在地的房屋登记机构办理。本办法所称房屋登记机构,是指直辖市、市、县人民政府建设(房地产)主管部门或者其设置的负责房屋登记工作的机构"的规定,第三人南昌房管局当时具有办理房屋产权登记的职权。2015年3月1日起施行的《不动产登记暂行条例》第二条规定:"本条例所称不动产登记,是指不动产登记机构依法将不动产权利归属和其他法定事项记载于不动产登记簿的行为。本条例所称不动产,是指土地、海域以及房屋、林木等定着物。"第七条第一款规定:"不动产登记由不动产所在地的县级人民政府不动产登记机构办理;直辖市、设区的市人民政府可以确定本级不动产登记机构统一办理所属各区的不动产登记。"该条例施行之后,第三人南昌房管局原行使的房屋登记职权和法律责任转由被告不动产登记局继承,本案被告适格。

本案中,案涉房屋是第三人路港公司的公有住房,第三人路港公司将案涉房屋按房改政策出售给龚某1或其他人等由产权单位审查,不属于人民法院行政诉讼审查范围。第三人南昌房管局对第三人路港公司提交的相关资料进行了审查,按照相关房改政策进行了审核,认为第三人龚某1符合《南昌市房改出售公有住房暂行规定》第三条的规定,具备参加案涉房屋的房改资格,进而为第三人龚某1、曾某发放房产证,审核、登记行为并无不当。原告诉请无事实和法律依据。

 法条链接

《中华人民共和国房屋登记办法》

第四条
房屋登记,由房屋所在地的房屋登记机构办理。
本办法所称房屋登记机构,是指直辖市、市、县人民政府建设(房地产)主管部门或者其设置的负责房屋登记工作的机构。

《不动产登记暂行条例》

第二条
本条例所称不动产登记,是指不动产登记机构依法将不动产权利归属和其他法定事项记载于不动产登记簿的行为。
本条例所称不动产,是指土地、海域以及房屋、林木等定着物。
第七条第一款
不动产登记由不动产所在地的县级人民政府不动产登记机构办理;直辖市、设区的市人民政府可以确定本级不动产登记机构统一办理所属各区的不动产登记。

第七节 行政奖励

行政奖励是指行政主体为了表彰先进、激励后进,充分调动和激发人们的积极性和创造性,依照法定条件和程序,对为国家、人民和社会作出突出贡献或者模范地遵纪守法的行政相对人,给予物质的或精神的奖励的具体行政行为。行政奖励的依据是法律、法规、规章和规范性文件,或者是基于行政机关与行政相对方所达成的协议给予协议对方的奖励性权益。

案例 87

原告江西大美众创某文化有限公司诉南昌市科学技术局行政奖励案

案号:〔2019〕赣 7101 行初 814 号

 案件简介

为加快实施创新驱动发展战略,推进大众创业、万众创新,打造南昌经济发展新引擎,被告南昌市科学技术局(以下简称市科技局)与南昌市财政局于 2016 年 4 月 28 日根据《南昌市人民政府办公厅关于印发〈南昌市小微企业创业创新基地城市示范专项资金管理指导意见〉的通知》(洪府厅发〔2015〕123 号)等文件精神,制定《南昌市"洪城众创"认定和管理办法》(以下简称《管理办法》),确定由被告负责对全市众创空间进行综合管理、服务和业务指导,并组织认定"洪城众创","洪城众创"分为 1.0、2.0、3.0 和 4.0 四个级别。《管理办法》对"洪城众创"认定程序、考核程序、认定补助程序、运行奖励程序作出相应规定,其第十八条对提供虚假材料、骗取财政资金支持的后果作出明确规定。"洪城众创"启动后,原告向被告网上申报"洪城众创 3.0",并提交场地租赁协议、房产证、证明等材料。2016 年 11 月 25 日,被告会同南昌市财政局经组织专家评审、审核及公示等程序,下发《关于公布 2016 年度南昌市"洪城众创"的通知》,确定 2016 年度南昌市"洪城众创"名单,原告被纳入"洪城众创 3.0"名单。2016 年 12 月 13 日,南昌市财政局、南昌市工业和信息化委员会、南昌市商务局及被告依照"就高不就低"和不重复补助的原则,下发《2016 年南昌市创业创新空间平台认定补助明细表》,原告因被纳入 2016 年度南昌市"洪城众创"名单获得 50 万元补助。2019 年 2 月,被告收到实名举报称原告在申报"洪城众创 3.0"项目时材料造假,经调查确认:原告提交的租赁场地的房产证复印件显示其面积为 5834.66 平方米,与南昌市不动产档案信息中心出具的该房屋产权登记信息中显示该场地面积为 2834.66 平方米不符;原告提交的场地租赁协议中作为出租方的南昌市电子商务产业发展促进会没有出租该场地的权限;合作协议是 2014 年江西大美科技股份有限公司租赁徐卫东菜地 6 亩及地面建筑,租赁期为 3 年,该公司与原告的主体资格不符。被告根据以上调查确认情况认定原告申报"洪城众创 3.0"项目时提供了虚假材料,其实际运营场地建筑面积未达到 5000 平方米,根据《管理办法》第五章第十八条规定,于 2019 年 3 月 21 日作出如下处理决定:①原告须于 2019 年 4 月 30 日前将市财政给予"洪城众创 3.0"项目的财政性补助经费 50 万元一次性退回至市科技局账户;②取消原告"洪城众创 3.0"的资格。原告不服该处理决定,诉至法院,请求判决撤销被告于 2019 年 3 月 21 日作出的《关于江西大美众创某文化有限公司违规申报"洪城众创 3.0"项目的处理决定书》。

裁判结果

确认被告市科技局于 2019 年 3 月 21 日作出的《关于江西大美众创某文化有限公司违规申报"洪城众创 3.0"项目的处理决定书》违法。

案件评析

本案争议焦点有以下三点:其一,《管理办法》能否作为被告作出案涉处理决定的适用依据;其二,原告租赁场地是否符合"洪城众创 3.0"的认定条件;其三,被告作出的案涉处理决定是否违法。

关于争议焦点一,2015 年 6 月 11 日,《国务院关于大力推进大众创业万众创新若干政策措施的意见》明确指出要推进大众创业、万众创新,从 30 个方面提出相关政策措施。随后,江西省人民政府出台《江西省人民政府关于大力推进大众创业万众创新若干政策措施的实施意见》,其第四条第(二十八)项明确"积极开展创业型城市创建活动,对政策落实好、创业环境优、工作成效显著的,按规定予以奖励"。为落实上级政策,南昌市人民政府于 2015 年 11 月 22 日发布《南昌市小微企业创业创新基地城市示范专项资金管理指导意见》,决定对包括"众创空间"在内的"小微企业创业创新空间"给予认定补助、运行补助与奖励,还明确"对认定为多个类型的'空间',按'就高'原则,不重复补助","由市级相关主管部门会同财政部门制定管理办法,明确各类补助奖励标准和补助奖励办法"。在此背景下,出台《管理办法》对"洪城众创"的认定、补助事项作出具体、细化规定,是行政主管部门履行行政职能的体现,不违反上位法规定。据此,《管理办法》可以作为人民法院审查被告作出案涉处理决定是否合法的依据,适用本案。

关于争议焦点二,《管理办法》第七条规定:"申请认定'洪城众创3.0',除符合第五条和第六条外,还应当具备下列条件:(一)总建筑面积原则上应在5000平方米以上,属租赁场地的,租期应在5年以上……"本案中,原告提交场地租赁协议、房产证复印件用以证明原告租赁的建筑面积达5834.66平方米,但该房产证复印件载明的建筑面积系原告将2834.66平方米进行窜改而来的,不符合客观事实。因此,原告不符合认定"洪城众创3.0"的条件。

关于争议焦点三,行政奖励是行政主体依照条件和程序,对为国家和社会作出重大贡献的单位和个人,给予物质或精神鼓励的行政行为。行政奖励具有法定性、单方性、授益性、无强制力特点,本案原告因被纳入2016年度南昌市"洪城众创"名单获得50万元补助,属于行政奖励的范畴。比例原则要求行政主体实施行政行为应兼顾行政目标的实现和保护相对人的权益。据此,涉及授益性行政行为(如行政奖励),行政机关应当在公共利益与私人利益之间进行比例权衡,作出合理、适当的行政行为。具体到本案,《管理办法》第十八条"对于提供虚假材料、骗取财政资金支持,及未按规定使用财政资金的,市有关部门有权取消其相关资格、收回财政资金"的规定,体现了公共利益与私人利益之间的保护平衡。原告提供窜改的房产证向被告申报"洪城众创3.0"并获得行政奖励即50万元补助,既违背了诚实信用原则,也影响到国家财政用于推进大众创业、万众创新的公益目的,占用行政奖励资金还影响到符合条件的企业享受政策待遇,故被告依据《管理办法》第十八条取消原告"洪城众创3.0"资格、追回行政奖励资金,并无不当。但是,《全面推进依法行政实施纲要》提出六项基本要求之一即程序正当,它要求行政主体作出行政行为时,应当听取相对人意见,甚至组织听证。本案被告未告知原告陈述、申辩权,亦未制作询问笔录或听证笔录,未履行程序性义务;考虑到原告自认窜改事实,被告作出案涉处理决定属于程序轻微违法,但对原告的权利不产生实际影响,故应当依法确认该处理决定违法。

 法条链接

《中华人民共和国行政诉讼法》

第七十四条

行政行为有下列情形之一的,人民法院判决确认违法,但不撤销行政行为:

(一)行政行为依法应当撤销,但撤销会给国家利益、社会公共利益造成重大损害的;

(二)行政行为程序轻微违法,但对原告权利不产生实际影响的。

行政行为有下列情形之一,不需要撤销或者判决履行的,人民法院判决确认违法:

（一）行政行为违法，但不具有可撤销内容的；
（二）被告改变原违法行政行为，原告仍要求确认原行政行为违法的；
（三）被告不履行或者拖延履行法定职责，判决履行没有意义的。

第八节　行政给付

行政给付是指行政主体依照有关法律、法规，向符合条件的申请人提供物质利益或者赋予其与物质利益有关的权益的具体行政行为。行政给付体现了国家对于社会特殊群体、弱势群体的关心和帮助。行政给付的对象是具有特定情形的行政相对人；行政给付是行政机关通过行政给付行为赋予给付对象一定的物质上的权益或与物质相关的权益，物质上的权益表现为给付相对人一定数量的金钱或实物；与物质有关的权益主要表现为让相对人免费入学受教育、享受公费医疗待遇等。行政给付的形式散见于法律、法规、规章、政策之中，主要有以下四种：抚恤金、特定人员离退休金、社会救济福利金、自然灾害救济金及救济物资。行政给付也须按照一定的条件和程序进行。

案例 88

原告吴某诉被告安义县医疗保险事业管理局不履行医保行政给付法定职责案

案号：〔2018〕赣 7101 行初 619 号

 案件简介

> 原告吴某系安义县龙津镇前进村的乡村医生，原告将其所持 2014 至 2015 年度门诊费发票交付被告，请求报销新型农村合作医疗（以下简称新农合）门诊补偿款（乡村医保报销金额）11000 元。鉴于基金存在资金缺口，被告安义县医疗保险事业管理局（以下简称安义县医保局）承认拖欠上述费用的事实，但表示因财政困难而无法支付上述款项。原告认为被告至今分文未付违法，故诉至法院，请求：①责令被告向原告支付新农合门诊补偿款（乡村医保报销金额）11000 元；②责令被告支付自 2016 年 12 月 1 日起至付清之日按银行贷款月利率计算利息。

裁判结果

被告安义县医保局于本判决生效之日起三十日内向原告吴某支付11000元及利息（利息计算方法：2016年12月1日至付清之日，以11000元为基数，按照中国人民银行一年期存款基准利率计算）。

 案件评析

被告安义县医保局对原告吴某申请报销新农合门诊补偿款（乡村医保报销金额）11000元的事实及未支付上述款项的事实没有异议，原告主张要求被告履行支付报销款项（行政给付）职责的理由成立。虽然被告表示存在资金缺口，因财政困难而无法支付上述款项，但该理由不能发生无须履行支付职责的法律后果，被告应当履行支付上述款项的法定职责。至于原告主张的逾期利息损失，根据《中华人民共和国国家赔偿法》第三十六条第（八）项"对财产权造成其他损害的，按照直接损失给予赔偿"的规定，本案应当以赔偿直接损失为原则。若拖延履行给付金钱不计付利息，则会使权利人的直接损失无法得到全部赔偿，甚至可能促使责任主体拖延履行给付职责。因此，未及时支付报销款项所产生的利息亦属于直接损失的范围。原告主张从2016年12月1日至付清之日计付利息，法院应予以支持。依据《中华人民共和国行政诉讼法》第七十二条"人民法院经过审理，查明被告不履行法定职责的，判决被告在一定期限内履行"的规定，法院作出上述判决。

 法条链接

《中华人民共和国国家赔偿法》

第三十六条
侵犯公民、法人和其他组织的财产权造成损害的，按照下列规定处理：
（一）处罚款、罚金、追缴、没收财产或者违法征收、征用财产的，返还财产；
（二）查封、扣押、冻结财产的，解除对财产的查封、扣押、冻结，造成财产损坏或者灭失的，依照本条第三项、第四项的规定赔偿；
（三）应当返还的财产损坏的，能够恢复原状的恢复原状，不能恢复原状的，按照损害程度给付相应的赔偿金；
（四）应当返还的财产灭失的，给付相应的赔偿金；
（五）财产已经拍卖或者变卖的，给付拍卖或者变卖所得的价款；变卖的价款明显低于财产价值的，应当支付相应的赔偿金；
（六）吊销许可证和执照、责令停产停业的，赔偿停产停业期间必要的经常性费用

开支;

(七)返还执行的罚款或者罚金、追缴或者没收的金钱,解除冻结的存款或者汇款的,应当支付银行同期存款利息;

(八)对财产权造成其他损害的,按照直接损失给予赔偿。

《中华人民共和国行政诉讼法》

第七十二条
人民法院经过审理,查明被告不履行法定职责的,判决被告在一定期限内履行。

第九节 行政允诺

行政允诺是指行政主体为实现特定的行政管理目的,向行政相对人公开作出的当行政相对人作出一定的行为时即给予其利益回报的意思表示行为。行政允诺与行政合同是有区别的。行政允诺是行政主体的单方行为,行政合同是行政主体与相对人经过协商后的双方行为。由于行政允诺与行政合同有鲜明区别,2004年《最高人民法院关于规范行政案件案由的通知》将其与行政合同并列为行政行为的一种。

案例 89

原告王某与毕节金海湖新区竹园彝族苗族乡人民政府行政允诺案

案号:〔2019〕黔 0522 行初 162 号

 案件简介

2017年7月18日,被告毕节金海湖新区竹园彝族苗族乡人民政府(以下简称竹园乡政府)因修建竹园乡沙坝村村民委员会需征收原告王某等9户土地。同日,被告对所征土地进行勘测并制作毕节金海湖新区沙坝社区办公楼项目建设征地土地勘测登记表,其中原告王某户被征耕地562.84平方米。2018年1月16日,被告竹园乡政府按照《毕节地区行政公署关于毕节地区统一年产值标准和征地区片综合地价的公告》的补偿标准对所征土地计算补偿款,并制作了竹园乡沙坝村村级活动阵地建设征地补偿清册,被征地农户已全部签字领取了土地补偿款,其中原告王某已领取被征土地补偿款、青苗补偿款、林木补偿款等共计 29281.96 元。2018 年 1 月 30 日,毕节市人民政府作出毕府发〔2018〕4 号《毕节市人民政府关于公布实施毕节市征地统一年产值和区片综合地价更新标准的通知》,将《毕节市征地统一年产值更新标准》《毕节市征地区片综合地价更新标准》予以公布,并于 2018 年 2 月 1 日起实施,其中毕节金海湖新区竹园彝族苗族乡片区土地征收补偿标准为每亩 46000 元。2018 年 3 月 7 日,被告竹园乡政府组织施工单位施工时,原告王某等人以被征土地应按每亩 46000 元的标准进行补偿为由阻止施工。同日,被告竹园乡政府向原告王某等 9 户作出书面承诺,其内容为:"沙坝社区吴某 1、王某、王某 1、王某 2、吴某 2、吴某 3、龙某、吴某 4、张某等九户农户:你们反映所征收用于沙坝社区修建村级活动阵地的土地补偿款要求按 46000 元每亩进行补助,现在上级没有明确的文件精神规定,政府向你们承诺,所征收土地待上级文件精神下来后,政府将按照文件精神执行。"2018 年 3 月 26 日,毕节金海湖新区管委会办公室作出毕金管办通〔2018〕13 号《毕节金海湖新区管理委员会办公室关于进一步加强土地征收工作的通知》。原告王某认为根据该通知及被告的书面承诺书,被告应补原告王某土地征拨款 11822.64 元,原告王某于 2019 年 5 月 16 日向被告提交申请,要求被告给付其 11822.64 元土地征拨补偿款。2019 年 6 月 3 日,被告竹园乡政府作出书面回复,不同意给付原告要求给付 11822.64 元征地补偿款的请求。2019 年 7 月 15 日,原告王某向法院提起行政诉讼,请求:①判决撤销被告于 2019 年 6 月 3 日作出的关于对原告的土地征收行政给付的答复;②判决被告补偿原告征地补偿款 38835.96 元。

裁判结果

驳回原告王某的诉讼请求。

案件评析

被告竹园乡政府对原告作出承诺"所征收土地待上级文件精神下来后,政府将按照文件精神执行"。2018 年 3 月 26 日,毕节金海湖新区管委会办公室作出毕金管办通〔2018〕13 号《毕节金海湖新区管理委员会办公室关于进一步加强土地征收工作的通知》,该通知第四条第一款第(2)项规定:"2018 年 2 月 1 日前已完成征地的,统一按《毕节地区行政公署关于毕节地区统一年产值标准和征地区片综合地价的公告》执行。"第(3)项规定:"2018 年 2 月 1 日前已批准并启动征地但还未完成的项目,按《毕节地区行政公署关于毕节地区统一年产值标准和征地区片综合地价的公告》标准执行;但是,同一项目已经启动征地,均未签订补偿协议获得补偿的除外。"本案中,被告征用原告等人的土地修建村级活动场,被告已于 2018 年 1 月 16 日将征地补偿款支付给了包括原告在内的全部被征地农户,故被告于 2018 年 2 月 1 日前已完成征地,补偿标准只能按《毕节地区行政公署关于毕节地区统一年产值标准和征地区片综合地价的公告》标准执行,原告要求按每亩 46000 元补足征地补偿款的要求不符合该文件规定的例外情况,故被告作出的《关于对王某申请土地征收行政给付的答复》符合毕金管办通〔2018〕13 号《毕节金海湖新区管理委员会办公室关于进一步加强土地征收工作的通知》的规定,原告王某要求撤销被告作出的《关于对王某申请土地征收行政给付的答复》及要求补偿原告征地补偿款 38835.96 元的诉讼请求不符合法律规定,依法应不予支持。据此,法院判决驳回原告王某的诉讼请求。

 法条链接

《中华人民共和国行政诉讼法》

第六十九条

行政行为证据确凿,适用法律、法规正确,符合法定程序的,或者原告申请被告履行法定职责或者给付义务理由不成立的,人民法院判决驳回原告的诉讼请求。

第十节 行政收费

行政收费是指国家行政机关或者依法履行行政职能的其他组织,为满足特别的行政支出,向与特别支出存在特定关系的行政相对人收取货币的行为,如工商管理费、过路过桥费等。如行政相对人不缴纳,行政机关可以依法向人民法院申请强制执行。

案例 90

申请人泰州市城市管理局与被申请人上海某装潢有限公司泰州分公司行政非诉审查案

案号:〔2020〕苏 1202 行审 30 号

案件简介

泰州市城市管理局于2019年10月10日依据《江苏省城市市容和环境卫生管理条例》第三十三条,《关于印发泰州市区城镇垃圾处理费征收办法的通知》(泰政规〔2009〕11号)第四条、第五条之规定,作出泰城管收决字〔2019〕8号行政收费决定书,认定自2016年1月1日起,被申请人上海某装潢有限公司泰州分公司未缴纳城镇垃圾处理费,遂作出行政决定如下:限上海某装潢有限公司泰州分公司在收到决定书之日起十五日内缴纳2016年1月至2019年12月城镇垃圾处理费合计人民币1440元,将罚款缴至泰州市财政局账户。逾期,每日按罚款数额的3‰加处滞纳金。该行政收费决定书于2019年10月16日向被申请人送达。申请人泰州市城市管理局于2020年4月20日作出了催告通知书,要求缴纳城镇垃圾处理费以及产生的滞纳金,并于2020年4月28日依法向被申请人送达。因被申请人在法定期限内不提起行政复议及行政诉讼,又不履行行政收费决定,故申请人于2020年6月1日依据《江苏省城市市容和环境卫生管理条例》第五十三条的规定向法院申请强制执行。

法院受理后依法组成合议庭,进行了书面审查,现已审查终结。

裁判结果

一、申请人泰州市城市管理局于2019年10月10日作出的泰城管收决字〔2019〕8号行政收费决定书中缴纳城镇垃圾处理费1440元及滞纳金部分内容,法院准予强制执行。二、强制执行的费用由被申请人上海某装潢有限公司泰州分公司负担。

案件评析

泰州市城市管理局作出的泰城管收决字〔2019〕8号行政收费决定书,符合《最高人民法院关于适用〈中华人民共和国行政诉讼法〉的解释》第一百五十五条的规定,认定事实清楚,程序合法,适用法律正确,确认的缴罚数额并无不当,符合人民法院强制执行的法定条件。依照《最高人民法院关于适用〈中华人民共和国行政诉讼法〉的解释》第一百零一条第一款第(十四)项规定,人民法院作出上述裁定。

法条链接

《最高人民法院关于适用〈中华人民共和国行政诉讼法〉的解释》

第一百零一条
裁定适用于下列范围：
(一)不予立案；
(二)驳回起诉；
(三)管辖异议；
(四)终结诉讼；
(五)中止诉讼；
(六)移送或者指定管辖；
(七)诉讼期间停止行政行为的执行或者驳回停止执行的申请；
(八)财产保全；
(九)先予执行；
(十)准许或者不准许撤诉；
(十一)补正裁判文书中的笔误；
(十二)中止或者终结执行；
(十三)提审、指令再审或者发回重审；
(十四)准许或者不准许执行行政机关的行政行为；
(十五)其他需要裁定的事项。
对第一、二、三项裁定，当事人可以上诉。
裁定书应当写明裁定结果和作出该裁定的理由。裁定书由审判人员、书记员署名，加盖人民法院印章。口头裁定的，记入笔录。

第一百五十五条
行政机关根据行政诉讼法第九十七条的规定申请执行其行政行为，应当具备以下条件：
(一)行政行为依法可以由人民法院执行；
(二)行政行为已经生效并具有可执行内容；
(三)申请人是作出该行政行为的行政机关或者法律、法规、规章授权的组织；
(四)被申请人是该行政行为所确定的义务人；
(五)被申请人在行政行为确定的期限内或者行政机关催告期限内未履行义务；
(六)申请人在法定期限内提出申请；
(七)被申请执行的行政案件属于受理执行申请的人民法院管辖。
行政机关申请人民法院执行，应当提交行政强制法第五十五条规定的相关材料。
人民法院对符合条件的申请，应当在五日内立案受理，并通知申请人；对不符合条件的申请,应当裁定不予受理。行政机关对不予受理裁定有异议,在十五日内向上一级人民法院申请复议的,上一级人民法院应当在收到复议申请之日起十五日内作出裁定。

 习题及答案

第十讲

国家赔偿篇

　　国家赔偿,又称国家侵权损害赔偿,是指国家机关及其工作人员因行使职权给公民、法人及其他组织的人身权或财产权造成损害,依法应给予的赔偿。国家赔偿由侵权的国家机关履行赔偿义务。国家赔偿包括行政赔偿和刑事赔偿。

第一节 行政机关违法实施罚款，受害人有取得国家赔偿的权利

罚款属于行政处罚，行政处罚应当遵循法定原则，即处罚主体合法、处罚依据合法、处罚内容合法、处罚程序合法，如行政机关作出处罚决定违反法定原则要求，给公民、法人或者其他组织财产权造成损害的，受害人有取得赔偿的权利。

案例 91

原告张某诉被告农安县公安局行政赔偿案

案号：〔2017〕吉 0122 行赔初 1 号

 案件简介

> 原告张某 2017 年 4 月 7 日在长春市农安县哈拉海街道实施违法停车行为，被告于 2017 年 4 月 19 日对张某作出第 2201221303230460 号公安交通管理简易程序处罚决定书，决定对张某处以 200 元罚款。张某于 2017 年 4 月 24 日缴纳了 200 元罚款后不服该处罚，决定向法院提起行政诉讼。法院于 2017 年 6 月 14 日作出〔2017〕吉 0122 行初 13 号行政判决，判决确认该处罚决定无效。2017 年 6 月 22 日，被告又对张某的这一违法行为作出第 2201221303405456 号公安交通管理简易程序处罚决定书，决定对张某处以 200 元罚款。张某于 2017 年 6 月 28 日缴纳了罚款后不服该处罚决定，又提起行政诉讼。法院于 2017 年 8 月 14 日作出〔2017〕吉 0122 行初 22 号行政判决，判决撤销了该处罚决定。判决生效后，张某 2017 年 9 月 22 日以农安县公安局交通管理大队为被告向法院提起行政赔偿诉讼，法院作出〔2017〕吉 0122 行初 30 号行政赔偿裁定，裁定驳回了原告的起诉。2017 年 11 月 28 日，农安县公安局交通管理大队返还了张某罚款 400 元，诉讼费 140 元，多给予 50 元。原告张某于 2018 年 2 月 11 日向农安县公安局提出行政赔偿申请，农安县公安局 2018 年 4 月 9 日作出农公行赔字〔2018〕02 号行政赔偿决定，决定：因农安县公安局对张某作出的两次行政处罚决定已分别被法院确认无效和撤销，按照《中华人民共和国国家赔偿法》第四条第一项的规定应予赔偿，但申请人提出赔偿申请时因行政处罚所受到的直接损失已经得到赔偿，本机关决定不再赔偿，申请人提出的其他赔偿请求没有法律依据，决定不予赔偿。张某于 2018 年 5 月 2 日向法院提起行政赔偿诉讼，起诉要求被告赔偿原告误工费、交通费、餐饮费合计 21110.91 元。

裁判结果

驳回原告张某的行政赔偿请求。

 案件评析

本案为行政机关对原告违法实施罚款的行政处罚,原告要求行政赔偿的案件。所谓行政赔偿是指行政机关及其工作人员在行使职权的活动中给公民、法人或其他组织合法权益造成损害的,由国家对此承担责任并予以赔偿。侵犯财产权的行政赔偿范围包括:违法实施罚款、吊销许可证和执照、责令停产停业、没收财物等行政处罚的;违法对财产采取查封、扣押、冻结等行政强制措施的;违反国家规定征收财物、摊派费用的;造成财产损害的其他违法行为。根据《中华人民共和国国家赔偿法》第三十六条第(一)项、第(七)项规定,侵犯公民、法人和其他按组织的财产权造成损害的,处罚款、罚金、追缴、没收财产或者违法征收、征用财产的,返还财产;返还执行的罚款或者罚金、追缴或者没收的金钱,解除冻结的存款或者汇款的,应当支付银行同期存款利息。被告在原告提起行政赔偿诉讼前已经返还了原告 400 元罚款并足额支付了同期银行存款利息,原告现又起诉要求被告赔偿其误工费、交通费、餐饮费合计 21110.91 元的赔偿请求不应予以支持。故法院判决驳回原告张某的行政赔偿请求。

 法条链接

《中华人民共和国国家赔偿法》

第二条

国家机关和国家机关工作人员行使职权,有本法规定的侵犯公民、法人和其他组织合法权益的情形,造成损害的,受害人有依照本法取得国家赔偿的权利。

本法规定的赔偿义务机关,应当依照本法及时履行赔偿义务。

第四条

行政机关及其工作人员在行使行政职权时有下列侵犯财产权情形之一的,受害人有取得赔偿的权利:

(一)违法实施罚款、吊销许可证和执照、责令停产停业、没收财物等行政处罚的;

(二)违法对财产采取查封、扣押、冻结等行政强制措施的;

(三)违法征收、征用财产的;

(四)造成财产损害的其他违法行为。

第三十六条

侵犯公民、法人和其他组织的财产权造成损害的,按照下列规定处理:

(一)处罚款、罚金、追缴、没收财产或者违法征收、征用财产的,返还财产;

(二)查封、扣押、冻结财产的,解除对财产的查封、扣押、冻结,造成财产损坏或者灭失的,依照本条第三项、第四项的规定赔偿;

(三)应当返还的财产损坏的,能够恢复原状的恢复原状,不能恢复原状的,按照损害程度给付相应的赔偿金;

(四)应当返还的财产灭失的,给付相应的赔偿金;

(五)财产已经拍卖或者变卖的,给付拍卖或者变卖所得的价款;变卖的价款明显低于财产价值的,应当支付相应的赔偿金;

(六)吊销许可证和执照、责令停产停业的,赔偿停产停业期间必要的经常性费用开支;

(七)返还执行的罚款或者罚金、追缴或者没收的金钱,解除冻结的存款或者汇款的,应当支付银行同期存款利息;

(八)对财产权造成其他损害的,按照直接损失给予赔偿。

第二节 行政机关违法拘留,受害人有取得赔偿的权利

行政拘留,又称治安拘留,是公安机关依法对违反行政法律规范的人,在短期内限制其人身自由的一种行政处罚。它区别于刑事拘留和司法拘留。构成违法拘留的表现形式主要是:案件事实不清、主要证据不足;违反法定的主体或者情节;违反法定程序。

案例 92

原告黄某诉被告依兰县公安局行政处罚案

案号:〔2014〕依行初字第 13 号

 案件简介

2014 年 5 月 13 日 17 时许,原告黄某在依兰县巴黎广场抱朋友的孩子玩,因本案第三人程某逗孩子,双方发生争执,原告黄某将第三人程某的烤箱掀翻,炉内燃烧的木炭溅到了装肉串的泡沫箱上。第三人程某及其亲属李某 1、李某 2 等人殴打黄某,后被在场的人拉开。被告依兰县公安局于 2014 年 5 月 14 日作出了依(治安)行罚决字〔2014〕219 号行政处罚决定,认定原告黄某损毁公私财物,给予原告黄某行政拘留五日并处罚款 500 元。原告不服该决定,提起本案诉讼,请求判决被告撤销该处罚决定,并赔偿经济损失 1000 元。

裁判结果

一、撤销被告依兰县公安局于2014年5月14日作出的依(治安)行罚决字〔2014〕219号行政处罚决定。二、被告依兰县公安局支付原告黄某赔偿金1000元,于本判决生效之日起十日内一次性给付原告黄某。

 案件评析

故意损毁公私财物的行为,是指行为人出于泄私愤、报复等动机,故意损坏公私财物的完整性,故意使公私财物丧失部分乃至全部价值或者使用价值,尚不够刑事处罚的行为。故意损毁公私财物应具备以下条件:其一,行为人主观上存在损毁公私财物的故意;其二,行为人在客观方面实施了毁灭或损坏公私财物的行为;其三,行为人的行为致公私财物部分或全部丧失价值或使用价值。本案中,原告在与第三人发生争执时,将第三人的烤箱掀翻并致第三人的食品泡沫包装箱损坏,但被告未提供证据证明第三人财物价值和使用价值的损失情况,因此,被告作出的行政行为认定事实不清,主要证据不足,依法应予撤销。对原告请求撤销被告作出的行政处罚决定的诉讼请求,应予支持;依据《中华人民共和国国家赔偿法》第三条第(一)项的规定,行政机关违法拘留或者违法采取限制公民人身自由的行政强制措施的,受害人有取得赔偿的权利。被告对原告违法采取拘留措施,应对原告予以赔偿。《中华人民共和国国家赔偿法》第三十三条规定:"侵犯公民人身自由的,每日赔偿金按照国家上年度职工日平均工资计算。"根据国家统计局公布的统计数据,2014年职工日平均工资为200.69元。据此,被告应给付原告被违法拘留5天的赔偿金1003.45元。原告请求赔偿1000元,应当予以支持。综上,法院作出上述判决。

 法条链接

《中华人民共和国国家赔偿法》

第三条

行政机关及其工作人员在行使行政职权时有下列侵犯人身权情形之一的,受害人有取得赔偿的权利:

(一)违法拘留或者违法采取限制公民人身自由的行政强制措施的;

(二)非法拘禁或者以其他方法非法剥夺公民人身自由的;

(三)以殴打、虐待等行为或者唆使、放纵他人以殴打、虐待等行为造成公民身体伤害或者死亡的;

(四)违法使用武器、警械造成公民身体伤害或者死亡的;

(五)造成公民身体伤害或者死亡的其他违法行为。

第三十三条

侵犯公民人身自由的,每日赔偿金按照国家上年度职工日平均工资计算。

第三节 受害人请求国家赔偿的时效

国家机关和国家机关工作人员行使职权,侵犯公民、法人和其他组织合法权益的情形,造成损害的,受害人有取得国家赔偿的权利。受害人请求国家赔偿的时效为两年,自其知道或者应当知道国家机关及其工作人员行使职权时的行为侵犯其人身权、财产权之日起计算,但被羁押等限制人身自由期间不计算在内。在申请行政复议或者提起行政诉讼时一并提出赔偿请求的,适用《中华人民共和国行政复议法》《中华人民共和国行政诉讼法》有关时效的规定。受害人请求在赔偿请求时效的最后六个月内,因不可抗力或者其他障碍不能行使请求权的,时效中止,从中止时效的原因消除之日起继续计算。

案例 93

原告通州区某小区业主委员会诉被告南通市国土资源局行政赔偿案

案号:〔2017〕苏 0611 行初 278 号

 案件简介

2001 年 1 月 18 日,原通州市人民政府根据安康公司的申请核发了通州房权证金沙字第(01)10022 号产权证,将坐落于南通市通州区金沙镇人民东路某小区内的 771.08 平方米的门楼登记在安康公司名下。后安康公司将门楼中的 607.5 平方米部分产权转让给他人,原通州市人民政府于 2005 年 5 月 12 日将剩余的 163.58 平方米门楼登记在安康公司名下,并颁发了通州房权证金沙字第××号房产证。原告通州区某小区业主委员会(以下简称某小区业委会)认为原通州市人民政府颁发通州房权证金沙字第(01)10022 号产权证的行为违法,向人民法院提起行政诉讼。2007 年 11 月 6 日,原通州市人民法院作出〔2007〕通行初字第 0040 号行政判决书,驳回原告某小区业委会的诉讼请求。原告某小区业委会不服,向南通市中级人民法院提出上诉。2008 年 7 月 10 日,南通市中级人民法院作出〔2008〕通中行终字第0044号行政判决书,确认原通州市人民政府颁发通州房权证金沙字第(01)10022号产权证的行为违法。

原告某小区业委会于2016年8月10日向南通市通州区人民政府、南通市住房保障和房产管理局提起行政赔偿,南通市通州区人民政府于2016年9月29日作出不予赔偿决定,原告某小区业委会不服,以南通市通州区人民政府、南通市住房保障和房产管理局为被告,于2016年10月24日向南通市中级人民法院提起行政赔偿诉讼。经该院释明,《不动产登记暂行条例》施行之后,因不动产登记所引发的纠纷,应当以被告南通市国土资源局(以下简称南通国土局)为被告。原告某小区业委会于2017年3月6日向法院书面申请撤回起诉。

2017年3月10日,原告某小区业委会向被告南通国土局提交行政赔偿申请书,要求被告南通国土局赔偿原通州市人民政府的违法颁证行为给原告某小区业委会造成的财产损失1215万元。同年5月4日,被告南通国土局作出不予赔偿决定书,认为原告某小区业委会的赔偿申请超过了请求国家赔偿的时效,决定不予赔偿。被告南通国土局于5月7日将不予赔偿决定书向原告某小区业委会送达。

原告某小区业委会于2017年5月10日向法院提起行政诉讼,请求判决被告南通国土局赔偿其财产损失人民币1215万元。8月17日,因原告某小区业委会起诉时诉讼代表人不存在,也未由副主任或推选新的负责人来法院代表诉讼,不符合法律规定,法院依法裁定驳回原告某小区业委会的起诉。9月12日,原告某小区业委会推选谢某为业主委员会主任。9月13日,原告某小区业委会向法院提起本案诉讼,请求判决南通市国土资源局赔偿其财产损失人民币1215万元。

裁判结果

驳回原告某小区业委会的诉讼请求。

案件评析

本案的争议焦点有以下两点:其一,原告某小区业委会起诉是否超过起诉期限;其二,原告某小区业委会提起的行政赔偿申请是否超过了请求国家赔偿的时效。

首先,关于原告某小区业委会起诉是否超过起诉期限的问题,《最高人民法院关于审理行政赔偿案件若干问题的规定》第二十一条第(七)项规定,赔偿请求人单独提起行政赔偿诉讼,应当符合法律规定的起诉期限。《中华人民共和国国家赔偿法》第十四条第二款规定:"赔偿请求人对赔偿的方式、项目、数额有异议的,或者赔偿义务机关作出不予赔偿决定的,赔偿请求人可以自赔偿义务机关作出赔偿或者不予赔偿决定之日起三个月内,向人民法院提起诉讼。"《最高人民法院关于执行〈中华人民共和国行政诉讼法〉若干问题的解释》第四十三条规定,由于不属于起诉人自身的原因超过起诉期限的,被耽误的时间不计算在起诉期间内。本案被告南通国土局 2017 年 5 月 4 日作出不予赔偿决定书并于 5 月 7 日送达。原告某小区业委会于 2017 年 5 月 10 日向法院提起行政诉讼,因原告某小区业委会起诉时诉讼代表人不符合法律规定,8 月 17 日被法院依法裁定驳回起诉。9 月 13 日,原告某小区业委会再次向法院提起诉讼,不属于起诉人自身的原因超过起诉期限。

其次,关于原告某小区业委会提起的行政赔偿申请是否超过了请求国家赔偿的时效的问题,《中华人民共和国国家赔偿法》第三十九条第一款规定,赔偿请求人请求国家赔偿的时效为两年,自其知道或者应当知道国家机关及其工作人员行使职权时的行为侵犯其人身权、财产权之日起计算。根据上述规定,赔偿请求人首先应当在知道或者应当知道国家机关及其工作人员行使职权时的行为侵犯其人身权、财产权之日起两年内,向赔偿义务机关请求国家赔偿,如赔偿义务机关作出了不予赔偿决定,方可提起国家赔偿诉讼,否则《中华人民共和国国家赔偿法》第三十九条第一款规定的赔偿请求时效将失去意义。本案中,南通市中级人民法院已经于 2008 年 7 月 10 日通过〔2008〕通中行终字第 0044 号行政判决书确认原通州市人民政府颁发通州房权证金沙字第(01)10022 号产权证的行为违法,此时原告某小区业委会应当知道其权利被侵害,申请行政赔偿的时效就从此开始计算期间,而原告某小区业委会迟至 2016 年 8 月 10 日向南通市通州区人民政府、南通市住房保障和房产管理局提起行政赔偿,2017 年 3 月 10 日才向被告南通国土局提出行政赔偿请求,均已经超过了《中华人民共和国国家赔偿法》第三十九条第一款规定的请求国家赔偿的两年时效。故法院判决驳回原告的诉讼请求。

 法条链接

《中华人民共和国国家赔偿法》

第三十九条
赔偿请求人请求国家赔偿的时效为两年,自其知道或者应当知道国家机关及其工作人员行使职权时的行为侵犯其人身权、财产权之日起计算,但被羁押等限制人身自由期间不计算在内。在申请行政复议或者提起行政诉讼时一并提出赔偿请求的,适用行政复议法、行政诉讼法有关时效的规定。

赔偿请求人在赔偿请求时效的最后六个月内,因不可抗力或者其他障碍不能行使请求权的,时效中止。从中止时效的原因消除之日起,赔偿请求时效期间继续计算。

第四节 直接损失赔偿

根据行政法的基本原理,行政机关基于合法行政行为造成他人损失产生的是补偿责任,反之,因违法实施行政行为造成他人损害产生的是赔偿责任。行政赔偿是国家赔偿的一种形式。《中华人民共和国国家赔偿法》第三十六条第(八)项规定,侵犯公民、法人和其他组织的财产权造成其他损害的,按照直接损失给予赔偿。前述"直接损失"的范围,除包括被拆建筑物重置成本损失外,还应当包括赔偿申请人应享有的农房拆迁安置补偿权益以及对动产造成的直接损失等。

案例 94

原告程某诉被告北京市顺义区某镇人民政府行政赔偿案

案号:〔2020〕京 0113 行赔初 112 号

 案件简介

2015 年 5 月 5 日,程某与日晟昌公司签订温室大棚种植承包合同,约定程某租赁日晟昌公司设施农业大棚 A662 号棚,其中日光温室占地面积为 300 平方米,温室外土地面积为 330 平方米,总占地面积为 630 平方米。租赁期限自合同生效日至 2030 年 5 月 1 日,合同到期续承租 12 年,合同截止日期为 2042 年 4 月 30 日。程某交付日晟昌公司大棚总租赁费 16.8 万元。后日晟昌公司向程某交付了大棚土地及附属设施。

2017 年 11 月 9 日,被告北京市顺义区某镇人民政府(以下简称某镇政府)将日晟昌公司在顺义区某镇某村承租土地内建设的 446 个温室大棚、水电线路及 190 平方米办公用房强制拆除。2018 年 11 月 8 日,法院作出〔2018〕京 0113 行初 221 号行政判决书,判决确认某镇政府于 2017 年 11 月 9 日强制拆除日晟昌公司在顺义区某镇某村承租土地内建设的 446 个温室大棚、水电线路及 190 平方米办公用房的行为违法。针对该判决,日晟昌公司、某镇政府双方在法定起诉期限内均未提出上诉,该判决已经发生法律效力。

因不服某镇政府的强制拆除行为,程某向法院提起行政诉讼,请求判决确认某镇政府于 2017 年 11 月 9 日强制拆除程某承租的 A662 号大棚的行为违法。法院于2019年1月2日立案受理,案号为〔2019〕京0113行初45号。在该案诉讼中,日晟昌公司明确表示程某承租的涉诉大棚位于某镇某村日晟昌公司承租地块内,在2017年11月9日被某镇政府强制拆除。2019年3月27日,法院作出〔2019〕京0113行初45号行政裁定书,认为日晟昌公司位于某镇某村地块内建设的大棚已被某镇政府拆除,该拆除行为已经法院生效判决确认违法,而本案涉诉大棚位于日晟昌公司承租的某镇某村地块内且被一并拆除,因此,程某的诉讼请求已被生效裁判所羁束,故裁定驳回程某的起诉。

2019年4月22日,程某委托张某向某镇政府邮寄国家赔偿申请书,要求某镇政府对其损失予以赔偿,某镇政府称未收到上述赔偿申请书,程某称上述赔偿申请书被拒收退回。程某对此不服,遂直接向法院提起本案之诉,请求判令某镇政府因强拆大棚给程某造成的租赁裸棚的租赁费用12万元、违约金5万元、棚内20年虚拟的青苗损失费(每年1万至5万元)、大棚整修费3.8万元。

裁判结果

一、被告某镇政府于本判决生效之日起十日内赔偿原告程某因强制拆除行为造成的合法财产损失共计一千元。二、驳回原告程某的其他赔偿请求。

案件评析

关于程某主张的各项损失是否应当予以支持,要分为以下两点进行讨论。

第一,关于程某主张的大棚租赁费用、违约金、虚拟的青苗损失费是否应当支持?

《中华人民共和国国家赔偿法》第三十六条规定:"侵犯公民、法人和其他组织的财产权造成损害的,按照下列规定处理:……(八)对财产权造成其他损害的,按照直接损失给予赔偿。"据此,国家赔偿中财产损失的赔偿范围应仅限于直接损失。本案中,程某要求某镇政府赔偿的大棚租赁费用、违约金、虚拟的青苗损失费并非某镇政府强制拆除涉诉大棚直接导致,即上述损失不属于因强制拆除行为造成的直接损失,故程某要求某镇政府赔偿上述损失缺乏事实及法律依据,法院不予支持。

第二,关于程某主张的其他损失是否应当支持?

《中华人民共和国国家赔偿法》第十五条第一款规定:"人民法院审理行政赔偿案件,赔偿请求人和赔偿义务机关对自己提出的主张,应当提供证据。"根据上述规定,赔偿请求人取得国家赔偿,应以其合法权益受到国家机关和国家机关工作人员违法行使职权行为的侵害为前提条件,且赔偿请求人应对其主张承担举证责任。

程某的合法财产应受法律保护。本案中,因现有证据不能证明某镇政府实施强制拆除时已将涉诉地块内程某的合法财产腾空并妥善处置,故某镇政府应当对程某主张的合法财产损失予以赔偿。鉴于程某主张的合法财产已经灭失,双方提交的证据均不能证明该部分损失的具体数额,最终法院酌情确定合法财产的赔偿数额为1000元。

 法条链接

《中华人民共和国国家赔偿法》

第十五条

人民法院审理行政赔偿案件,赔偿请求人和赔偿义务机关对自己提出的主张,应当提供证据。

赔偿义务机关采取行政拘留或者限制人身自由的强制措施期间,被限制人身自由的人死亡或者丧失行为能力的,赔偿义务机关的行为与被限制人身自由的人的死亡或者丧失行为能力是否存在因果关系,赔偿义务机关应当提供证据。

第三十六条

侵犯公民、法人和其他组织的财产权造成损害的,按照下列规定处理:
……
(八)对财产权造成其他损害的,按照直接损失给予赔偿。

第五节 精神损害抚慰金

《中华人民共和国国家赔偿法》在确立精神损害赔偿制度的同时,也明确了其责任范围限于侵犯公民人身权情形,而公民因财产权受到侵犯,或者法人和非法人组织以其合法权益受到侵犯而请求精神损害赔偿等情形,均不属于国家赔偿的范围。精神损害赔偿责任认定难度较大,缺乏直观的客观标准,在综合考量精神受损状况、侵权行为的目的和方式、侵权人员过错程度等因素之外,还应侧重考量是否造成严重后果,如造成严重后果则应当支付相应的精神抚慰金。

案例 95

原告王某诉被告赫章县公安局行政赔偿案

案号:〔2021〕黔0502行赔初2号

案件简介

　　2016年3月29日10时许,赫章县白果镇七里店村村民王某到赫章县委办公室反映情况,在反映情况过程中,王某用手机进行录音录像。随后,赫章县委办公室工作人员蔡某通过电话向赫章县公安局城关镇派出所报案,城关镇派出所接到报案后,口头传唤王某到城关镇派出所进行调查处理,工作人员询问了王某及证人,并将王某的手机送至赫章县公安局网安大队检查,从手机中提取了王某在反映情况过程中录音录像的视频。赫章县公安局认为,王某在赫章县委办公室有用手机偷拍他人隐私的违法行为,遂于2016年3月29日作出赫县公法行罚决字〔2016〕730号行政处罚决定书,对王某作出行政拘留十日的处罚。王某不服,认为其是合法上访,遂向七星关区人民法院提起行政诉讼,请求撤销赫章县公安局赫县公法行罚决字〔2016〕730号行政处罚决定书,七星关区人民法院于2016年8月31日作出〔2016〕黔0502行初46号行政判决:驳回王某的诉讼请求。王某向毕节市中级人民法院提起上诉,毕节市中级人民法院于2017年3月14日作出〔2017〕黔05行终3号行政判决:驳回上诉,维持原判。王某向贵州省高级人民法院申请再审。贵州省高级人民法院于2018年5月9日作出〔2018〕黔行申119号行政裁定,指令毕节市中级人民法院再审。毕节市中级人民法院再审后,于2018年11月29日作出〔2018〕黔05行再10号行政判决:撤销毕节市中级人民法院〔2017〕黔05行终3号行政判决及毕节市七星关区人民法院〔2016〕黔0502行初46号行政判决;撤销赫章县公安局赫县公法行罚决字〔2016〕730号行政处罚决定书。2020年2月25日,王某委托其丈夫常某向赫章县公安局申请国家赔偿,赫章县公安局经审查后,于2020年4月24日作出赫县公行赔决字〔2020〕002号行政赔偿决定书,对王某被限制人身自由十日,按照作出决定之日公布的国家上年度职工日平均工资标准315.94元,决定赔偿王某人民币3159.4元,对王某的其他赔偿请求不予赔偿。王某不服赫县公行赔决字〔2020〕002号行政赔偿决定书,向法院提起赔偿诉讼,请求:①判令被告撤回赫县公行赔决字〔2020〕002号行政赔偿决定书,重新作出正确的赔偿判决;②判决被告依法注销赫县公法行罚决字〔2016〕730号行政处罚决定书的一切档案,并公开恢复名誉和赔礼道歉;③判决被告在抓捕原告执行处罚决定的路上,被告工作人员侮辱责骂原告必须以赔偿精神损失的方式,按照《最高人民法院将统一精神损害赔偿标准》的规定,赔偿原告精神损失5万元;④判决被告执行处罚决定前一天,被告工作人员李某、王某1等人对原告刑讯逼供一天一夜导致原告被惊吓一天一夜,必须按照《最高人民法院将统一精神损害赔偿标准》的规定,赔偿原告精神损失两项各5万元,合计10万元;⑤判决被告赔偿原告被拘留十日的损失:原告被拘留十日,按照315.94元标准,国家职工日均工作 8 小时,故每日按 315.94 元三倍的赔偿标准赔偿原告 9478.20 元以及原告被拘留十日的精神损失 14400 分钟,按照相关案例赔偿原告 822859.20 元,以上合计 832337.40 元;⑥判决赫章县委书记刘某承担本案赔偿责任的主要赔偿责任。

另查明,国家统计局 2020 年 5 月 15 日公布,2019 年全国城镇非私营单位就业人员,平均工资数额为 90501 元,日平均工资为 346.75 元。最高人民法院于 2020 年 5 月 18 日下达通知,至 2020 年 5 月 18 日起作出的国家赔偿决定,涉及侵犯人身自由权的赔偿金标准为每日 346.75 元。

裁判结果

一、被告赫章县公安局于本判决发生法律效力之日起十五日内赔偿原告王某人民币 3467.5 元。二、驳回原告王某的其他赔偿诉讼请求。

案件评析

《中华人民共和国国家赔偿法》第十五条第一款规定:"人民法院审理行政赔偿案件,赔偿请求人和赔偿义务机关对自己提出的主张,应当提供证据。"第三十三条规定:"侵犯公民人身自由的,每日赔偿金按照国家上年度职工日平均工资计算。"第三十五条规定:"有本法第三条或者第十七条规定情形之一,致人精神损害的,应当在侵权行为影响的范围内,为受害人消除影响,恢复名誉,赔礼道歉;造成严重后果的,应当支付相应的精神损害抚慰金。"本案中,被告对原告予以拘留十日的行政处罚已被生效判决确认违法,按照作出赔偿时国家上年度职工日平均工资 346.75 元每日的标准计算每日赔偿金,被告应赔偿原告 3467.5 元,原告要求按 3 倍计算每日赔偿金无法律依据;原告也无证据证明案涉行政处罚行为对其造成精神损害,且达到严重后果的程度,对原告关于精神损害的主张应不予支持。故法院作出上述判决。

法条链接

《中华人民共和国国家赔偿法》

第十五条第一款

人民法院审理行政赔偿案件,赔偿请求人和赔偿义务机关对自己提出的主张,应当提供证据。

第三十三条

侵犯公民人身自由的,每日赔偿金按照国家上年度职工日平均工资计算。

第三十五条

有本法第三条或者第十七条规定情形之一,致人精神损害的,应当在侵权行为影响的范围内,为受害人消除影响,恢复名誉,赔礼道歉;造成严重后果的,应当支付相应的精神损害抚慰金。

第六节 赔偿义务机关

复议机关的复议决定变更原行政行为,并加重受害人损害的,复议机关和最初造成侵权行为的行政机关为共同赔偿义务机关,这时有两个赔偿义务机关,但复议机关只对加重部分承担赔偿义务。如复议机关没有加重受害人损害,则不是赔偿义务机关。

案例 96

原告吴某诉被告黄山市人民政府行政赔偿案

案号:〔2017〕皖 10 行赔初 1 号

案件简介

2012 年 5 月 5 日,黄山市屯溪区人民政府作出征收决定,对屯溪区仙人洞南路及安置区地块房屋进行征收,吴某的房屋即屯溪区五斗塘巷 4-2 号(原屯溪区屯光镇前园村五斗塘巷 4 号右)在被征收范围内。2012 年 8 月 10 日,屯溪区人民政府对吴某作出屯政征补〔2012〕63 号房屋征收补偿决定;2012 年 9 月 3 日,作出《关于对〈黄山市屯溪区人民政府房屋征收补偿决定书〉(屯政征补〔2012〕63 号)进行补正的公告》(以下简称《对屯政征补〔2012〕63 号房屋征收补偿决定书进行补正的公告》)。2012 年 10 月 8 日,吴某因不服屯政征补〔2012〕63 号房屋征收补偿决定,向黄山市人民政府提起行政复议。2012 年 11 月 15 日,黄山市人民政府作出黄政复决〔2012〕30 号行政复议决定书,维持了屯政征补〔2012〕63 号房屋征收补偿决定。

2013 年 1 月 8 日,屯溪区人民政府作出屯征补撤字〔2012〕第 09 号决定,决定撤销屯政征补〔2012〕63 号房屋征收补偿决定及《对屯政征补〔2012〕63 号房屋征收补偿决定书进行补正的公告》。2013年1月9日,屯溪区人民政府以屯政征补〔2012〕63号房屋征收补偿决定中合法面积有误和《对屯政征补〔2012〕63号房屋征收补偿决定书进行补正的公告》中评估补偿价格有误为由,重新作出〔2013〕04号房屋征收补偿决定,对被征收人吴某名下的坐落于屯溪区五斗塘巷4-2号房屋实施征收。吴某不服该决定,向黄山市人民政府提起行政复议,黄山市人民政府于2013年4月23日作出黄政复决〔2013〕22号行政复议决定,维持了屯政征补〔2013〕04号房屋征收补偿决定。

2016年8月8日,吴某通过邮政挂号信的方式向黄山市人民政府提出行政赔偿申请,要求赔偿行政复议加重损害的直接经济损失3075.8元、精神损失8000元,共计11075.8元,黄山市人民政府逾期未作出决定。吴某即向安徽省人民政府提起行政复议,请求责令黄山市人民政府履行行政赔偿职责。安徽省人民政府于2016年10月25日收到申请并延期审理,并于2017年1月20日以吴某的申请不符合行政复议受理条件为由,作出皖行复〔2016〕262号驳回行政复议申请决定书。2017年3月3日,吴某向法院提起本案的行政赔偿诉讼,请求判令被告依法承担因作出黄政复决〔2013〕22号行政复议决定的违法行政行为给原告造成的一切损失,共计人民币11075.8元。

另查明,吴某因不服屯政征补〔2013〕04号房屋征收补偿决定,以屯溪区人民政府为被告提起行政诉讼。黄山市徽州区人民法院和黄山市中级人民法院分别于2014年7月15日和2014年11月11日作出一、二审行政判决,即〔2014〕徽行初字第00001号判决、〔2014〕黄中法行终字第00028号判决,以屯溪区人民政府提交的送达回证不能证明其已经向吴某转交了分户评估报告,且分户评估报告不能作为认定征收补偿决定合法的依据为由,撤销了屯溪区人民政府的屯政征补〔2013〕04号房屋征收补偿决定。

再查明,2014年1月3日,屯溪区人民政府对吴某名下的屯溪区五斗塘巷4-2号房屋实施了强制拆除。2015年5月22日,吴某以屯溪区人民政府为被告向法院提起确认行政行为违法及行政赔偿诉讼。2015年10月13日,法院对确认行政行为违法一案作出〔2015〕黄中法行初字第00009号判决,该判决已生效,确认屯溪区人民政府强制拆除吴某房屋的行为违法。目前,行政赔偿一案即〔2015〕黄中法行赔初字第00002号案件正在审理中。

案件评析

本案的争议焦点是黄山市人民政府作为行政复议机关是否应当承担行政赔偿责任。

《中华人民共和国国家赔偿法》第八条规定:"经复议机关复议的,最初造成侵权行为的行政机关为赔偿义务机关,但复议机关的复议决定加重损害的,复议机关对加重的部分履行赔偿义务。"《最高人民法院关于审理行政赔偿案件若干问题的规定》第三十二条规定,原告主张行政赔偿的,应当就被诉行为对其侵害而造成损失的事实承担举证责任。本案中,最初造成侵权行为的行政机关是屯溪区人民政府,吴某认为黄山市人民政府作出的黄政复决〔2013〕22号行政复议决定加重了对其损害,其应就加重损害的事实承担举证责任。案涉的行政复议决定只是维持了屯溪区人民政府的屯政征补〔2013〕04号房屋征收补偿决定,系黄山市人民政府对屯溪区人民政府作出房屋征收补偿决定的行政行为的认可,并未增加或者减少吴某的权利和义务,对吴某权益产生实际影响的仍然是屯政征补〔2013〕04号房屋征收补偿决定,且屯政征补〔2013〕04号房屋征收补偿决定已被撤销,因屯溪区人民政府违法强制拆除行为造成的损失,吴某已通过相关途径寻求救济。现有证据不能证明黄山市人民政府作出的黄政复决〔2013〕22号行政复议决定加重了对吴某的损害。故法院判决驳回原告吴某的赔偿请求。

 法条链接

《中华人民共和国国家赔偿法》

第八条
经复议机关复议的,最初造成侵权行为的行政机关为赔偿义务机关,但复议机关的复议决定加重损害的,复议机关对加重的部分履行赔偿义务。

第七节 侵犯公民身体健康权的国家赔偿范围

国家机关和国家机关工作人员行使职权,给公民的身体健康造成伤害,公民有权申请获得赔偿。侵犯公民健康权的国家赔偿范围包括哪些?《中华人民共和国国家赔偿法》第三十四条对此作了明确的规定,如:造成身体伤害的,应当支付医疗费、护理费,以及赔偿因误工减少的收入;减少的收入每日的赔偿金按照国家上年度职工日平均工资计算,最高额为国家上年度职工年平均工资的五倍等。

案例 97

原告包某诉被告扬州市广陵区李典镇人民政府行政赔偿案

案号:〔2015〕扬邗行初字第 136 号

案件简介

2014年6月30日下午,原告包某在本市新坝大洋船厂二期东门口设摊卖老鹅。大洋船厂保安周刚的询问笔录证实:当天下午被告扬州市广陵区李典镇人民政府(以下简称李典镇政府)的工作人员徐某、陈某、赵某进行现场检查要求包某离开,包某不同意,随后双方发生争吵,包某拿出厨刀,被告的工作人员上去抢刀,双方发生纠缠拉扯一起倒地,被告徐姓工作人员在纠缠过程中打了包某。2015年9月21日,扬州市公安局广陵分局李典派出所出具情况说明,内容为:2014年6月30日17时23分,该所接110指令称新坝大洋船厂二期东门口有人打架,该所民警出警到现场后了解系包某在大洋船厂二期门口路边摆摊的过程中与执法的城管队员发生矛盾。经被告申请,2016年2月26日,江苏省苏北人民医院司法鉴定所出具司法鉴定意见:被鉴定人包某头部外伤、多处软组织挫伤,建议其伤后误工期六十日、营养期十日。2015年6月24日,原告向法院提起行政诉讼,要求确认被告工作人员殴打原告的行为违法,并赔偿原告医疗费4117元、衣服毛巾损失150元、交通费730元、误餐费300元、橱窗熟食变质损失1000元、冰箱冰柜电费500元、调料损失500元、原料损失1500元、购书籍笔墨及复印费500元、营养费1200元(60天按20元每天计算)、生意用电动三轮车与橱窗折旧费2645元、误工费(690天,由每天按135元计算变更为每天按上一年度职工日平均工资计算)、恢复过渡期的利润损失4000元,并要求被告赔礼道歉、赔偿精神损失。

 裁判结果

一、确认被告李典镇政府工作人员于2014年6月30日下午对原告包某的占道摆摊行为实施环境管理的过程中打原告的行为违法。二、被告李典镇政府于本判决生效后十日内赔偿原告包某医疗费、误工费损失共计14257元。三、驳回原告包某要求被告李典镇政府赔礼道歉、赔偿精神损失的诉讼请求。

案件评析

本案法院为什么不支持原告主张的交通费、营养费、精神损失费等其他费用?根据《中华人民共和国国家赔偿法》第三十四条规定,侵犯公民生命健康权造成身体伤害的,应当支付医疗费、护理费以及赔偿因误工减少的收入,故原告主张交通费、营养费无法律依据,法院不予支持。原告主张的其余损失因无事实与法律依据法院均不予支持。对于原告要求被告赔礼道歉、赔偿精神损失,法院认为《中华人民共和国国家赔偿法》第三十五条规定"有本法第三条或者第十七条规定情形之一,致人精神损害的,应当在侵权行为影响的范围内,为受害人消除影响,恢复名誉,赔礼道歉;造成严重后果的,应当支付相应的精神损害抚慰金",本案中原告并未能举证证明因被告的违法行为造成精神损害并产生严重后果,故对原告的上述主张不予支持。

扬州市公安局广陵分局李典派出所的情况说明能够证明 2014 年 6 月 30 日下午被告工作人员执法过程中与包某发生争执,双方纠纷过程中被告工作人员打了包某几下。可见被告工作人员在进行镇容和环境卫生管理过程中实施了打人行为,侵害了包某生命健康权,明显违反法律规定。被告李典镇政府具有对本辖区内镇容和环境卫生进行管理的法定职权。被告工作人员履职过程中实施了打人行为侵害包某生命健康权应确认违法,其违法责任应由被告承担。

综上,法院作出上述判决。

 法条链接

《中华人民共和国国家赔偿法》

第三十四条

侵犯公民生命健康权的,赔偿金按照下列规定计算:

(一)造成身体伤害的,应当支付医疗费、护理费,以及赔偿因误工减少的收入。减少的收入每日的赔偿金按照国家上年度职工日平均工资计算,最高额为国家上年度职工年平均工资的五倍。

……

第三十五条

有本法第三条或者第十七条规定情形之一,致人精神损害的,应当在侵权行为影响的范围内,为受害人消除影响,恢复名誉,赔礼道歉;造成严重后果的,应当支付相应的精神损害抚慰金。

第八节 赔偿请求人要求赔偿,应当先向赔偿义务机关提出

赔偿请求人要求赔偿,应当先向赔偿义务机关提出,也可以在申请行政复议或者提起行政诉讼时一并提出。如果受害人单独提出行政赔偿请求,必须由行政机关先行处理,只有受害人对行政机关处理决定不服或行政机关逾期未作出赔偿决定的情况下,才能提起行政赔偿诉讼。

案例 98

原告西安市某砂石料厂诉被告周至县人民政府行政赔偿案

案号：〔2018〕陕 7102 行

 案件简介

  2014年3月21日晚，周至县人民政府组织公安、国土、水务等多部门对西安市某砂石料厂进行联合执法。西安市某砂石料厂不服，就联合执法行为多次信访，并于2015年1月25日向周至县人民政府递交了行政赔偿申请书。2015年6月10日，周至县人民政府向西安市某砂石料厂作出告知书，告知其行政赔偿申请请求事项不明确，证据不充分，退回其行政赔偿申请书。2017年10月20日，西安市某砂石料厂向某铁路运输法院递交起诉状，提起本案诉讼，请求法院判决被告：①赔偿机器设备款2309500元及贷款利息；②赔偿水、电力设备款65万元；③赔偿砸毁机器设备后的生产经营损失，按每天8000元计算至实际赔付之日；④赔偿申请人必要的费用25万元（留守工人工资、贷款利息、维权费用）。

  另查明，2016年8月18日，西安市某砂石料厂向法院提起诉讼，请求确认周至县人民政府2014年3月21日晚联合执法行为违法。2017年4月7日，法院确认周至县人民政府于2014年3月21日晚对西安市某砂石料厂联合执法行为违法。

 裁判结果

驳回原告西安市某砂石料厂的起诉。

 案件评析

  《中华人民共和国国家赔偿法》第九条第二款规定："赔偿请求人要求赔偿，应当先向赔偿义务机关提出，也可以在申请行政复议或者提起行政诉讼时一并提出。"《最高人民法院关于审理行政赔偿案件若干问题的规定》第四条第二款规定："赔偿请求人单独提起行政赔偿诉讼，须以赔偿义务机关先行处理为前提。赔偿请求人对赔偿义务机关确定的赔偿数额有异议或者赔偿义务机关逾期不予赔偿，赔偿请求人有权向人民法院提起行政赔偿诉讼。"根据上述法律规定，原告单独就损害赔偿提出请求，应当先由行政机关解决；对行政机关的处理结果不服，才可向人民法院提起诉讼。本案中，原告于2016年向法院提起行政诉讼，经审理，2017年4月7日，法院判决被告的行为违法。后原告于 2017 年 10 月 20 日单独向法院提起本案诉讼,原告未提供证据证实其在被告 2014 年 3 月 21 日晚联合执法行为被确认违法后,就诉争的行政赔偿向行政机关申请解决。关于原告提出的其于 2015 年曾向被告递交了行政赔偿申请书,被告已作出处理,故无须在确认行政行为违法后再次向赔偿义务机关提出赔偿申请。虽然原告于 2015 年 1 月 25 日单独向被告提起了行政赔偿申请书,但因请求事项不明确被被告退回,即本次赔偿申请被告并未作出处理。故在原告提起确认被告联合执法违法的诉讼被法院判决认定后,因前次赔偿申请被告并未作出处理,原告仍应向被告提出赔偿申请,明确具体的赔偿请求,在被告作出处理或逾期不予赔偿的情况下,原告如对处理结果或者逾期不予赔偿不服,才可向法院提起行政赔偿诉讼。故本案原告不具备起诉法定条件,法院裁定驳回原告的起诉。

 法条链接

《中华人民共和国国家赔偿法》

第九条第二款
赔偿请求人要求赔偿,应当先向赔偿义务机关提出,也可以在申请行政复议或者提起行政诉讼时一并提出。

《最高人民法院关于审理行政赔偿案件若干问题的规定》

第四条
公民、法人或者其他组织在提起行政诉讼的同时一并提出行政赔偿请求的,人民法院应一并受理。
赔偿请求人单独提起行政赔偿诉讼,须以赔偿义务机关先行处理为前提。赔偿请求人对赔偿义务机关确定的赔偿数额有异议或者赔偿义务机关逾期不予赔偿,赔偿请求人有权向人民法院提起行政赔偿诉讼。

第九节 作出赔偿决定的期限

赔偿请求人单独提出赔偿请求的,应当先向赔偿义务机关提出。赔偿义务机关对赔偿案件处理的法定期限为两个月,即赔偿义务机关在收到赔偿请求人赔偿申请书之日起两个月内要作出是否赔偿的决定。如果决定不予赔偿或逾期不作决定,请求人可向人民法院提起诉讼。

案例 99

原告严某诉被告长沙市国土资源局行政赔偿案

案号：〔2018〕湘 0111 行赔初 2 号

 案件简介

2018 年 5 月 2 日，原告向被告邮寄一份行政赔偿申请书，该申请书依据〔2017〕湘 0111 行初 2 号行政判决书，请求被告对其邮寄费、咨询费、交通费、电话费、打印费、复印费、误工费、精神损失费等予以赔偿。被告于次日收到该申请书，并于同月 15 日作出不予赔偿决定书，认为原告主张的精神损失费不符合侵犯人身权的情形，且没有造成严重后果，同时原告主张的其他费用不属于行政赔偿的范围，决定对原告的行政赔偿申请不予赔偿。被告于次日将该不予赔偿决定书邮寄给原告。

另查明，2017 年 1 月 5 日，原告就其与被告政府信息公开案向法院提起行政诉讼。法院于同年 3 月 23 日作出〔2017〕湘 0111 行初 2 号行政判决书，判决确认被告未在法定期限内履行政府信息公开义务的行为违法。

2018 年 7 月 5 日，原告向法院提起行政诉讼，诉讼请求：①确认被告作出的不予赔偿决定书违法并予以撤销；②判令被告限期履行国家赔偿的法定职责；③依法赔偿原告邮费 10.8 元、打印费 30 元、咨询费 600 元、交通费及电话费 50 元、误工费 30024 元、精神损失费 1 元，合计 30715.8 元。

 裁判结果

驳回原告严某的赔偿请求。

 案件评析

本案被告作出的不予赔偿决定书是否符合法定程序？《中华人民共和国国家赔偿法》第十三条规定："赔偿义务机关应当自收到申请之日起两个月内，作出是否赔偿的决定……赔偿义务机关决定不予赔偿的，应当自作出决定之日起十日内书面通知赔偿请求人，并说明不予赔偿的理由。"结合本案，2018 年 5 月 2 日，原告向被告邮寄一份行政赔偿申请书，被告于次日收到，并于同月 15 日作出不予赔偿决定书，以政府信息公开不作为行为并未造成原告的人身损害，原告主张的精神损失费不符合侵犯人身权的情形，同时原告主张的其他费用不属于行政赔偿的范围为由，决定对原告的行政赔偿申请不予赔偿,且于次日将不予赔偿决定书邮寄给原告。可知被告自收到原告申请之日起两个月内作出的不予赔偿决定书符合法律规定的程序。

本案中,原告要求被告赔偿的精神损失费及误工费属于行政机关存在侵犯人身权的情形时的赔偿请求范围,法院于 2017 年 3 月 23 日作出〔2017〕湘 0111 行初 2 号行政判决书,判决确认被告未在法定期限内履行政府信息公开义务的行为违法,但该政府信息公开不作为行为并未造成原告的人身损害;而原告申请的邮费、打印费、咨询费、交通费及电话费均不属于被告违法行政行为造成的直接财产损失,不属于《中华人民共和国国家赔偿法》规定的赔偿范围。被告的行政行为违法,但未给原告的合法权益造成损害,且原告的请求亦无合法证据证实是否存在,故对原告的赔偿请求应不予支持。被告于 2018 年 5 月 3 日收到原告提交的行政赔偿申请书后,于同月 15 日作出不予赔偿决定书,决定对原告的赔偿申请不予赔偿,并于次日邮寄送达原告,该决定书认定事实清楚,适用法律正确,程序合法。故法院判决驳回原告严某的赔偿请求。

 法条链接

《中华人民共和国国家赔偿法》

第十三条

赔偿义务机关应当自收到申请之日起两个月内,作出是否赔偿的决定。赔偿义务机关作出赔偿决定,应当充分听取赔偿请求人的意见,并可以与赔偿请求人就赔偿方式、赔偿项目和赔偿数额依照本法第四章的规定进行协商。

赔偿义务机关决定赔偿的,应当制作赔偿决定书,并自作出决定之日起十日内送达赔偿请求人。

赔偿义务机关决定不予赔偿的,应当自作出决定之日起十日内书面通知赔偿请求人,并说明不予赔偿的理由。

《最高人民法院关于审理行政赔偿案件若干问题的规定》

第三十三条

被告的具体行政行为违法但尚未对原告合法权益造成损害的,或者原告的请求没有事实根据或法律根据的,人民法院应当判决驳回原告的赔偿请求。

第十节 行政追偿

行政追偿是指国家向行政赔偿请求人支付赔偿费用后,依法责令有故意或重大过失的工作人员、受委托的组织或者个人承担部分或全部赔偿费用的法律制度。

案例 100

原告沈丘县公安局诉被告李某追偿权案

案号：〔2017〕豫 1624 民初 2790 号

 案件简介

被告李某原系沈丘县公安局工勤人员。2017 年 5 月 9 日 21 时许，李某醉酒无证驾驶豫 P0582 警小型面包车，沿沈丘县槐店回族镇消防路由东向西行驶到乾丰暖通科技股份有限公司路段时，碰撞前方同方向的行人冯某，造成冯某受伤，经抢救无效死亡以及车辆部分损坏的交通事故。2017 年 5 月 12 日，沈丘县公安局交警大队出具沈公交认字〔2017〕第 0509-01 号道路交通事故认定书，认定李某负该事故的全部责任，冯某无责任。事故发生后，受害人冯某家属要求原告及被告承担赔偿责任。2017 年 5 月 14 日，被告李某与受害人冯某家属经公安机关交通管理部门主持调解达成协议。协议约定：李某赔偿冯某因交通事故产生的抢救费、死亡补偿费、埋葬费、赡养费、精神损失费等共计 990000 元。同日，沈丘县公安局交警大队与冯某家属签订特困救助协议一份，约定沈丘县公安局交警大队一次性为其家庭提供特困救助基金 200000 元；沈丘县槐店回族镇人民政府与冯某家属签订救助协议，由沈丘县槐店回族镇人民政府一次性为其家庭提供特困救助基金 50000 元。2017 年 5 月 15 日，沈丘县公安局通过沈丘县财政局账户向受害人家属支付款项 1240000 元。

另查明，2017 年 8 月 15 日，李某与冯某家属达成刑事谅解协议，约定在其已得到 990000 元赔偿款的基础上，李某再一次性赔偿 185000 元，受害人家属表示对其行为给予谅解。

沈丘县公安局向法院提出诉讼请求：①判令被告向原告支付交通事故赔偿款项共计 990000 元；②本案诉讼费用由被告承担。

 裁判结果

李某偿付沈丘县公安局 990000 元。

 案件评析

本案原告沈丘县公安局诉请被告李某支付赔偿款是否符合法律规定？根据《中华

人民共和国国家赔偿法》第十六条"赔偿义务机关赔偿损失后,应当责令有故意或者重大过失的工作人员或者受委托的组织或者个人承担部分或者全部赔偿费用。对有故意或者重大过失的责任人员,有关机关应当依法给予处分;构成犯罪的,应当依法追究刑事责任"的规定可知,行政机关行使行政追偿权的条件有以下两点:其一,行政机关已经向赔偿请求人,即受到损害的公民、法人或者其他组织支付了赔偿金;其二,行政机关工作人员或者受委托的组织或者个人违法行使行政职权造成了受害人权益的损失,且在主观上有故意或重大过失。本案中被告李某作为原告公安机关工作人员,酒后无证驾驶警车造成人员伤亡的事故,其本身存在重大过错。原告沈丘县公安局作为赔偿义务机关,已对受害人家属进行了赔偿。被告要求原告李某支付赔偿款项的诉求符合法律规定。

沈丘县公安局支付受害人冯某家属款项共计 1240000 元,其中赔偿款为 990000 元,特困救助基金为 250000 元。因特困救助基金是政府行为,李某对此无偿付义务,故判决李某偿付原告沈丘县公安局 990000 元。

 法条链接

《中华人民共和国国家赔偿法》

第十六条

赔偿义务机关赔偿损失后,应当责令有故意或者重大过失的工作人员或者受委托的组织或者个人承担部分或者全部赔偿费用。

对有故意或者重大过失的责任人员,有关机关应当依法给予处分;构成犯罪的,应当依法追究刑事责任。

 习题及答案

与本书配套的二维码资源使用说明

　　本书部分课程及与纸质教材配套数字资源以二维码链接的形式呈现。利用手机微信扫码成功后提示微信登录,授权后进入注册页面,填写注册信息。按照提示输入手机号码,点击获取手机验证码,稍等片刻就会收到4位数的验证码短信,在提示位置输入验证码成功,再设置密码,选择相应专业,点击"立即注册",注册成功(若手机已经注册,则在"注册"页面底部选择"已有账号? 立即登录",进入"账号绑定"页面,直接输入手机号和密码登录。)接着提示输入学习码,需刮开教材封面防伪涂层,输入13位学习码(正版图书拥有的一次性使用学习码),输入正确后提示绑定成功,即可查看二维码数字资源。手机第一次登录查看资源成功以后,再次使用二维码资源时,在微信端扫码即可登录进入查看。